KB182920

2025 최신개정판

# LOGIN

# FAT 1급
# 기출문제집

김영철 지음

도서출판
어울림
www.aubook.co.kr

 # 머리말

회계는 기업의 언어입니다. 회계를 통해서 많은 이용자들이 정보를 제공받고 있습니다.
회계는 약속이며 그리고 매우 논리적인 학문입니다.

회계를 잘하시려면
왜(WHY) 저렇게 처리할까? 계속 의문을 가지세요!!!
1. 이해하실려고 노력하세요.
   (처음 접한 회계와 세법의 용어는 매우 생소할 수 있습니다.
   **생소한 단어에 대해서 네이버나 DAUM의 검색을 통해서 이해하셔야 합니다.)**
2. 그리고 계속 쓰세요.(특히 분개)
3. 이해가 안되면 암기하십시오. 2, 3회독 후 다시 보시면 이해가 될 것입니다.

회계를 공부하시는 수험생들 중 대다수는 이론실력이 없는 상태에서 전산프로그램 입력연습에 많은 시간을 할애합니다. 그런 수험생들을 보면 너무 안쓰럽습니다. 회계이론의 기초가 바탕이 되지 않은 상태에서 입력에 치중해 시험을 대비한 수험생이라면 십중팔구 실패의 쓴 맛을 보게 될 것입니다.

**FAT1급 기초이론과 실무능력을 먼저 공부하시고 최종적으로 본 교재에 있는 FAT1급 기출문제를 60분 안에 푸시는 연습을 계속하세요. 그래서 수험생 자신이 시간안분과 실력을 테스트하시고 부족한 부분은 보충하시기 바랍니다.**

**회계는 여러분 자신과의 싸움입니다. 자신을 이기십시오!!!**

마지막으로 이 책 출간을 마무리해 주신 도서출판 어울림 임직원들에게 감사의 말을 드립니다.

2025년 1월
김 영 철

# 2025년 AT 자격시험 일정

## 1. 시험일자

| 회차 | 종목 및 등급 | 원서접수 | 시험일자 | 합격자발표 |
|---|---|---|---|---|
| 79회 | | 02.06~02.12 | 02.22(토) | 02.28(금) |
| 80회 | | 03.06~03.12 | 03.22(토) | 03.28(금) |
| 81회 | | 04.03~04.09 | 04.19(토) | 04.25(금) |
| 82회 | | 06.05~06.11 | 06.21(토) | 06.27(금) |
| 83회 | FAT1,2급 TAT1,2급 | 07.03~07.09 | 07.19(토) | 07.25(금) |
| 84회 | | 08.07~08.13 | 08.23(토) | 08.29(금) |
| 85회 | | 10.10~10.16 | 10.25(토) | 10.31(금) |
| 86회 | | 11.06~11.12 | 11.22(토) | 11.28(금) |
| 87회 | | 12.04~12.10 | 12.20(토) | 12.27(토) |

## 2. 시험종목 및 평가범위

| 등급 | | | 평가범위 |
|---|---|---|---|
| FAT 1급 | 이론 (30) | 재무회계 | 계정과목별 회계처리, 재무상태표/손익계산서 작성, 결산 |
| | | 부가가치세 | 부가가치세의 기초개념 |
| | 실무 (70) | 기초정보관리 | 시스템 회계기초정보등록, 전기이월정보 관리 |
| | | 회계정보관리 | 상기업의 회계정보(증빙포함)의 발생, 입력, 수정, 조회, 결산 및 재무제표작성 |
| | | 회계정보분석 | 재무제표 /부가가치세 신고서 조회 및 분석 |

## 3. 시험방법 및 합격자 결정기준

1) 시험방법 : 실무이론(30%)은 객관식 4지 선다형 필기시험,
　　　　　　실무수행(70%)은 교육용 더존 Smart A 실무프로그램으로 함.
2) 합격자 결정기준 : 100점 만점에 70점 이상

## 4. 원서접수 및 합격자 발표

1) 접수기간 : 각 회차별 원서접수기간내 접수
2) 접수 및 합격자발표 : 자격시험사이트(http://at.kicpa.or.kr)

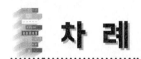 # 차 례

## I. 기출문제

2024년~2022년 시행된 기출문제 중 합격률이 낮은 14회분 수록

## 회계 프로그램 스마트 A(Smart-A) 설치 방법

**1** 한국공인회계사회 AT자격시험 홈페이지(https://at.kicpa.or.kr/)에 접속하여 [스마트 A 프로그램]을 다운로드하고 설치한다.

**2** 설치가 완료되면, 바탕화면에 단축아이콘  을 확인할 수 있다.

**3** 바탕화면에서 아이콘을 더블클릭하여 아래와 같이 프로그램을 실행한다.

### 〈LOGIN FAT1급 시리즈 2종〉

| 도서명 | 도서 내용 | 기출문제 횟수 | 용도 | 페이지 |
|---|---|---|---|---|
| LOGIN FAT1급 (기본서) | 이론, 실무, 기출문제 | 4회 | 강의용/독학용 | 약 570 |
| LOGIN FAT1급 기출문제집 | 기출문제 | 14회 | 최종마무리용 | 약 300 |

# 백데이터 다운로드 및 설치

1 도서출판 어울림 홈페이지(www.aubook.co.kr)에 접속한다.

2 홈페이지에 상단에 자료실 – 백데이터 자료실을 클릭한다.

3 자료실 – 백데이터 자료실 – LOGIN FAT1급 기출문제 백데이터를 선택하여 다운로드 한다.

4 **압축이 풀린 데이터는 "내컴퓨터\C드라이브\duzonbizon\백업 데이타 복구\login" 폴더 안에 풀리도록 되어 있습니다**

5 백업 데이터 복구

　㉠ [데이터관리]→[백업데이터 복구]를 클릭한다.

　㉡ 데이터 경로 "내컴퓨터\C드라이브\duzonbizon\백업 데이타 복구\login"으로 지정하고 회사를 선택한다.

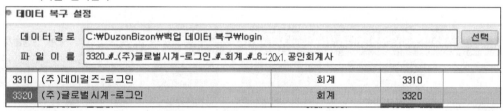

| 데이터 복구 설정 | | | | |
|---|---|---|---|---|
| 데 이 터 경 로 | C:₩DuzonBizon₩백업 데이터 복구₩login | | | 선택 |
| 파 일 이 름 | 3320_#_(주)글로벌시계-로그인_#_회계_#_8_20x1.공인회계사 | | | |
| 3310 | (주)데미컬즈-로그인 | 회계 | 3310 | |
| 3320 | (주)글로벌시계-로그인 | 회계 | 3320 | |

　㉢ 복구하기를 실행하면 다음화면에서 데이터 복구를 할 수 있다. 새롭게 회사코드를 설정도 가능하고 기존 회사코드로도 복구할 수 있다.

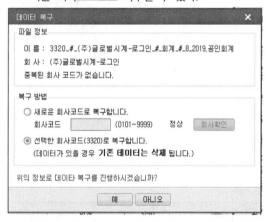

　㉣ 복구를 실행하면 작업결과에 성공이라는 메시지가 뜨면 정상적으로 복구가 된 것이다.

**이해가 안되시면 도서출판 어울림 홈페이지에 공지사항(82번)**
**"더존 스마트에이 데이터 백업 및 복구 동영상"을 참고해주십시오**

다음(Daum)카페 **"로그인과 함께하는 전산회계/전산세무"**

1. 실습 데이터(도서출판 어울림에서도 다운로드가 가능합니다.)
2. 오류수정표 및 추가 반영사항
3. Q/A게시판

로그인카페

**NAVER** 블로그 **"로그인 전산회계/전산세무/AT"**

1. **핵심요약**
2. **오류수정표 및 추가반영사항**
3. **개정세법 외**

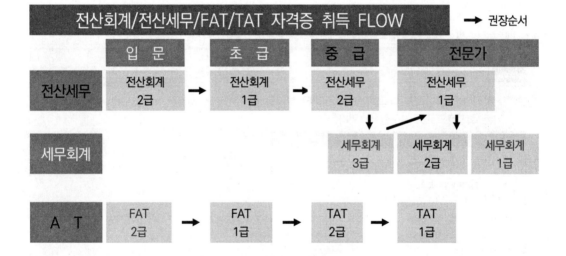

| [로그인 시리즈] | | | | |
| --- | --- | --- | --- | --- |
| 전전기 | 전기 | **당기** | 차기 | 차차기 |
| 20yo | 20x0 | **20x1** | 20x2 | 20x3 |
| 2023 | 2024 | **2025** | 2026 | 2027 |

# 1분강의
# QR코드 활용방법

본서 안에 있는 QR코드를 통해 연결되는 유튜브 동영상이 수험생 여러분들의 학습에 도움이 되기를 바랍니다.

## 방법 1

**❶ 스마트폰에서 다음(Daum)을 실행한 후 검색창의 오른쪽 아이콘 터치**

D ☆
🚇 영등포구 양평1동 27°C    미세 좋음 ⌄
발견 뉴스 연예 TV 스포츠 쇼핑 머니 홈&루 ☰

**❷ '코드검색'을 터치하면 카메라 앱이 실행됨**

D ☆
🎤        🎵        ☆        ▦
음성검색   음악검색   꽃검색   코드검색

**❸ 도서의 QR코드를 촬영하면 유튜브의 해당 동영상으로 자동 연결**

...되는 현금 및 현금성자산을 구하면 얼마인가?
• 배당금지급통지표 : 500,000원
• 양도성예금증서(100일 만기) : 500,000원

## 방법 2

카메라 앱을 실행하고, QR코드를 촬영하면 해당 유튜브 영상으로 이동할 수 있습니다.

## 개정세법 반영

유튜브 상단 댓글에 고정시켰으니, 참고하시기 바랍니다.

댓글 1개    ⚌ 정렬 기준

LOGIN   댓글 추가...

LOGIN   @loginat1 1년 전
<개정세법 2023> 2023년 0.8억원 2024.7.1~2025.06.30
👍 👎 ♡   답글

✔ 과도한 데이터 사용량이 발생할 수 있으므로, Wi-Fi가 있는 곳에서 실행하시기 바랍니다.

FAT1급 실무시험은 실무수행과제 입력 후
**수행평가**(장부, 신고서 및 재무제표 조회) 답안 작성을 하여야 한다.
따라서 조회가 합격에 매우 중요한 KEY가 된다.

 **실무수행평가**

㈜금강(3005)의 회계정보를 조회하여 다음의 답을 구하시오.

### 〈평가문제 답안입력 유의사항〉

① 답안은 **지정된 단위의 숫자로만 입력**해 주십시오.
　＊한글 등 문자 금지

| | 정답 | 오답(예) |
|---|---|---|
| (1) **금액은 원 단위로 숫자를 입력**하되, 천 단위 콤마( , )는 생략 가능합니다. | 1,245,000<br>1245000 | 1.245.000<br>1,245,000원<br>1,245,0000<br>12,45,000<br>1,245천원 |
| (1-1) 답이 0원인 경우 반드시 "0" 입력<br>(1-2) 답이 음수(-)인 경우 숫자 앞에 " - "입력<br>(1-3) 답이 소수인 경우 반드시 " . " 입력 | | |
| (2) 질문에 대한 **답안은 숫자로만 입력**하세요. | 4 | 04<br>4/건/매/명<br>04건/매/명 |
| (3) **거래처 코드번호는 5자리 숫자로 입력**하세요. | 00101 | 101<br>00101번 |

② **더존 프로그램에서 조회되는 자료를 복사하여 붙여넣기가 가능**합니다.
③ **수행과제를 올바르게 입력하지 않고 작성한 답과 모범답안이 다른 경우 오답처리**됩니다.

| 번호 | 평가문제 | 배점 |
|---|---|---|
| 1 | ㈜금강의 '회사등록' 관련 내용으로 옳지 않은 것은?<br>① 사업장세무서는 역삼세무서이다.<br>② 업종코드는 341004이다.<br>③ 국세환급금계좌는 기업은행 123 – 456 – 7890다<br>④ 전자세금계산서 발행 이메일 주소는 car1234@bill36524.com이다. | 3 |
| 2 | 3월 말 거래처별 '외상매출금' 잔액으로 옳지 않은것은?<br>① 전자마트   : 22,000,000원        ② ㈜금강부품 : 2,000,000원<br>③ ㈜부품상사 : 15,000,000원        ④ 유선식자재 : 2,850,000원 | 3 |
| 3 | 업무용승용차의 명의가 회사 소유가 아니고 렌트한 차량 명칭은?<br>① SM5           ② QM3           ③ 쏘나타 Hibrid     ④ k7 | 3 |
| 4 | 3만원 초과 지출에 대해 영수증을 [영수증수취명세서(1)]의 '12.명세서제출 대상'의 전체<br>금액은 얼마인가?<br>① 45,000원     ② 95,000원       ③ 85,000원         ④ 150,000원 | 3 |
| 5 | 어음책수령일이 20x0년 1월 1일 ~ 20x1년 12월 31일(2년 동안)인 '지급어음'의 구분<br>내용에 따른 매수로 옳은 것은?<br>① 수령     2매              ② 결제     2매<br>③ 발행     3매              ④ 미발행    1매 | 3 |
| 6 | 제1기 예정 부가가치세신고 시 부속서류 [세금계산서합계표]와 [계산서합계표]<br>관련 내용이다. 옳지 않은 것은?<br>① 전자 매출세금계산서 매수 : 12매    ② 전자 매입세금계산서 매수 : 13매<br>③ 전자 매출계산서 매수 : 4매       ④ 전자 매입계산서 매수 : 2매 | 3 |
| 7 | 20x1년에 만기 결제된 지급어음의 총금액은 얼마인가? | 3 |
| 8 | 12월 말 재무상태표 상 '외상매출금'의 순장부금액은 얼마인가? | 3 |
| 9 | 6월 말 '매출채권(재무상태표의 제출용)' 잔액은 얼마인가? | 3 |
| 10 | 전기 대비 당기의 판매관리비의 '세금과공과금' 증가나 감소한 변동금액은<br>얼마인가? | 3 |
| 11 | 1월 11일 발급 전송된 전자세금계산서의 '승인번호'를 기록하시오. | 3 |
| 12 | 유형자산에 속하는 계정중 6월 말 순장부금액(취득원가 – 감가상각누계액)이 가장 적은<br>계정과목 코드를 기록하시오. | 3 |
| 13 | [제1기 예정 신고기간 부가가치세신고서 조회]<br>(단, [매입세액불공제내역]을 작성하여 저장한 후, 상단부 '새로불러오기'를<br>클릭할 것)<br>① 과세 – 세금계산서발급분(1란) 세액은 얼마인가?<br>② 세금계산서수취분 – 일반매입(10란) 세액은 얼마인가?<br>③ 공제받지못할매입세액(16란) 세액은 얼마인가? | 3 |

| 번호 | 평가문제 | 배점 |
|------|---------|------|
| 14 | 6월 한달 동안 '외상매출금' 계정의 증가 금액은 얼마인가? | 3 |
| 15 | 6월 말 '미수금'과 '미지급금'에 대한 계정 잔액은 얼마인가?<br>　① 미수금 :　　　　　　　　　② 미지급금 : | 4 |
| 16 | [제1기 예정 신고기간 부가가치세신고서 조회]<br>① 과세 – 신용카드 · 현금영수증(3란)의 금액은 얼마인가?<br>② 그밖의공제매입세액(14란)의 금액은 얼마인가?<br>③ 계산서발급금액은 얼마인가? | 4 |
| 17 | 제1기 예정 부가가치세신고와 관련된 [매입매출장]의 매출 유형 '카드과세(17.카과)'의 합계금액은 얼마인가? | 3 |
| 18 | 20x1년 발생한 손익계산서의 영업외수익 금액은 얼마인가? | 3 |
| 19 | 12월 말 재무상태표의 비유동부채 잔액은 얼마인가? | 3 |
| 20 | 12월 말 '이월이익잉여금(미처분이익잉여금)' 계정 잔액은 얼마인가? | 3 |
| | 총 점 | 62 |

해답

| 번호 | 조 회 |
|------|-------|
| 1 | 〈회사등록〉 [❷ 국민은행]<br><br>18. 국 세 환 급 금 계 좌　[004]　[?] 국민은행　지점 [역삼]　계좌번호 [123-456-789] |
| 2 | 〈거래처원장〉→〈잔액〉→〈3월 31일〉→〈외상매출금〉→〈Enter↵ – Enter↵〉<br>[❷ ㈜금강부품 1,000,000원]<br><br>（표 아래 참조） |
| 3 | 〈업무용승용차〉→〈기본사항〉 [❹ k7]<br><br>（표 아래 참조） |

**번호 2 표:**

| | 코드 | 거래처 | 전기(월)이월 | 차변 | 대변 | 잔액 | 사업자번호 | 코드 |
|---|------|--------|------------|------|------|------|-----------|------|
| ☐ | 00105 | 전자마트 | 22,000,000 | | | 22,000,000 | 211-88-27626 | |
| ☐ | 00106 | (주)금산상사 | 45,800,000 | | | 45,800,000 | 121-81-36236 | |
| ☐ | 00107 | (주)금강부품 | 1,000,000 | | | 1,000,000 | 110-81-02323 | |
| ☐ | 00114 | (주)씨월드 | 4,200,000 | | | 4,200,000 | 214-81-15533 | |
| ☐ | 00120 | (주)부품상사 | 15,000,000 | | | 15,000,000 | 104-81-08128 | |
| ☐ | 00250 | 빨라퀵배송 | 5,500,000 | | | 5,500,000 | 211-86-12342 | |
| ☐ | 01103 | (주)정민상사 | 11,000,000 | | | 11,000,000 | 113-81-13872 | |
| ☐ | 01104 | (주)수연전기 | 4,000,000 | | | 4,000,000 | 113-81-42154 | |
| ☐ | 02004 | 유선식자재 | 2,850,000 | | | 2,850,000 | 226-81-94832 | |
| ☐ | 03101 | 제일카용품 | 7,040,000 | | | 7,040,000 | 211-87-21455 | |

**번호 3 표:**

| | | 코드 | 차량번호 | 차 종 | 명의구분 | 사용 |
|---|---|------|---------|-------|---------|------|
| 1 | ☐ | 0101 | 262수9750 | QM3 | 회사 | ○ |
| 2 | ☐ | 0102 | 25오7466 | 쏘나타 Hibrid | 회사 | ○ |
| 3 | ☐ | 0103 | 64보2461 | SM5 | 회사 | ○ |
| 4 | ☐ | 0104 | 71사1387 | k7 | 렌트 | ○ |

| 번호 | 조 회 |
|---|---|

**4**

〈영수증수취명세서(1)〉[❸ 85,000원]

| 1. 세금계산서, 계산서, 신용카드 등 미사용내역 | | | |
|---|---|---|---|
| 9. 구분 | 3만원 초과 거래분 | | |
| | 10. 총계 | 11. 명세서제출 제외대상 | 12. 명세서제출 대상(10-11) |
| 13. 건수 | 2 | | 2 |
| 14. 금액 | 85,000 | | 85,000 |

**5**

〈어음집계표〉→〈지급어음수불관리〉→〈수불장〉→〈어음책수령일 : 기간입력〉[❷ 결제 2매]

[수령: 3매], [발행: 1매], [결제: 2매], [담보: 0매], [폐기: 0매], [미발행: 0매]

**6**

〈(세금)계산서〉→〈1월~3월〉[❹ 전자매입세금계산서1매]

매입계산서

| 유형 | 구분 | 매입처 | 매수 | 공급가액 |
|---|---|---|---|---|
| 전자 | 사업자 | 1 | 1 | 100,000,000 |
| | 주민번호 | | | |
| | 소계 | 1 | 1 | 100,000,000 |

**7**

〈합계잔액시산표〉→〈과목별〉→〈12월31일〉 [15,400,000]

| 차 변 | | 계 정 과 목 | 대 변 | |
|---|---|---|---|---|
| 잔 액 | 합 계 | | 합 계 | 잔 액 |
| | 72,701,780 | ◀유 동 부 채▶ | 697,395,870 | 624,694,090 |
| | 16,830,000 | 외 상 매 입 금 | 450,769,780 | 433,939,780 |
| | 15,400,000 | 지 급 어 음 | 19,400,000 | 4,000,000 |

**8**

〈재무상태표〉→〈과목별〉→〈12월〉 [568,234,010]

| 과목 | 제 6(당)기 | | 제 5(전)기 | |
|---|---|---|---|---|
| | 금 액 | | 금 액 | |
| 외 상 매 출 금 | 568,584,010 | | 35,000,000 | |
| 대 손 충 당 금 | 350,000 | 568,234,010 | 350,000 | 34,650,000 |

**9**

〈재무상태표〉→〈과목별〉→〈6월〉 [348,688,010]

| 과목 | 제 6(당)기 | | 제 5(전)기 | |
|---|---|---|---|---|
| | 금 액 | | 금 액 | |
| 자 산 | | | | |
| I. 유 동 자 산 | | 1,366,903,570 | | 746,480,000 |
| (1) 당 좌 자 산 | | 1,104,356,770 | | 676,480,000 |
| 현 금 및 현 금 성 자 산 | 716,073,690 | | 573,130,000 | |
| 매 출 채 권 | 348,688,010 | | 95,000,000 | |

**10**

〈손익계산서〉→〈과목별〉→〈12월〉 [1,199,000]

| 과목 | 금액 | 금액 |
|---|---|---|
| 세 금 과 공 과 금 | 1,199,000 | 0 |

**11**

〈전자세금계산서 발행〉→〈ACADEMY전자세금계산서〉→〈로그인〉→〈매출조회〉 [2025010355]

승인번호 : 2025010355

관리번호 : 2025010355

**전자 세금계산서** (공급자보관용)

| 책번호 | 01 | 권 | 0355 | 호 |
|---|---|---|---|---|
| 일련번호 | 0355 | | | |

| 번호 | 조 회 |
|---|---|
| 12 | 〈재무상태표〉→〈과목별〉→〈6월〉 [204]<br>☞ 구축물계정에 커서를 올려놓고 더블클릭하면 계정별원장이 조회되고 계정과목코드도 나온다. |
| 13 | 〈매입세액불공제내역〉→〈1월~3월〉→〈저장〉<br>〈부가가치세 신고서〉→〈1월~3월〉→〈새로불러오기〉 |
| 14 | 〈월계표〉→〈6월〉 [71,368,010] 또는 총계정원장(6월 차변금액) |
| 15 | 〈합계잔액시산표〉→〈과목별〉→〈6월30일〉 [① 7,385,070   ② 74,980,000] |

**12.**

| 과목 | 제 6(당)기 | |
|---|---|---|
| | 금 | 액 |
| (2) 유 형 자 산 | | 187,000,000 |
| 토                  지 | | 103,300,000 |
| 구        축        물 | 6,000,000 | |
| 감 가 상 각 누 계 액 | 3,200,000 | 2,800,000 |
| 차   량   운   반   구 | 90,600,000 | |
| 감 가 상 각 누 계 액 | 12,600,000 | 78,000,000 |
| 비                  품 | 6,300,000 | |
| 감 가 상 각 누 계 액 | 3,400,000 | 2,900,000 |

**13.**

| | 구 분 | | 금액 | 세율 | 세액 |
|---|---|---|---|---|---|
| 과세표준및매출세액 | 과세 | 세금계산서발급분 1 | 136,780,000 | 10/100 | 13,678,000 |
| | | 매입자발행세금계산서 2 | | 10/100 | |
| | | 신용카드·현금영수증 3 | 4,520,000 | 10/100 | 452,000 |
| | | 기타 4 | | 10/100 | |
| | 영세 | 세금계산서발급분 5 | | 0/100 | |
| | | 기타 6 | | 0/100 | |
| | 예정신고누락분 7 | | | | |
| | 대손세액가감 8 | | | | |
| | 합계 9 | | 141,300,000 | ㉚ | 14,130,000 |
| 매입세액 | 세금계산수취부분 | 일반매입 10 | 34,650,000 | | 3,465,000 |
| | | 수출기업수입분납부유예 10-1 | | | |
| | | 고정자산매입 11 | 36,300,000 | | 3,630,000 |
| | 예정신고누락분 12 | | | | |
| | 매입자발행세금계산서 13 | | | | |
| | 그밖의공제매입세액 14 | | 1,200,000 | | 120,000 |
| | 합계 (10-(10-1)+11+12+13+14) 15 | | 72,150,000 | | 7,215,000 |
| | 공제받지못할매입세액 16 | | 9,500,000 | | 950,000 |
| | 차감계 (15-16) 17 | | 62,650,000 | ㉰ | 6,265,000 |
| 납부(환급)세액 (㉚매출세액-㉰매입세액) | | | | ㉷ | 7,865,000 |

[① 13,678,000   ② 3,465,000   ③ 950,000]

**14.**

| 차 변 | | | 계 정 과 목 | 대 변 | | |
|---|---|---|---|---|---|---|
| 계 | 대 체 | 현 금 | | 현 금 | 대 체 | 계 |
| 71,368,010 | 71,368,010 | | 외 상 매 출 금 | | | |
| 1,385,070 | 1,385,070 | | 미    수    금 | | | |

**15.**

| 차 변 | | | 계 정 과 목 | 대 변 | | |
|---|---|---|---|---|---|---|
| 잔 액 | 합 계 | | | 합 계 | 잔 액 | |
| 7,385,070 | 7,385,070 | | 미   수   금 | | | |
| | 56,972,910 | | ◀유 동 부 채▶ | 500,595,690 | 443,623,780 | |
| | 1,500,000 | | 외 상 매 입 금 | 317,557,780 | 316,057,780 | |
| | 15,400,000 | | 지   급   어   음 | 15,400,000 | | |
| | 185,000 | | 미   지   급   금 | 75,165,000 | 74,980,000 | |

| 번호 | 조 회 |
|------|-------|

**16**

〈부가가치세신고서〉→〈1~3월〉

　[① 4,520,000　　　　② 1,200,000　　　　③ 3,000,000]

〈해설 13 참고 및 상단의 과표조회〉

| 계산서발급 및 수취내역 | 84.계산서발급금액 | 3,000,000 |
|---|---|---|
| | 85.계산서수취금액 | 100,000,000 |

**17**

〈매입매출장〉→〈1월~3월〉→〈매출〉→〈카과〉　　　[4,972,000]

| 전표일자 | 번호 | 코드 | 거래처 | 사업자(주민)번호 | 품명 | 공급가액 | 부가세 | 합계 |
|---|---|---|---|---|---|---|---|---|
| -01-28 | 50001 | 00102 | (주)풍년유통 | 113-81-32864 | 상품 | 3,000,000 | 300,000 | 3,300,000 |
| | | | 합　계 | | 1 건 (매수 1 매) | 3,000,000 | 300,000 | 3,300,000 |
| | | | 월　계 | | 1 건 (매수 1 매) | 3,000,000 | 300,000 | 3,300,000 |
| | | | 누　계 | | 1 건 (매수 1 매) | 3,000,000 | 300,000 | 3,300,000 |
| -02-11 | 50001 | 00725 | 이연주 | 870219-******* | 통조림 | 220,000 | 22,000 | 242,000 |
| -02-22 | 50001 | 00105 | 전자마트 | 211-88-27626 | 상품 | 1,300,000 | 130,000 | 1,430,000 |
| | | | 합　계 | | 2 건 (매수 2 매) | 1,520,000 | 152,000 | 1,672,000 |
| | | | 월　계 | | 2 건 (매수 2 매) | 1,520,000 | 152,000 | 1,672,000 |
| | | | 분기 누계 | | 3 건 (매수 3 매) | 4,520,000 | 452,000 | 4,972,000 |
| | | | 누　계 | | 3 건 (매수 3 매) | 4,520,000 | 452,000 | 4,972,000 |

**18**

〈손익계산서〉→〈과목별〉→〈12월31일〉　　　[6,295,860]

| 과목 | 제 6(당)기 | | 제 5(전)기 | |
|---|---|---|---|---|
| | 금액 | | 금액 | |
| Ⅴ. 영　업　이　익 | | 24,609,890 | | 19,714,000 |
| Ⅵ. 영　업　외　수　익 | | 6,295,860 | | 3,400,000 |
| 이　자　수　익 | 6,285,860 | | 3,400,000 | |
| 잡　이　익 | 10,000 | | 0 | |

**19**

〈합계잔액시산표/재무상태표〉→〈과목별〉→〈12월〉　　　[434,000,000]

| 차 | 변 | 계 정 과 목 | 대 | 변 |
|---|---|---|---|---|
| 잔　액 | 합　계 | | 합　계 | 잔　액 |
| | | ◀비 유 동 부 채▶ | 434,000,000 | 434,000,000 |
| | | 장 기 차 입 금 | 400,000,000 | 400,000,000 |
| | | 임 대 보 증 금 | 20,000,000 | 20,000,000 |
| | | 퇴 직 급여충당부채 | 14,000,000 | 14,000,000 |

**20**

〈합계잔액시산표/재무상태표〉→〈과목별〉→〈12월〉　　　[27,858,750]

| 차 | 변 | 계 정 과 목 | 대 | 변 |
|---|---|---|---|---|
| 잔　액 | 합　계 | | 합　계 | 잔　액 |
| | 141,228,000 | ◀이 익 잉 여 금▶ | 169,086,750 | 27,858,750 |
| | 70,614,000 | 이 월 이 익 잉여금 | 98,472,750 | 27,858,750 |
| | 70,614,000 | 미 처 분이익잉여금 | 70,614,000 | |

## 예제 회계정보분석

㈜금강(3005)의 회계정보를 조회하여 다음을 구하시오.

### 1. 재무상태표 조회

① 유동비율이란 기업의 단기 지급능력을 평가하는 지표이다. 전기말 현재 유동비율을 계산하면?(단, 소숫점 이하는 버림 할 것)

$$유동비율(\%) = \frac{유동자산}{유동부채} \times 100$$

② 부채비율은 타인자본의 의존도를 표시하며 기업의 건전성 정도를 나타내는 지표이다. 전기말 부채비율은 얼마인가?(단, 소숫점 이하는 버림 할 것)

$$부채비율(\%) = \frac{부채총계}{자본총계} \times 100$$

③ 자기자본비율은 기업의 재무구조 건전성을 측정하는 비율로 높을수록 기업의 재무구조가 건전하다. 전기분 자기자본비율은 얼마인가?(단, 소숫점 이하는 버림 할 것)

$$자기자본비율 = \frac{자기자본(자본)\ 총계}{자산\ 총계} \times 100$$

### 2. 손익계산서 조회

① 전기분 매출원가율은 얼마인가?(단, 소숫점 이하는 버림 할 것)

$$매출원가율 = \frac{매출원가}{매출액} \times 100$$

② 전기분 영업이익률은 얼마인가?(단, 소숫점 이하는 버림 할 것)

$$영업이익률(\%) = \frac{영업이익}{매출액} \times 100$$

③ 전기분 주당순이익을 계산하면 얼마인가?

- 주당순이익 = 당기순이익 / 주식수
- 발행주식수 : 10,000주

해답

1. [전기]재무상태표 조회

① 유동비율

　　유동자산(746,480,000)÷유동부채(120,500,000)×100 = 619%

② 부채비율

　　부채총계(154,500,000)÷자본총계(638,780,000)×100 = 24%

③ 자기자본비율

　　자기자본(638,780,000)÷자산총계(793,280,000)×100 = 80%

2. (전기)손익계산서 조회

| 항 목 별 합 계 액 | |
|---|---|
| 1. 매 출 | 200,004,000 |
| 2. 매 출 원 가 | 125,000,000 |
| 3. 매 출 총 이 익 | 75,004,000 |
| 4. 판 매 비 와 관 리 비 | 55,290,000 |
| 5. 영 업 이 익 | 19,714,000 |
| 6. 영 업 외 수 익 | 3,400,000 |
| 7. 영 업 외 비 용 | 2,500,000 |
| 8. 법인세비용차감전계속사업손 | 20,614,000 |
| 9. 계 속 사 업 손 익 법 인 세 비 용 | 0 |
| 10. 계 속 사 업 이 익 | 20,614,000 |
| 11. 중 단 사 업 손 익 | 0 |
| 12. 당 기 순 이 익 | 20,614,000 |
| 주 당 이 익 | 0 |

① 매출원가율

매출원가(125,000,000)÷매출액(200,004,000)×100 = 62%

② 영업이익률

영업이익(19,714,000)÷매출액(200,004,000)×100 = 9%

③ 주당순이익

당기순이익(20,614,000)÷주식수(10,000주) = 2,061원/주

# I. 기출문제1

FAT 1급 시험문제 중 전표입력(거래자료입력, 부가가치세, 결산)을 하여야 하고,
이로 인한 각종장부를 조회해야 답안을 작성하므로
<u>분개와 장부조회를 못하면 합격할 수 없습니다.</u>

1. <u>시험 전 자격시험홈페이지에서 [중요] 제**회 AT비대면시험 수험자 공지사항을
   숙지하시기 바랍니다.</u>
2. <u>더존교육용 프로그램은 최신버전으로 업데이트된 상태로 시험을 보셔야 합니다.</u>

## 〈FAT 1급〉

| | | | 문항수 | 방법 | 배점 |
|---|---|---|---|---|---|
| 이론 | 재무회계 | 재무회계의 기초 | 7 | – | 30 |
| | 부가가치세 | 부가가치세 | 3 | | |
| 실무<br>수행<br>과제 | 기초정보관리 | 1. 기초정보관리 이해 | 2 | *실무수행과제 입력 후<br>수행평가(장부, 신고서<br>및 재무제표 조회)<br>답안 작성* | – |
| | 회계정보관리 | 2. 거래자료입력 | 5 | | |
| | | 3. 부가가치세 | 6 | | |
| | | 4. 결산 | 2 | | |
| *수행<br>평가* | *회계정보조회<br>& 분석* | 1. 회계정보조회 | 20 | | 70 |
| | | 2. 회계정보분석 | 2 | | |
| 계 | | | | | 100 |

국가공인

회계가 바로 서야 경제가 바로 섭니다.

제○○회 AT(Accounting Technician)자격시험

# FAT 1급

## Financial Accounting Technician

◼ **시험시간** : 60분

◼ **이론배점** : 문항당 3점

◼ **실무배점** : 문항별 배점 참조

- 세법·회계처리기준 등을 적용하여 정답을 구하여야 하는 문제는 **시험시행 공고일 현재(20\*\*.\*.\*\*.) 시행 중인 법률·기준 등을 적용**하여 그 정답을 구하여야 합니다.
- 이번 시험에서는 타계정 대체와 관련된 적요만 채점하며 그 외의 적요는 채점에 반영되지 않습니다.

KICPA 한국공인회계사회

# 기출문제

Financial Accounting Technician

**회계정보처리 자격시험 1급**

**77회**

| 합격율 | 시험년월 |
|--------|----------|
| 49% | 2024.11 |

## 실무이론평가

> 아래 문제에서 특별한 언급이 없으면 기업의 보고기간(회계기간)은 매년 1월 1일부터 12월 31일까지입니다. 또한 기업은 일반기업회계기준 및 관련 세법을 계속적으로 적용하고 있다고 가정하고 물음에 가장 합당한 답을 고르시기 바랍니다.

[1] 다음 중 회계의 주요 질적특성 중에서 신뢰성의 하부개념이 <u>아닌</u> 것은?

① 중립성            ② 예측가치

③ 검증가능성        ④ 표현의 충실성

[2] 다음 중 손익계산서에 대한 설명으로 옳지 <u>않은</u> 것은?

① 손익계산서는 일정기간의 경영성과에 대한 유용한 정보를 제공한다.

② 매출액은 총매출액에서 매출할인, 매출환입, 매출에누리를 차감한 금액으로 한다.

③ 상품매출원가는 기초상품재고액 + 당기상품매입액 - 기말상품재고액으로 계산한다.

④ 당기상품매입액에는 매입에누리와 매입환출, 매입운반비를 차감하여 순매입액을 계산한다.

[3] 다음은 (주)한공이 취득한 기계장치에 대한 자료이다. 기계장치의 취득원가는 얼마인가?

| | | | |
|---|---|---|---|
| • 기계장치 구입대금 | 15,000,000원 | • 기계장치 설치비 | 500,000원 |
| • 기계장치 운송비용 | 450,000원 | • 기계장치 시운전비 | 350,000원 |

① 15,000,000원            ② 15,850,000원

③ 15,950,000원            ④ 16,300,000원

[4] 다음 중 현금및현금성자산에 해당하지 <u>않는</u> 것은?

   ① 보통예금

   ② 당좌예금

   ③ 취득당시 만기가 4개월인 금융상품

   ④ 타인발행수표

[5] (주)한공의 20x1년 손익계산서상 이자비용은 500,000원이다. (주)한공의 20x0년말과 20x1년말 재무상태표 관련계정이 다음과 같을 때 20x1년 현금으로 지급한 이자비용은?

| 계정과목 | 20x0년말 | 20x1년말 |
|---|---|---|
| 미지급이자 | 150,000원 | 130,000원 |

   ① 130,000원               ② 150,000원

   ③ 520,000원               ④ 650,000원

[6] 다음은 (주)한공의 업무일지의 일부이다. ( 가 )와 ( 나 )를 회계처리할 때 계정과목으로 옳은 것은?

업무일지

| 구분 | 20x1년 8월 25일 |
|---|---|
| 업무내용 | 1. 정기간행물 구독료 지출<br>  ① 시간 : 10시<br>  ② 업체 : 서울도서<br>  ③ 비용 : 100,000원 ( 가 )<br><br>2. 영업부 직원 서비스능력 향상 교육<br>  ① 시간 : 14시 ~ 16시<br>  ② 업체 : 하람서비스<br>  ③ 비용 : 1,000,000원 ( 나 ) |

| | ( 가 ) | ( 나 ) |
|---|---|---|
| ① | 광고선전비 | 교육훈련비 |
| ② | 기부금 | 기업업무추진비(접대비) |
| ③ | 도서인쇄비 | 교육훈련비 |
| ④ | 도서인쇄비 | 복리후생비 |

[7] 다음 자료를 토대로 (주)한공의 20x1년 12월 31일 결산 시 회계 처리로 옳은 것은?

> • 20x1년 5월 1일 소모품 1,000,000원을 구입하고 대금은 현금으로 지급하였으며, 구입한 소모품은 전액 자산처리하였다.
> • 20x1년 12월 31일 소모품 미사용액은 200,000원이다.

① (차) 소모품　　200,000원　　(대) 소모품비　200,000원
② (차) 소모품　　800,000원　　(대) 소모품비　800,000원
③ (차) 소모품비　200,000원　　(대) 소모품　　200,000원
④ (차) 소모품비　800,000원　　(대) 소모품　　800,000원


[8] 다음 중 우리나라 부가가치세의 특징에 대하여 잘못 설명하는 사람은 누구인가?

> 혜서 : 소비지국과세원칙을 구현하기 위해 영세율 제도를 두고 있어.
> 현진 : 납세의무자와 담세자가 일치하는 직접세에 해당해.
> 동연 : 간접세라서 납세의무자와 담세자가 서로 달라.
> 수진 : 원칙적으로 모든 재화나 용역을 과세대상으로 하고 있어.

※ 1차 저작권자의 저작권 침해 소지가 있어 삽화 삽입은 어려우니 양해바랍니다.
① 혜서　　　　　　② 현진　　　　　　③ 동연　　　　　　④ 수진


[9] 다음 중 부가가치세 신고·납부 및 환급에 대한 설명으로 옳지 않은 것은?
① 각 예정 신고기간 또는 과세기간 종료 후 25일 이내 신고·납부함을 원칙으로 한다.
② 총괄납부사업자의 경우 주사업장에서 총괄하여 신고·납부하여야 한다.
③ 영세율이 적용되는 경우에는 조기환급을 받을 수 있다.
④ 예정신고를 하는 경우 가산세는 적용하지 않는다.


[10] 다음은 자동차 부품제조업을 영위하는 (주)한공의 20x1년 제2기 예정 신고기간(20x1.7.1.
~20x1.9.30.)의 공급가액 내역이다. 부가가치세 과세표준은 얼마인가?

> • 국외매출액(수출)　20,000,000원
> • 국내매출액　　　　50,000,000원
> • 공장처분액　　　　40,000,000원(토지분 10,000,000원, 건물분 30,000,000원)

① 50,000,000원　　② 80,000,000원　　③ 100,000,000원　　④ 110,000,000원

### ■■■■■ 실무수행평가

(주)운동하자(3770)는 운동용품 등을 도·소매하는 법인으로 회계기간은 제6기(20x1.1.1. ~ 20x1.12.31.)이다. 제시된 자료와 [자료설명]을 참고하여 [평가문제]의 물음에 답하시오.

| 실무수행<br>유의사항 | 1. 부가가치세 관련거래는 [매입매출전표입력]메뉴에 입력하고, 부가가치세 관련 없는 거래는 [일반전표입력]메뉴에 입력한다.<br>2. 타계정 대체액과 관련된 적요는 반드시 코드를 입력하여야 한다.<br>3. 채권·채무, 예금거래 등 관리대상 거래자료에 대하여는 반드시 거래처코드를 입력한다.<br>4. 자금관리 등 추가 작업이 필요한 경우 문제의 요구에 따라 추가 작입하여야 한다.<br>5. 판매비와관리비는 800번대 계정코드를 사용한다.<br>6. 등록된 계정과목 중 가장 적절한 계정과목을 선택한다. |
|---|---|

### ■ 실무수행1  기초정보관리의 이해

회계관련 기초정보는 입력되어 있다. [자료설명]을 참고하여 [수행과제]를 수행하시오.

① 사업자등록증에 의한 회사등록 수정

| 사 업 자 등 록 증<br>(법인사업자)<br>등록번호 : 220-81-03217<br><br>상        호 : (주)운동하자<br>대   표   자 : 김진선<br>개 업 년 월 일 : 2019년 11월 17일<br>법인등록번호 : 110111-1020314<br>사업장 소재지 : 서울특별시 강남구 강남대로 254<br>            (도곡동, 용문빌딩)<br><br>사 업 의 종 류 : 업태 도매 및 소매업<br>            종목 운동 및 경기용품 소매업<br><br>교 부 사 유 : 정정교부<br>사업자단위과세 적용사업자여부 : 여( )  부( √ )<br>전자세금계산서 전용 메일주소 : sun@naver.com<br><br>20x1년  1월  17일<br>역삼 세무서장<br><br>◎ 국세청 | 자료설명 | (주)운동하자는 대표자변경으로 역삼세무서로부터 사업자등록증을 정정하여 발급받았다. |
|---|---|---|
| | 수행과제 | 사업자등록증을 참고하여 대표자명과 주민등록번호(770202-2045769)를 변경하고 업종코드(523931)도 등록하시오. |

25

② 거래처별초기이월 등록 및 수정

### 미지급금 명세서

| 코 드 | 거래처명 | 금 액 | 비 고 |
|---|---|---|---|
| 00109 | (주)대전광고 | 2,800,000원 | 신제품 광고 |
| 33000 | 회계법인 참길 | 3,000,000원 | 회계세무 자문 |
| 99602 | 우리카드 | 6,200,000원 | 카드이용대금 |
| | 합 계 | 12,000,000원 | |

| 자료설명 | (주)운동하자의 전기분 재무제표는 이월 받아 등록되어 있다. |
|---|---|
| 수행과제 | 거래처별 초기이월사항을 입력하시오. |

## 실무수행2 거래자료 입력

실무프로세스 자료이다. [자료설명]을 참고하여 [수행과제]를 수행하시오.

① 증빙에 의한 거래자료 입력

| 산출내역 | | 서울특별시 | 20x1년 08월 주민세(사업소분) | | 납세자 보관용 영수증 |
|---|---|---|---|---|---|
| **납기내** 55,000 원 | | 납 세 자 | (주)운동하자 | | • 이 영수증은 과세명세표도 사용 가능합니다. • 세금 납부 후에는 취소가 되지 않습니다. |
| 주 민 세 50,000 원 지방교육세 5,000 원 | | 주 소 | 서울특별시 강남구 강남대로 254 (도곡동, 용문빌딩) | | |

납기내 55,000 원 / 주민세 50,000원, 지방교육세 5,000원 / 20x1.08.31. 까지

납기후 56,650 원 / 20x1.09.20. 까지

납기후 56,650 원 / 주민세 51,500 원 / 지방교육세 5,150 원

체납세액 체납표기 제외대상입니다.

전용계좌로도 편리하게 납부 / 은행 / 은행 / 은행

<납부장소> 시중은행 본·지점(한국은행 제외), 농·수협(중앙회 포함), 우체국

위의 금액을 납부하시기 바랍니다.

위의 금액을 영수합니다. 수납인

• 세금 미납시에는 재산압류 등 체납처분을 받게 됩니다.

담당자

서울특별시 강남구청장

• 수납인과 취급자인이 없으면 이 영수증은 무효입니다. • 세금 납부 후에는 취소가 되지 않습니다.

| 자료설명 | [8월 31일] 법인 사업소분 주민세를 국민은행 보통예금 계좌에서 이체하여 납부하였다. |
|---|---|
| 수행과제 | 거래자료를 입력하시오. |

2 약속어음 발행거래

# 전 자 어 음

(주)헬스케어 귀하        00320241017123456789

**금**   일천만원정         <u>10,000,000원</u>

위의 금액을 귀하 또는 귀하의 지시인에게 지급하겠습니다.

지급기일 20x1년 12월 17일    **발행일** 20x1년 10월 17일
지 급 지 기업은행        **발행지** 서울특별시 강남구 강남대로
지급장소 강남지점         **주 소** 254(도곡동, 용문빌딩)
                     **발행인** (주)운동하자

| 자료설명 | [10월 17일]<br>(주)헬스케어의 외상대금 17,700,000원 중 일부는 전자어음으로 발행하여 지급하고, 나머지는 자기앞수표로 지급하였다. |
|---|---|
| 수행과제 | 1. 거래자료를 입력하시오.<br>2. 자금관련 정보를 입력하여 지급어음현황에 반영하시오.<br>(단, 등록된 어음을 사용할 것.) |

3 대손의 발생과 설정

■ 보통예금(국민은행) 거래내역

| 번호 | 거래일 | 내용 | 찾으신금액 | 맡기신금액 | 잔액 | 거래점 |
|---|---|---|---|---|---|---|
| | | 계좌번호 096-25-0096-751 (주)운동하자 | | | | |
| 1 | 20x1-10-21 | (주)대한무역 | | 3,000,000 | *** | *** |

| 자료설명 | (주)대한무역의 파산으로 전기에 대손처리 하였던 외상매출금 금액 중 일부가 회수되어 국민은행 보통예금계좌에 입금되었다. |
|---|---|
| 수행과제 | 거래자료를 입력하시오. |

④ 기타 일반거래

여비 정산서

| 소 속 | 영업부 | 직 위 | 사원 | 성 명 | 김하성 |
|---|---|---|---|---|---|
| 출장내역 | 일 시 | 20x1년 10월 24일 ~ 20x1년 10월 26일 | | | |
| | 출 장 지 | 부산 | | | |
| | 출장목적 | 신규 거래처 상담 | | | |
| 출장비 | 지급받은 금액 | 500,000원 | 실제지출액 | 600,000원 | 출장비차액 | 100,000원 |
| 지출내역 | 숙박비 | 250,000원 | 식 비 | 150,000원 | 교 통 비 | 200,000원 |

20x1년 10월 28일
신청인    성명    김 하 성

| 자료설명 | [10월 28일]<br>출장을 마친 영업부 직원의 여비를 정산하고 차액은 현금으로 지급하였다. |
|---|---|
| 수행과제 | 10월 24일의 거래를 참고하여 거래자료를 입력하시오. |

⑤ 증빙에 의한 전표입력

영 수 증 (공급받는자용)

NO        (주)운동하자        귀하

| 공급자 | 사업자등록번호 | 113-81-54719 | | |
|---|---|---|---|---|
| | 상 호 | (주)최강서비스 | 성명 | 이최강 |
| | 사업장소재지 | 서울특별시 구로구 구로동로 22 | | |
| | 업 태 | 서비스업 | 종목 | 종합수리 |
| 작성일자 | 공급대가총액 | | 비고 |
| 20x1.10.31. | 20,000 | | |

공 급 내 역

| 월/일 | 품명 | 수량 | 단가 | 금액 |
|---|---|---|---|---|
| 10/31 | 복사기수리 | | | 20,000 |
| 합 계 | ₩20,000 | | | |

위 금액을 영수(청구)함

| 자료설명 | 사무실 복사기를 수리하고 대금은 현금으로 지급하였다. |
|---|---|
| 수행과제 | 거래자료를 입력하시오.<br>(단, '수익적지출'로 처리할 것.) |

## 실무수행3 | 부가가치세

부가가치세 신고 관련 자료이다. [자료설명]을 참고하여 [수행과제]를 수행하시오.

### ① 과세매출자료의 전자세금계산서 발행

#### 거래명세서 (공급자 보관용)

| 공급자 | 등록번호 | 220-81-03217 | | | 공급받는자 | 등록번호 | 211-81-44121 | | |
|---|---|---|---|---|---|---|---|---|---|
| | 상호 | (주)운동하자 | 성명 | 김진선 | | 상호 | (주)사랑스포츠 | 성명 | 이사랑 |
| | 사업장주소 | 서울특별시 강남구 강남대로 254 (도곡동, 용문빌딩) | | | | 사업장주소 | 서울특별시 강남구 논현로145길 18 (논현동) | | |
| | 업태 | 도매 및 소매업 | 종사업장번호 | | | 업태 | 도소매업 | 종사업장번호 | |
| | 종목 | 운동 및 경기용품 | | | | 종목 | 스포츠용품 | | |

| 거래일자 | 미수금액 | 공급가액 | 세액 | 총 합계금액 |
|---|---|---|---|---|
| 20x1.7.12. | | 5,400,000 | 540,000 | 5,940,000 |

| NO | 월 | 일 | 품목명 | 규격 | 수량 | 단가 | 공급가액 | 세액 | 합계 |
|---|---|---|---|---|---|---|---|---|---|
| 1 | 7 | 12 | 헬스자전거 | | 6 | 500,000 | 3,000,000 | 300,000 | 3,300,000 |
| 2 | 7 | 12 | 스마트워킹머신 | | 3 | 800,000 | 2,400,000 | 240,000 | 2,640,000 |
| | | | | | | | | | |

| 자료설명 | 1. 상품을 판매하고 발급한 거래명세서이다.<br>2. 미리 받은 계약금(선수금) 300,000원을 제외한 잔액은 이번 달 말일에 받기로 하였다. |
|---|---|
| 수행과제 | 1. 거래명세서에 의해 매입매출자료를 입력하시오.<br>( 복수거래 키를 이용하여 입력할 것.)<br>2. 전자세금계산서 발행 및 내역관리 를 통하여 발급 및 전송하시오.<br>(전자세금계산서 발급 시 결제내역 및 전송일자는 고려하지 말 것.) |

2 매입거래

전자세금계산서 (공급받는자 보관용)    승인번호

| 공급자 | 등록번호 | 119-81-02126 | | | 공급받는자 | 등록번호 | 220-81-03217 | | |
|---|---|---|---|---|---|---|---|---|---|
| | 상호 | (주)한수건강 | 성명(대표자) | 나한수 | | 상호 | (주)운동하자 | 성명(대표자) | 김진선 |
| | 사업장주소 | 서울특별시 금천구 가산로 153 | | | | 사업장주소 | 서울특별시 강남구 강남대로 254 (도곡동, 용문빌딩) | | |
| | 업태 | 도소매업 | 종사업장번호 | | | 업태 | 도매 및 소매업 | 종사업장번호 | |
| | 종목 | 스포츠용품 | | | | 종목 | 운동 및 경기용품 | | |
| | E-Mail | market@naver.com | | | | E-Mail | sun@naver.com | | |

| 작성일자 | 20x1.7.20. | 공급가액 | 5,000,000 | 세액 | 500,000 |
|---|---|---|---|---|---|
| 비고 | | | | | |

| 월 | 일 | 품목명 | 규격 | 수량 | 단가 | 공급가액 | 세액 | 비고 |
|---|---|---|---|---|---|---|---|---|
| 7 | 20 | 트리플 덤벨세트 | | 10 | 500,000 | 5,000,000 | 500,000 | |

| 합계금액 | 현금 | 수표 | 어음 | 외상미수금 | 이 금액을 | ○ 영수 / ● 청구 | 함 |
|---|---|---|---|---|---|---|---|
| 5,500,000 | | | | 5,500,000 | | | |

| 자료설명 | 판매용 상품을 외상으로 구입하고 받은 전자세금계산서이다. |
|---|---|
| 수행과제 | 매입매출자료를 입력하시오. (전자세금계산서 거래는 '전자입력'으로 입력할 것.) |

3 매출거래

신용카드매출전표

카 드 종 류 : 삼성카드
회 원 번 호 : 8471-2356-**15-5**3
거 래 일 시 : 20x1.08.13. 15:05:16
거 래 유 형 : 신용승인
매    출 : 800,000원
부 가 세 :  80,000원
합    계 : 880,000원
결 제 방 법 : 일시불
가맹점번호 : 55721112

가맹점명 : (주)운동하자

-이 하 생 략-

| 자료설명 | (주)요가야에 상품(요가매트)를 판매하고 발급한 신용카드매출전표이다. |
|---|---|
| 수행과제 | 매입매출자료를 입력하시오. |

4 매입거래

| 전자계산서 | | | (공급받는자 보관용) | | | 승인번호 | | |
|---|---|---|---|---|---|---|---|---|

| 공급자 | 등록번호 | 108-91-31256 | | | 공급받는자 | 등록번호 | 220-81-03217 | |
|---|---|---|---|---|---|---|---|---|
| | 상호 | 수협중앙회 | 성명(대표자) | 정민주 | | 상호 | (주)운동하자 | 성명(대표자) 김진선 |
| | 사업장주소 | 서울특별시 강남구 개포로21길 7 | | | | 사업장주소 | 서울특별시 강남구 강남대로 254 (도곡동, 용문빌딩) | |
| | 업태 | 도소매업 | 종사업장번호 | | | 업태 | 도매 및 소매업 | 종사업장번호 |
| | 종목 | 농,축,수,임산물 | | | | 종목 | 운동 및 경기용품 | |
| | E-Mail | min@naver.com | | | | E-Mail | sun@naver.com | |

| 작성일자 | 20x1.8.30. | 공급가액 | 500,000 | 비 고 | |
|---|---|---|---|---|---|

| 월 | 일 | 품목명 | 규격 | 수량 | 단가 | 공급가액 | 비고 |
|---|---|---|---|---|---|---|---|
| 8 | 30 | 굴비세트 | | 10 | 50,000 | 500,000 | |

| 합계금액 | 현금 | 수표 | 어음 | 외상미수금 | 이 금액을 | ○ 영수 ● 청구 | 함 |
|---|---|---|---|---|---|---|---|
| 500,000 | | | | 500,000 | | | |

| 자료설명 | 매출거래처 선물용 굴비세트를 외상으로 구입하고 발급받은 전자계산서이다. |
|---|---|
| 수행과제 | 매입매출자료를 입력하시오.(전자계산서 거래는 '전자입력'으로 입력할 것.) |

5 매입거래

| 전자세금계산서 | | | (공급받는자 보관용) | | | 승인번호 | | |
|---|---|---|---|---|---|---|---|---|

| 공급자 | 등록번호 | 314-81-11803 | | | 공급받는자 | 등록번호 | 220-81-03217 | |
|---|---|---|---|---|---|---|---|---|
| | 상호 | (주)미래전자 | 성명(대표자) | 이미래 | | 상호 | (주)운동하자 | 성명(대표자) 김진선 |
| | 사업장주소 | 서울특별시 서대문구 경기대로 62 | | | | 사업장주소 | 서울특별시 강남구 강남대로 254 (도곡동, 용문빌딩) | |
| | 업태 | 도소매업 | 종사업장번호 | | | 업태 | 도매 및 소매업 | 종사업장번호 |
| | 종목 | 전자제품 | | | | 종목 | 운동 및 경기용품 | |
| | E-Mail | dream@hanmail.net | | | | E-Mail | sun@naver.com | |

| 작성일자 | 20x1.9.21. | 공급가액 | 6,000,000 | 세 액 | 600,000 |
|---|---|---|---|---|---|

| 비고 | |
|---|---|

| 월 | 일 | 품목명 | 규격 | 수량 | 단가 | 공급가액 | 세액 | 비고 |
|---|---|---|---|---|---|---|---|---|
| 9 | 21 | 에어컨 | | 1 | 6,000,000 | 6,000,000 | 600,000 | |

| 합계금액 | 현금 | 수표 | 어음 | 외상미수금 | 이 금액을 | ○ 영수 ● 청구 | 함 |
|---|---|---|---|---|---|---|---|
| 6,600,000 | | | | 6,600,000 | | | |

| 자료설명 | 면세사업에 사용할 에어컨을 구입하고 대금은 다음달 말일에 지급하기로 하였다.(단, 본 거래에 한하여 과세사업과 면세사업을 겸영한다고 가정할 것.) |
|---|---|
| 수행과제 | 1. 매입매출자료를 입력하시오. (전자세금계산서 거래는 '전자입력'으로 입력할 것.)<br>2. [고정자산등록]에 고정자산을 등록(코드 : 1001, 방법 : 정액법, 내용연수 5년, 경비구분 : 800번대)하시오. |

6 부가가치세신고서에 의한 회계처리

■ 보통예금(신한은행) 거래내역

| 번호 | 거래일 | 내용 | 찾으신금액 | 맡기신금액 | 잔액 | 거래점 |
|---|---|---|---|---|---|---|
| | | 계좌번호 112-088-654321  (주)운동하자 | | | | |
| 1 | 20x1-7-25 | 역삼세무서 | 2,026,050 | | *** | *** |

| 자료설명 | 제1기 부가가치세 확정신고 납부세액을 신한은행 보통예금 계좌에서 이체하였다. |
|---|---|
| 수행과제 | 6월 30일에 입력된 일반전표를 참고하여 납부세액에 대한 회계처리를 하시오. (거래처코드를 입력할 것.) |

## 실무수행4  결산

[결산자료]를 참고하여 결산을 수행하시오.(단, 제시된 자료 이외의 자료는 없다고 가정함.)

1 수동결산 및 자동결산

| 자료설명 | 1. 장기차입금에 대한 기간경과분 이자 1,200,000원을 계상하다.<br>2. [고정자산등록]에 등록된 비품의 감가상각비를 계상하다.<br>3. 기말 상품재고액은 50,000,000원이다.<br>4. 이익잉여금처분계산서 처분 예정(확정)일<br> -당기분 : 20x2년 2월 26일   -전기분 : 20x1년 2월 26일 |
|---|---|
| 수행과제 | 1. 수동결산 또는 자동결산 메뉴를 이용하여 결산을 완료하시오.<br>2. 12월 31일을 기준으로 '손익계산서 ➡ 이익잉여금처분계산서 ➡ 재무상태표'를 순서대로 조회 작성하시오.(단, 이익잉여금처분계산서 조회 작성 시 '저장된 데이터 불러오기' ➡ '아니오' 선택 ➡ '전표추가'를 이용하여 '손익대체분개'를 수행할 것.) |

## 평가문제 | 실무수행평가 (62점)

입력자료 및 회계정보를 조회하여 [평가문제]의 답안을 입력하시오.

---

### 〈평가문제 답안입력 유의사항〉

❶ 답안은 **지정된 단위의 숫자로만 입력**해 주십시오.
 * 한글 등 문자 금지

| | 정답 | 오답(예) |
|---|---|---|
| (1) **금액은 원 단위로 숫자를 입력**하되, 천 단위 콤마( , )는 생략 가능합니다. | **1,245,000** **1245000** | 1.245.000 1,245,000원 1,245,0000 12,45,000 1,245천원 |
| (1-1) 답이 0원인 경우 반드시 "0" 입력<br>(1-2) 답이 음수(-)인 경우 숫자 앞에 " - "입력<br>(1-3) 답이 소수인 경우 반드시 " . " 입력 | | |
| (2) 질문에 대한 **답안은 숫자로만 입력**하세요. | **4** | 04 4건, 4매, 4명 04건, 04매, 04명 |
| (3) **거래처 코드번호는 5자리 숫자로 입력**하세요. | **00101** | 101 00101번 |

❷ 더존 프로그램에서 조회되는 자료를 복사하여 붙여넣기가 가능합니다.
❸ 수행과제를 올바르게 입력하지 않고 작성한 답과 모범답안이 다른 경우 오답처리됩니다.

| 번호 | 평가문제 | 배점 |
|---|---|---|
| 11 | **평가문제 [회사등록 조회]**<br>[회사등록] 관련 내용으로 옳지 않은 것은?<br>① 대표자명은 '김진선'이다.<br>② 사업장 세무서는 '역삼'이다.<br>③ 표준산업코드는 'G40'이다.<br>④ 국세환급금계좌 은행은 '기업은행'이다. | 4 |
| 12 | **평가문제 [거래처원장 조회]**<br>6월 말 '253.미지급금' 계정의 거래처별 잔액으로 옳지 않은 것은?<br>① 00109.(주)대전광고   15,120,640원  ② 00131.(주)월드건강  17,600,000원<br>③ 33000.회계법인 참길   3,000,000원  ④ 99602.우리카드     2,800,000원 | 4 |
| 13 | **평가문제 [거래처원장 조회]**<br>12월 말 '251.외상매입금' 계정의 거래처별 잔액으로 옳은 것은?<br>① 02180.(주)한수건강  11,000,000원    ② 04007.(주)필라테스 3,000,000원<br>③ 07002.(주)헬스케어  17,700,000원    ④ 30011.(주)행복건강  5,000,000원 | 4 |
| 14 | **평가문제 [거래처원장 조회]**<br>12월 말 '108.외상매출금' 잔액이 있는 거래처 중 금액이 가장 적은 거래처코드 5자리를 입력하시오. | 3 |
| 15 | **평가문제 [총계정원장 조회]**<br>'253.미지급금'의 월별 증가 금액(대변)으로 옳은 것은?<br>① 8월  12,870,000원          ② 9월  9,900,000원<br>③ 10월  7,900,000원          ④ 11월  4,000,000원 | 3 |
| 16 | **평가문제 [계정별원장 조회]**<br>10월 말 '109.대손충당금' 잔액은 얼마인가? | 3 |
| 17 | **평가문제 [현금출납장 조회]**<br>10월 중 '현금' 출금 금액이 가장 큰 전표일자의 금액은 얼마인가? | 3 |
| 18 | **평가문제 [고정자산관리대장 조회]**<br>당기말상각누계액 총계는 얼마인가? | 2 |
| 19 | **평가문제 [재무상태표 조회]**<br>12월 말 '당좌자산'계정 중 잔액이 가장 적은 계정과목 코드번호 3자리를 입력하시오. | 3 |
| 20 | **평가문제 [재무상태표 조회]**<br>12월 말 '선수금' 잔액은 얼마인가? | 2 |

| 번호 | 평가문제 | 배점 |
|---|---|---|
| 21 | **평가문제 [재무상태표 조회]**<br>12월 말 '미지급비용' 잔액은 얼마인가? | 3 |
| 22 | **평가문제 [재무상태표 조회]**<br>12월 말 '이월이익잉여금(미처분이익잉여금)' 잔액은 얼마인가?<br>① 806,948,259원　　　　　　② 808,877,259원<br>③ 812,248,259원　　　　　　④ 813,748,259원 | 1 |
| 23 | **평가문제 [손익계산서 조회]**<br>당기에 발생한 '판매비와관리비'의 계정별 금액으로 옳지 않은 것은?<br>① 여비교통비　　1,934,600원　② 수선비　　　　　　　　　7,386,000원<br>③ 세금과공과금　1,254,000원　④ 접대비(기업업무추진비)　29,557,900원 | 4 |
| 24 | **평가문제 [부가가치세신고서 조회]**<br>제2기 예정 신고기간 부가가치세신고서의 '과세_신용카드.현금영수증(3란)'의 금액은 얼마인가? | 3 |
| 25 | **평가문제 [부가가치세신고서 조회]**<br>제2기 예정 신고기간 부가가치세신고서의 '세금계산서수취부분_일반매입(10란)'의 금액은 얼마인가? | 3 |
| 26 | **평가문제 [부가가치세신고서 조회]**<br>제2기 예정 신고기간 부가가치세신고서의 '공제받지못할매입세액(16란)'의 세액은 얼마인가? | 3 |
| 27 | **평가문제 [세금계산서합계표 조회]**<br>제2기 예정 신고기간의 전자매출세금계산서의 매수는 몇 매인가? | 3 |
| 28 | **평가문제 [계산서합계표 조회]**<br>제2기 예정 신고기간의 전자매입계산서의 공급가액은 얼마인가? | 4 |
| 29 | **평가문제 [예적금현황 조회]**<br>12월 말 은행별(계좌명) 예금 잔액으로 옳지 않은 것은?<br>① 기업은행(당좌)　30,980,000원　② 신한은행(보통)　527,053,000원<br>③ 우리은행(보통)　20,000,000원　④ 국민은행(보통)　44,850,000원 | 4 |
| 30 | **평가문제 [지급어음현황 조회]**<br>만기일이 20x1년에 도래하는 '지급어음' 금액이 가장 큰 거래처 코드번호 5자리를 입력하시오. | 3 |
| 총 점 | | 62 |

## 평가문제 | 회계정보분석 (8점)

회계정보를 조회하여 [회계정보분석] 답안을 입력하시오.

31. 재무상태표 조회 (4점)

부채비율은 타인자본의 의존도를 표시하며, 기업의 건전성 정도를 나타내는 지표이다. 전기분 부채비율은 얼마인가?(단, 소숫점 이하는 버림 할 것.)

$$부채비율(\%) = \frac{부채총계}{자본총계} \times 100$$

① 21%  ② 43%
③ 57%  ④ 66%

32. 손익계산서 조회 (4점)

영업이익률은 기업의 주된 영업활동에 의한 성과를 판단하는 비율이다. 전기분 영업이익률을 계산하면 얼마인가?(단, 소숫점 이하는 버림 할 것.)

$$영업이익률(\%) = \frac{영업이익}{매출액} \times 100$$

① 12%  ② 17%
③ 20%  ④ 33%

## 실무이론평가

| 1 | 2 | 3 | 4 | 5 | 6 | 7 | 8 | 9 | 10 |
|---|---|---|---|---|---|---|---|---|---|
| ② | ④ | ④ | ③ | ③ | ③ | ④ | ② | ② | ③ |

01 **목적적합성의 하부개념은 예측가치, 피드백 가치, 적시성**이며, **신뢰성의 하부개념은 검증가능성, 중립성, 표현의 충실성**이다.

02 당기상품매입액에는 매입에누리와 매입환출은 차감하고, **매입운반비는 가산해서 순매입액을 계산**한다.

03 기계장치의 취득원가 = 구입대금(15,000,000) + 설치비(500,000) + 운송비용(450,000)
　　　　　　　　　　　+ 시운전비(350,000) = 16,300,000원

04 **취득당시 만기가 4개월 이내인 금융상품은 단기투자자산**에 해당한다.

05

| 미지급비용(이자) | | | |
|---|---|---|---|
| *지급* | *520,000* | 기초 | 150,000 |
| 기말 | 130,000 | 이자비용 | 500,000 |
| 계 | 650,000 | 계 | 650,000 |

06 ( 가 ) : 도서인쇄비　( 나 ) : 교육훈련비

07 소모품비 처리액 1,000,000원 – 미사용액 200,000원 = 사용액 800,000원
따라서 (차) 소모품비　800,000원　　(대) 소모품　800,000원이다.

08 우리나라 부가가치세는 **납세의무자와 담세자가 일치하지 않는 간접세에 해당**한다.

09 주사업장 총괄납부의 경우에도 **신고는 각 사업장별**로 하여야 한다.

10 **토지는 면세 대상**이며, 다른 항목은 부가가치세 과세대상(수출재화는 영세율과세대상)이다.
과세표준 = 수출(20,000,000) + 국내매출액(50,000,000) + 건물처분(30,000,000)
　　　　　= 100,000,000원

■■■■■■■■ **실무수행평가**

## 실무수행 1. 기초정보관리의 이해

① 사업자등록증에 의한 회사등록 수정
   - 대표자명 : 김진선으로 수정
   - 주민등록번호 : 770202 - 2045769로 수정
   - 업종코드 : 523931 입력

② 거래처별초기이월 등록 및 수정
   - 253.미지급금 계정 : 거래처별 금액 입력

## 실무수행 2. 거래자료 입력

① 증빙에 의한 거래자료 입력 [일반전표입력] 8월 31일

| (차) 세금과공과금(판) | 55,000원 | (대) 보통예금(국민은행(보통)) | 55,000원 |
|---|---|---|---|

② 약속어음 발행거래 [일반전표입력] 10월 17일

| (차) 외상매입금((주)헬스케어) | 17,700,000원 | (대) 지급어음((주)헬스케어) | 10,000,000원 |
|---|---|---|---|
| | | 현금 | 7,700,000원 |

[지급어음관리]

| 지급어음 관리 | | | | | | | | 삭제(F5) |
|---|---|---|---|---|---|---|---|---|
| 어음상태 | 2 발행 | 어음번호 | 00320241017123456789 | 어음종류 | 4 전자 | 발행일 | 20x1-10-17 |
| 만 기 일 | 20x1-12-17 | 지급은행 | 98000 기업은행(당좌) | 지 점 | 강남 | | |

③ 대손의 발생과 설정 [일반전표입력] 10월 21일

| (차) 보통예금(국민은행(보통)) | 3,000,000원 | (대) 대손충당금(109) | 3,000,000원 |
|---|---|---|---|

④ 기타 일반거래 [일반전표입력] 10월 28일

| (차) 여비교통비(판) | 600,000원 | (대) 가지급금(김하성) | 500,000원 |
|---|---|---|---|
| | | 현금 | 100,000원 |

⑤ 증빙에 의한 전표입력 [일반전표입력] 10월 31일

| (차) 수선비(판) | 20,000원 | (대) 현금 | 20,000원 |
|---|---|---|---|

## 실무수행 3. 부가가치세

1 과세매출자료의 전자세금계산서 발행

1. [매입매출전표입력] 7월 12일 **(복수거래)**

| 거래유형 | 품명 | 공급가액 | 부가세 | 거래처 | 전자세금 |
|---|---|---|---|---|---|
| 11.과세 | 헬스자전거외 | 5,400,000 | 540,000 | (주)사랑스포츠 | 전자발행 |
| 분개유형 | (차) 외상매출금 | 5,640,000원 | (대) 상품매출 | | 5,400,000원 |
| 3.혼합 | 선수금 | 300,000원 | 부가세예수금 | | 540,000원 |

2. [전자세금계산서 발행 및 내역관리]
    ① 미전송된 내역이 조회되면, 미전송내역을 체크한 후 전자발행 을 클릭하여 표시되는
       로그인 화면에서 확인(Tab) 클릭
    ② '전자세금계산서 발행'화면이 조회되면 발행(F3) 버튼을 클릭한 다음 확인(Tab) 클릭
    ③ 국세청란에 '발행대상'으로 표시되면 ACADEMY 전자세금계산서 를 클릭
    ④ [Bill36524 교육용전자세금계산서] 화면에서 [로그인]을 클릭
    ⑤ 좌측화면 : [세금계산서 리스트]에서 [미전송]으로 체크 후 [매출조회]를 클릭
       우측화면 : [전자세금계산서]에서 [발행]을 클릭
    ⑥ [발행완료되었습니다.] 메시지가 표시되면 확인(Tab) 클릭

2 매입거래 [매입매출전표입력] 7월 20일

| 거래유형 | 품명 | 공급가액 | 부가세 | 거래처 | 전자세금 |
|---|---|---|---|---|---|
| 51.과세 | 트리플 덤벨세트 | 5,000,000 | 500,000 | (주)한수건강 | 전자입력 |
| 분개유형 | (차) 상품 | 5,000,000원 | (대) 외상매입금 | | 5,500,000원 |
| 2.외상 | 부가세대급금 | 500,000원 | | | |

3 매출거래 [매입매출전표입력] 8월 13일

| 거래유형 | 품명 | 공급가액 | 부가세 | 거래처 | 전자세금 |
|---|---|---|---|---|---|
| 17.카과 | 요가매트 | 800,000 | 80,000 | (주)요가야 | |
| 분개유형 | (차) 외상매출금 | 880,000원 | (대) 상품매출 | | 800,000원 |
| 4.카드(혼합) | (삼성카드) | | 부가세예수금 | | 80,000원 |

4 매입거래 [매입매출전표입력] 8월 30일

| 거래유형 | 품명 | 공급가액 | 부가세 | 거래처 | 전자세금 |
|---|---|---|---|---|---|
| 53.면세 | 굴비세트 | 500,000 | | 수협중앙회 | 전자입력 |
| 분개유형 | (차) 접대비(판) | 500,000원 | (대) 미지급금 | | 500,000원 |
| 3.혼합 | (기업업무추진비) | | | | |

⑤ 매입거래 [매입매출전표입력] 9월 21일

| 거래유형 | 품명 | 공급가액 | 부가세 | 거래처 | 전자세금 |
|---|---|---|---|---|---|
| 54.불공 | 에어컨 | 6,000,000 | 600,000 | (주)미래전자 | 전자입력 |
| 불공제사유 | 4. 면세사업과 관련된 분 | | | | |
| 분개유형 | (차) 비품 | 6,600,000원 | (대) 미지급금 | | 6,600,000원 |
| 3.혼합 | | | | | |

[고정자산등록] 212. 비품, 1001.에어컨, 취득일 : 20x1-09-21, 정액법

⑥ 부가가치세신고서에 의한 회계처리 [일반전표입력] 7월 25일

   (차) 미지급세금(역삼세무서)    2,026,050원    (대) 보통예금(신한은행(보통))    2,026,050원

[일반전표입력] 6월 30일 조회

   (차) 부가세예수금    12,928,323원    (대) 부가세대급금    10,892,273원
                                       잡이익            10,000원
                                       미지급세금(역삼세무서)    2,026,050원

## 실무수행 4. 결산

① 수동결산 및 자동결산

1. 수동결산 및 자동결산
[일반전표입력] 12월 31일
   (차) 이자비용    1,200,000원    (대) 미지급비용    1,200,000원

[결산자료입력] 1월 ~ 12월

- 기말상품재고액 50,000,000원을 입력한다.
- 감가상각비 비품 440,000원을 입력한다.
- 상단부 전표추가(F3) 를 클릭하면 [일반전표입력] 메뉴에 분개가 생성된다.

(차) 상품매출원가　　　　267,082,454원　　(대) 상품　　　　267,082,454원

[기초상품재고액(90,000,000)+당기상품매입액(227,082,454)-기말상품재고액(50,000,000)]

= 상품매출원가 267,082,454원

2. [재무제표 등 작성]
- 손익계산서 ➡ 이익잉여금처분계산서(처분일 입력 후 '전표추가' 클릭) ➡ 재무상태표를 조회
작성한다.

## 평가문제. 실무수행평가 (62점)

| 번호 | 평가문제 | 배점 | 답 |
|---|---|---|---|
| 11 | 평가문제 [회사등록 조회] | 4 | ③ |
| 12 | 평가문제 [거래처원장 조회] | 4 | ④ |
| 13 | 평가문제 [거래처원장 조회] | 4 | ① |
| 14 | 평가문제 [거래처원장 조회] | 3 | (99606) |
| 15 | 평가문제 [총계정원장 조회] | 3 | ② |
| 16 | 평가문제 [계정별원장 조회] | 3 | (3,103,000)원 |
| 17 | 평가문제 [현금출납장 조회] | 3 | (7,700,000)원 |
| 18 | 평가문제 [고정자산관리대장 조회] | 2 | (13,440,000)원 |
| 19 | 평가문제 [재무상태표 조회] | 3 | (134) |
| 20 | 평가문제 [재무상태표 조회] | 2 | (6,565,000)원 |
| 21 | 평가문제 [재무상태표 조회] | 3 | (1,450,000)원 |
| 22 | 평가문제 [재무상태표 조회] | 1 | ② |
| 23 | 평가문제 [손익계산서 조회] | 4 | ④ |
| 24 | 평가문제 [부가가치세신고서 조회] | 3 | (800,000)원 |
| 25 | 평가문제 [부가가치세신고서 조회] | 3 | (49,522,727)원 |
| 26 | 평가문제 [부가가치세신고서 조회] | 3 | (900,000)원 |
| 27 | 평가문제 [세금계산서합계표 조회] | 3 | (16)매 |
| 28 | 평가문제 [계산서합계표 조회] | 4 | (770,000)원 |

| 번호 | 평가문제 | 배점 | 답 |
|---|---|---|---|
| 29 | **평가문제 [예적금현황 조회]** | 4 | ② |
| 30 | **평가문제 [지급어음현황 조회]** | 3 | (07002) |
| | 총 점 | 62 | |

## 평가문제. 회계정보분석 (8점)

31. 재무상태표 조회 (4점)

　④ (165,630,000원/250,495,000원)×100≒66%

32. 손익계산서 조회 (4점)

　③ (117,920,000원/566,000,000원)×100≒20%

| 합격율 | 시험년월 |
|-------|----------|
| 58% | 2024.8 |

### 실무이론평가

[1] 다음 중 재고자산에 관한 설명으로 옳지 않은 것은?

① 선적지인도조건 상품 판매시 선적이 완료된 재고는 판매자의 재고자산에 포함한다.

② 차입금 담보로 제공된 재고자산의 경우 기말 재고자산에 포함한다.

③ 시송품은 매입자가 매입의사표시를 하기 전까지는 판매자의 재고자산에 포함한다.

④ 적송품은 수탁자가 제3자에게 판매하기 전까지 위탁자의 재고자산에 포함한다.

[2] 다음 ( 가 )에 대한 설명으로 적합한 것은?

> ( 가 )는 기업을 소유주와 독립적으로 존재하는 회계단위로 간주하고, 이 단위의 관점에서 그 경제 활동에 대한 재무정보를 측정, 보고한다고 가정한다.

① 기간별 보고의 가정                    ② 발생주의의 가정

③ 기업실체의 가정                       ④ 계속기업의 가정

[3] 다음은 도매업을 영위하는 (주)한공의 손익 분석에 대한 대화이다. (가)에 들어갈 수 있는 계정과목은?

> 김대표 : 매출총이익은 전기보다 증가하였는데 영업이익이 전기보다 감소한 원인은 무엇인가요?
>
> 박대리 : 네, 영업이익이 전기보다 감소한 이유는 ( 가 )의 증가가 원인입니다.

※ 1차 저작권자의 저작권 침해 소지가 있어 삽화 삽입은 어려우니 양해바랍니다.

① 대손상각비                           ② 기타의대손상각비

③ 기부금                               ④ 이자비용

[4] (주)한공의 20x1년 결산정리사항 반영 전 당기순이익은 300,000원이다. 다음 결산정리사항을 반영한 후 당기순이익은 얼마인가?

> • 12월 급여 미지급분 40,000원을 인식하지 아니함.
> • 당기 발생분 임대료 15,000원에 대한 미수수익을 인식하지 아니함.

① 240,000원                    ② 260,000원
③ 275,000원                    ④ 285,000원

[5] (주)한공은 20x0년 12월 1일에 2,000,000원에 매입한 단기매매증권을 20x1년 8월 31일 1,700,000원에 처분하였다. 이 경우 단기매매증권처분손익은 얼마인가?

(단, 20x0년 12월 31일 공정가치는 1,900,000원이다.)

① 단기매매증권처분손실 100,000원          ② 단기매매증권처분이익 100,000원
③ 단기매매증권처분손실 200,000원          ④ 단기매매증권처분이익 200,000원

[6] (주)한공은 20x1년 1월 1일 기계장치를 5,000,000원에 현금으로 구입하여 즉시 사용하였다. 20x1년 12월 31일 결산시 감가상각비는 얼마인가?

(단, 내용연수 5년, 잔존가액 500,000원, 정액법 적용)

① 500,000원                    ②   600,000원
③ 900,000원                    ④ 1,000,000원

[7] (주)한공은 이사회의 결의로 발행주식수 600주, 액면금액 @10,000원, 발행금액 @16,000원에 신주를 발행하고 주식발행 대금을 전액 당좌예금계좌로 납입 받았다. 이에 대한 분개로 옳은 것은?(신주 발행전 주식발행차금이 없다고 가정한다.)

| | | | | |
|---|---|---|---|---|
| (가) (차) 당좌예금 | 5,000,000원 | (대) 자본금 | | 5,000,000원 |
| (나) (차) 당좌예금 | 9,600,000원 | (대) 자본금 | | 6,000,000원 |
| | | 주식발행초과금 | | 3,600,000원 |
| (다) (차) 당좌예금 | 9,600,000원 | (대) 자본금 | | 9,600,000원 |
| (라) (차) 당좌예금 | 9,600,000원 | (대) 자본금 | | 6,000,000원 |
| | | 주식할인발행차금 | | 3,600,000원 |

① (가)              ② (나)              ③ (다)              ④ (라)

[8] 다음 중 부가가치세법상 세금계산서에 대하여 바르게 설명하고 있는 사람은 누구인가?

> 다솜 : 세금계산서의 작성연월일은 꼭 기재하지 않아도 돼
>
> 성진 : 면세사업자도 세금계산서를 발급할 수 있어
>
> 미현 : 세금계산서는 재화 또는 용역의 공급시기에 발급하는 것이 원칙이야
>
> 정욱 : 재화를 직접 수출하는 경우에도 세금계산서는 발급해야 돼

※ 1차 저작권자의 저작권 침해 소지가 있어 삽화 삽입은 어려우니 양해바랍니다.

① 다솜                                      ② 성진
③ 미현                                      ④ 정욱


[9] 다음 중 부가가치세법상 재화의 공급시기로 옳은 것은?

① 기한부 판매 : 기한이 지나 판매가 확정되는 때
② 재화의 공급으로 보는 가공의 경우 : 재화의 가공이 완료된 때
③ 장기할부판매 : 최종 할부금 지급기일
④ 외상판매의 경우 : 대가를 받을 때


[10] 다음 자료를 토대로 (주)한공(제조업)의 20x1년 제2기 예정신고기간 부가가치세 납부세액을 계산하면 얼마인가? 단, 세금계산서는 적법하게 수수하였고 주어진 자료 외에는 고려하지 않는다.

> 가.  국내매출액(공급가액) : 110,000,000원
>
> 나.  수출액(공급가액) : 30,000,000원
>
> 다.  원재료 매입세액 : 4,000,000원
>
> 라.  5인승 승용차(2,000cc) 구입 관련 매입세액 : 2,000,000원

① 5,000,000원                            ② 6,000,000원
③ 7,000,000원                            ④ 10,000,000원

▬▬▬▬▬ **실무수행평가**

(주)이루테크(3750)는 냉·난방기를 도·소매하는 법인으로 회계기간은 제6기(20x1.1.1.~20x1.12.31.)이다. 제시된 자료와 [자료설명]을 참고하여 [수행과제]를 완료하고 [평가문제]의 물음에 답하시오.

## 실무수행1 │ 기초정보관리의 이해

회계관련 기초정보는 입력되어 있다. [자료설명]을 참고하여 [수행과제]를 수행하시오.

① 사업자등록증에 의한 거래처등록 수정

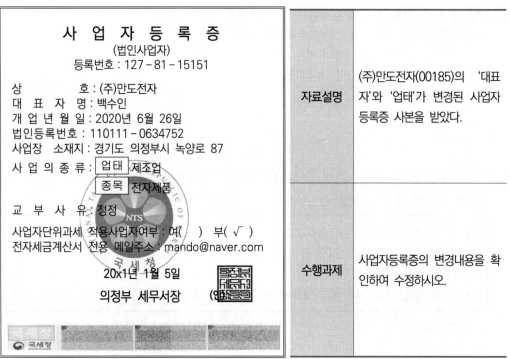

| | |
|---|---|
| 자료설명 | (주)만도전자(00185)의 '대표자'와 '업태'가 변경된 사업자등록증 사본을 받았다. |
| 수행과제 | 사업자등록증의 변경내용을 확인하여 수정하시오. |

② 전기분 손익계산서의 입력수정

## 손 익 계 산 서
제5(당)기 20x0년 1월 1일부터 20x0년 12월 31일까지
제4(전)기 20y0년 1월 1일부터 20y0년 12월 31일까지

(주)이루테크                                              (단위 : 원)

| 과 목 | 제5(당)기 금 액 | | 제4(전)기 금 액 | |
|---|---|---|---|---|
| I. 매 출 액 | | 600,000,000 | | 280,000,000 |
| 상 품 매 출 | 600,000,000 | | 280,000,000 | |
| II. 매 출 원 가 | | 320,000,000 | | 165,000,000 |
| 상 품 매 출 원 가 | | 320,000,000 | | 165,000,000 |
| 기 초 상 품 재 고 액 | 25,000,000 | | 5,000,000 | |
| 당 기 상 품 매 입 액 | 385,000,000 | | 185,000,000 | |
| 기 말 상 품 재 고 액 | 90,000,000 | | 25,000,000 | |
| III. 매 출 총 이 익 | | 280,000,000 | | 115,000,000 |
| IV. 판 매 비 와 관 리 비 | | 128,180,000 | | 57,730,000 |
| 급 여 | 82,300,000 | | 30,800,000 | |
| 복 리 후 생 비 | 10,100,000 | | 2,100,000 | |
| 여 비 교 통 비 | 3,500,000 | | 1,500,000 | |
| 접대비(기업업무추진비) | 5,200,000 | | 2,400,000 | |
| 통 신 비 | 2,300,000 | | 3,200,000 | |
| 세 금 과 공 과 금 | 2,300,000 | | 2,800,000 | |
| 감 가 상 각 비 | 5,900,000 | | 4,000,000 | |
| 보 험 료 | 1,840,000 | | 700,000 | |
| 차 량 유 지 비 | 8,540,000 | | 2,530,000 | |
| 교 육 훈 련 비 | 4,900,000 | | 5,400,000 | |
| 소 모 품 비 | 500,000 | | | |
| 광 고 선 전 비 | 800,000 | | 2,300,000 | |
| V. 영 업 이 익 | | 151,820,000 | | 57,270,000 |
| VI. 영 업 외 수 익 | | 3,200,000 | | 2,100,000 |
| 이 자 수 익 | 3,200,000 | | 2,100,000 | |
| VII. 영 업 외 비 용 | | 4,800,000 | | 2,400,000 |
| 이 자 비 용 | 800,000 | | 400,000 | |
| 기 부 금 | 4,000,000 | | 2,000,000 | |
| VIII. 법 인 세 차 감 전 순 이 익 | | 150,220,000 | | 56,970,000 |
| IX. 법 인 세 등 | | 5,000,000 | | 2,000,000 |
| 법 인 세 등 | 5,000,000 | | 2,000,000 | |
| X. 당 기 순 이 익 | | 145,220,000 | | 54,970,000 |

| 자료설명 | (주)이루테크의 전기(제5기)분 재무제표는 입력되어 있다. |
|---|---|
| 수행과제 | 1. [전기분 손익계산서]의 입력이 누락되었거나 잘못된 부분을 찾아 수정하시오.<br>2. [전기분 이익잉여금처분계산서]의 처분 확정일(20x1년 2월 27일)을 수정하시오. |

## 실무수행2 | 거래자료 입력

실무프로세스 자료이다. [자료설명]을 참고하여 [수행과제]를 수행하시오.

① 기타 일반거래

자료 1. 주식발행 사항

<table>
<tr><td colspan="2" align="center">이사회 의사록</td></tr>
<tr><td colspan="2">회사의 유상증자와 관련하여 다음과 같이 주식발행을 결정함.</td></tr>
<tr><td colspan="2" align="center">- 다   음 -</td></tr>
<tr><td>1. 주식의 종류와 수<br>　- 보통주식</td><td>10,000주 (액면금액 주당 5,000원)</td></tr>
<tr><td>2. 주식의 발행금액<br>　-1주의 금액</td><td>10,000원</td></tr>
</table>

자료 2. 보통예금(신한은행) 거래내역

| 번호 | 거래일 | 내용 | 찾으신금액 | 맡기신금액 | 잔액 | 거래점 |
|---|---|---|---|---|---|---|
| | | 계좌번호 096-25-0096-751  (주)이루테크 | | | | |
| 1 | 20x1-1-25 | 주식납입금 | | 100,000,000 | *** | *** |

| 자료설명 | 당사는 운전자금 조달을 위해 이사회에서 유상증자를 결의하였으며, 신주발행 대금은 신한은행 보통예금 계좌에 입금되었다. |
|---|---|
| 수행과제 | 거래자료를 입력하시오. |

② 약속어음 수취거래

# 전 자 어 음

**(주)이루테크** 귀하                                         00420240213123456789

금   일천팔백만원정                                    18,000,000원

위의 금액을 귀하 또는 귀하의 지시인에게 지급하겠습니다.

| | |
|---|---|
| 지급기일  20x1년 5월 13일 | 발행일  20x1년 2월 13일 |
| 지 급 지  국민은행 | 발행지  서울특별시 구로구 구로동로 24 |
| 지급장소  강남지점 | 주   소  (가리봉동) |
| | 발행인  (주)동화인쇄 |

| | |
|---|---|
| 자료설명 | [2월 13일]<br>(주)동화인쇄에 대한 상품 외상대금 중 일부를 전자어음으로 수취하였다. |
| 수행과제 | 1. 거래자료를 입력하시오.<br>2. 자금관련정보를 입력하여 받을어음 현황에 반영하시오. |

③ 기타 일반거래

자료 1.

| 연금보험료 | 20x1 년  2 월  영수증 (납부자용) | | |
|---|---|---|---|
| 사 업 장 명 | (주)이루테크 | | |
| 사 용 자 | 서울특별시 서대문구 충정로7길 12 (충정로2가) | | |
| 납부자번호 | 5700000123 | 사 업 장<br>관리번호 | 11087011940 |
| 납부할보험료<br>(ⓐ+ⓑ+ⓒ+ⓓ+ⓔ) | | 1,257,000원 | |
| 납 부 기 한 | | 20x1.3.10. 까지 | |
| 보<br>험<br>료 | 건  강 ⓐ          원 | 연금 ⓒ | 1,257,000원 |
| | 장기요양 ⓑ          원 | 고용 ⓓ | 원 |
| | 소계 (ⓐ+ⓑ)          원 | 산재 ⓔ | 원 |
| 납기후금액 | 1,274,590원 | 납기후기한 | 20x1.3.31.까지 |

◉ 납부기한까지 납부하지 않으면 연체금이 부과됩니다.
※ 납부장소 : 전 은행, 우체국, 농·수협(지역조합 포함), 새마을금고, 신협, 증권사, 산림조합중앙회, 인터넷지로(www.giro.or.kr)
※ 2D코드 : GS25, 세븐일레븐, 미니스톱, 바이더웨이, 씨유에서 납부 시 이용.(우리·신한은행 현금카드만 수납가능)

**20x1 년 2 월 20 일**

자료 2. 보통예금(신한은행) 거래내역

| 번호 | 거래일 | 내용 | 찾으신금액 | 맡기신금액 | 잔액 | 거래점 |
|------|--------|------|-----------|-----------|------|--------|
| | | 계좌번호 096-25-0096-751    (주)이루테크 | | | | |
| 1 | 20x1-3-10 | 연금보험료 | 1,257,000 | | *** | *** |

| | |
|------|------|
| 자료설명 | [3월 10일]<br>1. 2월 급여 지급분에 대한 연금보험료가 납부기한일에 신한은행 보통예금 계좌에서 출금되었다.<br>2. 납부액 중 628,500원은 급여 지급 시 원천징수한 금액이며, 628,500원은 회사부담분이다.<br>3. 당사는 회사부담분을 '세금과공과금'으로 처리하고 있다. |
| 수행과제 | 거래자료를 입력하시오. |

④ 통장사본에 의한 거래입력

자료 1. 카드 이용대금 명세서

| **3월 이용대금 명세서** | 작성기준일 : 20x1.3.31.<br>결제일 : 20x1.4.15. / 실제출금일 : 20x1.4.15.    결제계좌 : 기업은행 |
|------|------|
| 입금하실 금액<br>1,800,000원 | 이달의 할인혜택<br>원 | 포인트 및 마일리지<br>포인트리 8,400원 |
| | 할인 서비스       원<br>무이자 혜택금액    원 | |
| | | 우리카드 |

자료 2. 보통예금(기업은행) 거래내역

| 번호 | 거래일 | 내용 | 찾으신금액 | 맡기신금액 | 잔액 | 거래점 |
|------|--------|------|-----------|-----------|------|--------|
| | | 계좌번호 204-24-0648-1007    (주)이루테크 | | | | |
| 1 | 20x1-4-15 | 우리카드 | 1,800,000 | | *** | *** |

| | |
|------|------|
| 자료설명 | 우리카드의 3월분 이용대금을 기업은행 보통예금 계좌에서 이체하여 지급하였다. |
| 수행과제 | 거래자료를 입력하시오. |

⑤ 증빙에 의한 전표입력

| | |
|---|---|
| **\*\* 현금영수증 \*\***<br>**(지출증빙용)**<br><br>사업자등록번호  : 119 – 81 – 02126  장유림<br>사업자명        : 유림광고(주)<br>단말기ID       : 73453259(tel:02 – 345 – 4546)<br>가맹점주소      : 서울특별시 금천구 가산로 153<br><br>현금영수증 회원번호<br>**110 – 87 – 01194   (주)이루테크**<br>승인번호       : 83746302     (PK)<br>거래일시       : **20x1년 4월 24일**<br>- - - - - - - - - - - - - - - - - - - - - - - - - - - - - - -<br>공급금액                        540,000원<br>부가세금액                        54,000원<br>총합계                          594,000원<br>- - - - - - - - - - - - - - - - - - - - - - - - - - - - - - -<br>휴대전화, 카드번호 등록<br>http://현금영수증.kr<br>국세청문의(126)<br>38036925 – GCA10106 – 3870 – U490<br>《《《《《이용해 주셔서 감사합니다.》》》》》 | **자료설명**<br><br>영업팀에서 우수 매출 거래처 방문 시 제공할 사상품을 현금으로 구입하고 수취한 현금영수증이다.<br><br>**수행과제**<br><br>거래자료를 입력하시오. |

## 실무수행3 부가가치세

부가가치세 신고 관련 자료이다. [자료설명]을 참고하여 [수행과제]를 수행하시오.

① 과세매출자료의 전자세금계산서 발행

### 거래명세서 (공급자 보관용)

| 공급자 | 등록번호 | 110-87-01194 | | | 공급받는자 | 등록번호 | 113-86-35018 | | |
|---|---|---|---|---|---|---|---|---|---|
| | 상호 | (주)이루테크 | 성명 | 배장석 | | 상호 | (주)제이산업 | 성명 | 우정아 |
| | 사업장주소 | 서울특별시 서대문구 충정로7길 12 (충정로2가) | | | | 사업장주소 | 서울특별시 서대문구 경기대로 62 | | |
| | 업태 | 도소매업 | 종사업장번호 | | | 업태 | 도소매업 | 종사업장번호 | |
| | 종목 | 전자제품외 | | | | 종목 | 전자부품 | | |

| 거래일자 | 미수금액 | 공급가액 | 세액 | 총 합계금액 |
|---|---|---|---|---|
| 20x1.7.10. | | 6,000,000 | 600,000 | 6,600,000 |

| NO | 월 | 일 | 품목명 | 규격 | 수량 | 단가 | 공급가액 | 세액 | 합계 |
|---|---|---|---|---|---|---|---|---|---|
| 1 | 7 | 10 | 냉난방기 | | 5 | 1,200,000 | 6,000,000 | 600,000 | 6,600,000 |
| | | | | | | | | | |
| | | | | | | | | | |

| 자료설명 | 1. 상품을 판매하면서 발급한 거래명세서이다. |
|---|---|
| | 2. 7월 5일에 계약금(660,000원)을 받았으며, 계약금을 제외한 잔액은 농협은행 보통예금 계좌로 입금받았다. |
| 수행과제 | 1. 7월 5일 거래를 참고하여 매입매출자료를 입력하시오. |
| | 2. 전자세금계산서 발행 및 내역관리 를 통하여 발급 및 전송하시오. |
| | (전자세금계산서 발급 시 결제내역 및 전송일자는 고려하지 말 것.) |

② 매출거래

| 수정전자세금계산서 | | | (공급자 보관용) | | | | | | 승인번호 | | |
|---|---|---|---|---|---|---|---|---|---|---|---|

| 공급자 | 등록번호 | 110-87-01194 | | | | 공급받는자 | 등록번호 | 121-81-36236 | | |
|---|---|---|---|---|---|---|---|---|---|---|
| | 상호 | (주)이루테크 | 성명(대표자) | 배장석 | | | 상호 | (주)영인유통 | 성명(대표자) | 임영인 |
| | 사업장주소 | 서울특별시 서대문구 충정로7길 12 (충정로2가) | | | | | 사업장주소 | 서울특별시 서대문구 가좌로 19 | | |
| | 업태 | 도소매업 | 종사업장번호 | | | | 업태 | 도소매업 | 종사업장번호 | |
| | 종목 | 전자제품외 | | | | | 종목 | 전자제품외 | | |
| | E-Mail | sucess@bill36524.com | | | | | E-Mail | yeongin@naver.com | | |

| 작성일자 | 20x1.8.3. | 공급가액 | -750,000 | 세액 | -75,000 |
|---|---|---|---|---|---|
| 비고 | | | | | |

| 월 | 일 | 품목명 | 규격 | 수량 | 단가 | 공급가액 | 세액 | 비고 |
|---|---|---|---|---|---|---|---|---|
| 8 | 3 | 선풍기 | | -15 | 50,000 | -750,000 | -75,000 | |

| 합계금액 | 현금 | 수표 | 어음 | 외상미수금 | 이 금액을 | ○ 영수 ● 청구 | 함 |
|---|---|---|---|---|---|---|---|
| -825,000 | | | | -825,000 | | | |

| 자료설명 | [8월 3일]<br>1. 7월 13일에 판매한 상품 중 일부가 불량으로 반품되어 전자세금계산서를 발급하였다.<br>2. 거래대금은 전액 외상매출금과 상계처리하기로 하였다. |
|---|---|
| 수행과제 | 매입매출자료를 입력하시오.<br>(전자세금계산서의 발급 및 전송업무는 생략하고 '전자입력'으로 입력할 것.) |

③ 매입거래

| 카드매출전표<br><br>카드종류 : 삼성카드<br>회원번호 : 2112-3535-****-67*7<br>거래일시 : 20x1. 9. 7. 13:22:05<br>거래유형 : 신용승인<br>매   출 : 12,000원<br>부 가 세 :  1,200원<br>합   계 : 13,200원<br>결제방법 : 일시불<br>승인번호 : 25135582<br><br>가맹점명 : (주)조선카페(211-87-24113)<br>- 이 하 생 략 - | 자료설명 | 영업팀 과장이 신상품 홍보를 위해 출장지에서 음료를 구매하고 받은 신용카드매출전표이다. |
|---|---|---|
| | 수행과제 | 매입매출자료를 입력하시오.<br>(여비교통비로 처리할 것.) |

④ 매입거래

| 전자세금계산서 | | (공급받는자 보관용) | | | | 승인번호 | | | |
|---|---|---|---|---|---|---|---|---|---|

| 공급자 | 등록번호 | 212-81-16327 | | | 공급받는자 | 등록번호 | 110-87-01194 | | |
|---|---|---|---|---|---|---|---|---|---|
| | 상호 | (주)법무법인 정률 | 성명<br>(대표자) | 김석배 | | 상호 | (주)이루테크 | 성명<br>(대표자) | 배장석 |
| | 사업장<br>주소 | 서울특별시 강남구 강남대로 255<br>(도곡동) | | | | 사업장<br>주소 | 서울특별시 서대문구 충정로7길 12<br>(충정로2가) | | |
| | 업태 | 서비스업 | 종사업장번호 | | | 업태 | 도소매업 | 종사업장번호 | |
| | 종목 | 법률자문 | | | | 종목 | 전자제품외 | | |
| | E-Mail | lawkim@naver.com | | | | E-Mail | sucess@bill36524.com | | |

| 작성일자 | 20x1.9.14. | 공급가액 | 560,000 | 세 액 | 56,000 |
|---|---|---|---|---|---|

| 비고 | |
|---|---|

| 월 | 일 | 품목명 | 규격 | 수량 | 단가 | 공급가액 | 세액 | 비고 |
|---|---|---|---|---|---|---|---|---|
| 9 | 14 | 소유권보존 등기료 | | | | 560,000 | 56,000 | |
| | | | | | | | | |
| | | | | | | | | |
| | | | | | | | | |

| 합계금액 | 현금 | 수표 | 어음 | 외상미수금 | 이 금액을 | ● 영수<br>○ 청구 | 함 |
|---|---|---|---|---|---|---|---|
| 616,000 | 616,000 | | | | | | |

| 자료설명 | 물류창고 신축을 위해 취득한 토지의 소유권 이전 등기대행 수수료에 대한 전자 세금계산서를 수취하고 대금은 현금으로 지급하였다. |
|---|---|
| 수행과제 | 매입매출자료를 입력하시오.<br>('자본적지출'로 처리하고, 전자세금계산서 거래는 '진자입력'으로 입력할 것.) |

5 매입거래

<table>
<tr><td colspan="7" align="center">전자계산서</td><td colspan="2" align="center">승인번호</td><td></td></tr>
<tr><td colspan="7" align="center">(공급받는자 보관용)</td><td colspan="2"></td><td></td></tr>
<tr><td rowspan="6" align="center">공급자</td><td>등록번호</td><td colspan="3" align="center">112-02-34108</td><td rowspan="6" align="center">공급받는자</td><td>등록번호</td><td colspan="3" align="center">110-87-01194</td></tr>
<tr><td align="center">상호</td><td align="center">대신북클럽</td><td align="center">성명<br>(대표자)</td><td align="center">박성진</td><td align="center">상호</td><td align="center">(주)이루테크</td><td align="center">성명<br>(대표자)</td><td align="center">배장석</td></tr>
<tr><td align="center">사업장<br>주소</td><td colspan="3">서울특별시 서대문구 독립문공원길 99 (현저동)</td><td align="center">사업장<br>주소</td><td colspan="3">서울특별시 서대문구 충정로7길 12 (충정로2가)</td></tr>
<tr><td align="center">업태</td><td align="center">도소매업</td><td align="center" colspan="2">종사업장번호</td><td align="center">업태</td><td align="center">도소매업</td><td align="center" colspan="2">종사업장번호</td></tr>
<tr><td align="center">종목</td><td align="center">서적</td><td colspan="2"></td><td align="center">종목</td><td align="center">전자제품외</td><td colspan="2"></td></tr>
<tr><td align="center">E-Mail</td><td colspan="3">bookclub@naver.com</td><td align="center">E-Mail</td><td colspan="3">sucess@bill36524.com</td></tr>
<tr><td align="center">작성일자</td><td colspan="3" align="center">20x1.9.24.</td><td align="center">공급가액</td><td colspan="2" align="center">75,000</td><td align="center" colspan="2">비 고</td></tr>
<tr><td align="center">월</td><td align="center">일</td><td align="center">품목명</td><td align="center">규격</td><td align="center">수량</td><td align="center">단가</td><td align="center">공급가액</td><td align="center" colspan="3">비고</td></tr>
<tr><td align="center">9</td><td align="center">24</td><td align="center">영업왕의 비밀</td><td></td><td align="center">3</td><td align="center">15,000</td><td align="center">45,000</td><td colspan="3"></td></tr>
<tr><td align="center">9</td><td align="center">24</td><td align="center">마케팅 전략</td><td></td><td align="center">2</td><td align="center">15,000</td><td align="center">30,000</td><td colspan="3"></td></tr>
<tr><td align="center">합계금액</td><td align="center">현금</td><td align="center">수표</td><td colspan="2" align="center">어음</td><td align="center">외상미수금</td><td colspan="2" rowspan="2" align="center">이 금액을</td><td align="center">○ 영수</td><td rowspan="2">함</td></tr>
<tr><td align="center">75,000</td><td></td><td></td><td colspan="2"></td><td align="center">75,000</td><td align="center">● 청구</td></tr>
</table>

| 자료설명 | 영업팀 업무관련 도서를 외상으로 구입하고 발급받은 전자계산서이다. |
|---|---|
| 수행과제 | 매입매출자료를 입력하시오.( 복수거래 키를 이용하여 입력하고, 전자계산서 거래는 '전자입력'으로 입력할 것.) |

6 부가가치세신고서에 의한 회계처리

■ 보통예금(하나은행) 거래내역

| 번호 | 거래일 | 내용 | 찾으신금액 | 맡기신금액 | 잔액 | 거래점 |
|---|---|---|---|---|---|---|
| | | 계좌번호 524-55-215457 (주)이루테크 | | | | |
| 1 | 20x1-7-25 | 서대문세무서 | 61,000 | | *** | *** |

| 자료설명 | 제1기 부가가치세 확정신고 납부세액이 하나은행 보통예금 계좌에서 출금되었다. |
|---|---|
| 수행과제 | 6월 30일에 입력된 일반전표를 참고하여 납부세액에 대한 회계처리를 하시오. |

## 실무수행4 결산

[결산자료]를 참고하여 결산을 수행하시오.(단, 제시된 자료 이외의 자료는 없다고 가정함.)

① 수동결산 및 자동결산

| 결산자료 | 1. 구입 시 자산으로 처리한 소모품의 기말 현재 미사용 내역은 다음과 같다. |
|---|---|

| 품목명 | 단위 | 수량 | 단가 | 총액 |
|---|---|---|---|---|
| 상품 포장박스 | 개 | 250 | 2,800원 | 700,000원 |
| 스크레치 필름 | 롤 | 20 | 20,000원 | 400,000원 |
| 계 | | | | 1,100,000원 |

2. 기말상품재고액은 32,000,000원이다.
3. 이익잉여금처분계산서 처분 예정(확정)일
  - 당기분 : 20x2년 2월 27일
  - 전기분 : 20x1년 2월 27일

| 평가문제 | 1. 수동결산 또는 자동결산 메뉴를 이용하여 결산을 완료하시오.<br>2. 12월 31일을 기준으로 '손익계산서 ➡ 이익잉여금처분계산서 ➡ 재무상태표'를 순서대로 조회 작성하시오.<br>(단, 이익잉여금처분계산서 조회 작성 시 '저장된 데이터 불러오기' ➡ '아니오 선택' ➡ 상단부의 '전표추가'를 이용하여 '손익대체분개'를 수행할 것.) |
|---|---|

| | 평가문제 | 실무수행평가 (62점) | |

입력자료 및 회계정보를 조회하여 [평가문제]의 답안을 입력하시오.

| 번호 | 평가문제 | 배점 |
|---|---|---|
| 11 | **평가문제 [거래처등록 조회]**<br>[거래처등록] 관련 내용으로 옳지 않은 것은?<br>① 카드거래처의 매출 관련 카드는 1개이다.<br>② 금융거래처 중 '3.예금종류'가 '차입금'인 거래처는 2개이다.<br>③ 일반거래처 '(주)만도전자(00185)'의 대표자명은 백수인이다.<br>④ 일반거래처 '대신북클럽(04912)'의 담당자메일주소는 book@naver.com이다. | 4 |
| 12 | **평가문제 [일/월계표 조회]**<br>7월 한달 동안 발생한 '상품매출' 금액은 얼마인가? | 3 |
| 13 | **평가문제 [일/월계표 조회]**<br>상반기(1월~6월)에 발생한 '접대비(기업업무추진비)' 금액은 얼마인가? | 3 |
| 14 | **평가문제 [일/월계표 조회]**<br>하반기(7월~12월)에 발생한 '판매관리비' 중 계정별 금액이 옳지 않은 것은?<br>① 복리후생비  4,570,800원  ② 여비교통비  360,000원<br>③ 임차료  1,500,000원  ④ 도서인쇄비  625,000원 | 4 |
| 15 | **평가문제 [합계잔액시산표 조회]**<br>9월 말 '보통예금'의 잔액은 얼마인가? | 4 |
| 16 | **평가문제 [계정별원장 조회]**<br>1분기(1월~3월) 동안의 '외상매출금' 회수액은 얼마인가? | 3 |
| 17 | **평가문제 [거래처원장 조회]**<br>9월 말 거래처 '서대문세무서'의 '미지급세금' 잔액은 얼마인가?<br>①  0원  ②  61,000원<br>③ 135,000원  ④ 243,000원 | 3 |
| 18 | **평가문제 [거래처원장 조회]**<br>상반기(1월~6월) 동안의 '미지급금' 잔액이 존재하지 않는 거래처는 무엇인가?<br>① 00109.홍보세상  ② 30121.대한자동차<br>③ 99602.우리카드  ④ 99605.모두카드 | 3 |
| 19 | **평가문제 [현금출납장 조회]**<br>4월 한달 동안의 '현금' 입금액은 얼마인가? | 3 |

| 번호 | 평가문제 | 배점 |
|---|---|---|
| 20 | **평가문제 [재무상태표 조회]**<br>9월 말 '토지' 금액은 얼마인가? | 4 |
| 21 | **평가문제 [재무상태표 조회]**<br>12월 말 '주식발행초과금' 금액은 얼마인가? | 4 |
| 22 | **평가문제 [재무상태표 조회]**<br>12월 말 계정과목별 금액으로 옳지 않은 것은?<br>① 미수금  27,940,000원　　② 선급금　　200,000원<br>③ 예수금  2,626,630원　　④ 선수금  6,565,000원 | 2 |
| 23 | **평가문제 [재무상태표 조회]**<br>12월 말 '이월이익잉여금(미처분이익잉여금)' 잔액은 얼마인가?<br>① 166,142,000원　　② 306,668,256원<br>③ 675,142,000원　　④ 929,168,506원 | 2 |
| 24 | **평가문제 [손익계산서 조회]**<br>전기대비 '소모품비'의 증가 또는 감소 내용으로 옳은 것은?<br>① 300,000원 감소　　② 300,000원 증가<br>③ 400,000원 감소　　④ 400,000원 증가 | 2 |
| 25 | **평가문제 [손익계산서 조회]**<br>당기에 발생한 '상품매출원가' 금액은 얼마인가? | 2 |
| 26 | **평가문제 [손익계산서 조회]**<br>상반기(1월~6월) 손익계산서의 계정과목별 금액으로 옳은 것은?<br>① 세금과공과금  922,500원　　② 복리후생비  979,100원<br>③ 운반비　　3,621,300원　　④ 수수료비용  90,000원 | 4 |
| 27 | **평가문제 [부가가치세신고서 조회]**<br>제2기 예정 신고기간 부가가치세신고서의 '그밖의공제매입세액(14번란)'의 세액은 얼마인가? | 3 |
| 28 | **평가문제 [세금계산서합계표 조회]**<br>제2기 예정 신고기간 전자매출세금계산서의 매출처 수는 몇 곳인가? | 3 |
| 29 | **평가문제 [계산서합계표 조회]**<br>제2기 예정 신고기간의 전자매입계산서의 공급가액은 얼마인가? | 3 |
| 30 | **평가문제 [받을어음현황 조회]**<br>'받을어음(조회구분 : 1.일별,  1.만기일  20x1.1.1.~20x1.12.31.)'의 보유금액 합계는 얼마인가? | 3 |
| | 총 점 | 62 |

**평가문제** **회계정보분석 (8점)**

회계정보를 조회하여 [회계정보분석] 답안을 입력하시오.

31. 재무상태표 조회 (4점)

당좌비율이란 유동부채에 대한 당좌자산의 비율로 재고자산을 제외시킴으로써 단기채무에 대한 기업의 지급능력을 파악하는데 유동비율보다 더욱 정확한 지표로 사용되고 있다. 전기 당좌비율을 계산하면 얼마인가?(단, 소숫점 이하는 버림 할 것.)

$$당좌비율(\%) = \frac{당좌자산}{유동부채} \times 100$$

① 13%
③ 749%

② 16%
④ 751%

32. 재무상태표 조회 (4점)

부채비율은 타인자본의 의존도를 표시하며, 기업의 건전성 정도를 나타내는 지표이다. 전기 부채비율을 계산하면 얼마인가?(단, 소숫점 이하는 버림할 것.)

$$부채비율(\%) = \frac{부채총계}{자본총계} \times 100$$

① 28%
③ 355%

② 30%
④ 362%

## 실무이론평가

| 1 | 2 | 3 | 4 | 5 | 6 | 7 | 8 | 9 | 10 |
|---|---|---|---|---|---|---|---|---|---|
| ① | ③ | ① | ③ | ③ | ③ | ② | ③ | ① | ③ |

**01** <u>선적지인도조건</u>인 경우에는 상품이 선적된 시점에 소유권이 매입자에게 이전되기 때문에 미착상품은 <u>매입자의 재고자산에 포함</u>된다.

**02** 기업실체의 가정이다.

**03** <u>영업이익의 감소는 판매비와관리비가 증가</u>해야 한다.
대손상각비는 판매비와관리비이다.

**04** 수정 후 당기순이익 = 수정 전 당기순이익(300,000) - 급여미지급(40,000) + 미수수익(15,000)
= 275,000원

**05** 처분손익 = 처분금액(1,700,000) - 장부금액(1,900,000) = ( - )200,000원(손실)
처분 전 장부금액은 20x0년 12월 31일 공정가치인 1,900,000원이다.

**06** 감가상각비 = [취득가액(5,000,000) - 잔존가치(500,000)] ÷ 내용연수(5) = 900,000원/년

**07** 신주발행 = [발행가액(16,000) - 액면가액(10,000)] × 600주 = 3,600,000원(할증발행)
액면금액을 초과하여 발행한 금액은 주식발행초과금(3,600,000원)으로 처리한다.
단, <u>주식할인발행차금 잔액이 있는 경우에는 먼저 상계처리</u>한 후 잔액을 주식발행초과금으로 처리한다.

**08** ① <u>세금계산서 작성연월일은 필요적 기재사항</u>이다.
② 면세사업자는 세금계산서를 발급할 수 없다.
④ <u>재화를 직수출하는 경우에는 세금계산서 발급의무가 면제</u>된다.

**09** ② 재화의 공급으로 보는 가공의 경우 : <u>가공된 재화를 인도</u>하는 때
③ 장기할부판매 : <u>대가의 각 부분을 받기</u>로 한 때
④ 외상판매의 경우 : <u>재화를 인도</u>하는 때

**10** 납부세액 = 국내매출액(110,000,000) × 10% - 원재료매입세액(4,000,000) = 7,000,000원
수출액은 영세율을 적용한다. 비영업용 승용자동차의 매입세액은 불공제한다.

■■■■■ **실무수행평가**

## 실무수행 1. 기초정보관리의 이해

1 사업자등록증에 의한 거래처등록 수정

- 대표자명을 '홍종오'에서 '백수인'으로 수정
- 업태를 '도소매업'에서 '제조업'으로 수정

2 전기분 손익계산서의 입력수정

1. [전기분 손익계산서]
   - 전기분 재무상태표 146.상품 70,000,000원을 90,000,000원으로 수정하여, 전기분 손익계산서의 상품매출원가에 반영
   - 817.세금과공과금 2,300,000원 추가입력 및 당기순이익 145,220,000원 확인
2. [전기분 이익잉여금처분계산서]
   - 처분확정일 20x1년 2월 27일 수정입력

## 실무수행 2. 거래자료 입력

1 기타 일반거래 [일반전표입력] 1월 25일

| (차) 보통예금 | 100,000,000원 | (대) 자본금 | 50,000,000원 |
|---|---|---|---|
| (신한은행(보통)) | | 주식발행초과금 | 50,000,000원 |

2 약속어음 수취거래 [일반전표입력] 2월 13일

| (차) 받을어음((주)동화인쇄) | 18,000,000원 | (대) 외상매출금((주)동화인쇄) | 18,000,000원 |
|---|---|---|---|

[받을어음 관리]

| 어음상태 | 1 | 보관 | 어음종류 | 6 | 전자 | | 어음번호 | 00420240213123456789 | | 수취구분 | 1 | 자수 |
|---|---|---|---|---|---|---|---|---|---|---|---|---|
| 발행인 | 00102 | (주)동화인쇄 | | 발행일 | | 20x1-02-13 | 만기일 | 20x1-05-13 | | 배서인 | | |
| 지급은행 | 100 | 국민은행 | 지점 | 강남 | | 할인기관 | | 지점 | | 할인율(%) | | |
| 지급거래처 | | | | | | | * 수령된 어음을 타거래처에 지급하는 경우에 입력합니다. | | | | | |

3 기타 일반거래 [일반전표입력] 3월 10일

| (차) 세금과공과금(판) | 628,500원 | (대) 보통예금 | 1,257,000원 |
|---|---|---|---|
| 예수금 | 628,500원 | (신한은행(보통)) | |

4 통장사본에 의한 거래입력 [일반전표입력] 4월 15일

| (차) 미지급금(우리카드) | 1,800,000원 | (대) 보통예금(기업은행(보통)) | 1,800,000원 |
|---|---|---|---|

⑤ 증빙에 의한 전표입력 [일반전표입력] 4월 24일

(차) 접대비(기업업무추진비)      594,000원    (대) 현금                        594,000원

## 실무수행 3. 부가가치세

① 과세매출자료의 전자세금계산서 발행

1. [매입매출전표입력] 7월 10일

| 거래유형 | 품명 | 공급가액 | 부가세 | 거래처 | 전자세금 |
|---|---|---|---|---|---|
| 11.과세 | 냉난방기 | 6,000,000 | 600,000 | (주)제이산업 | 전자발행 |
| 분개유형 | (차) 보통예금 | | 5,940,000원 | (대) 상품매출 | 6,000,000원 |
| 3. 혼합 | (농협은행(보통)) | | | 부가세예수금 | 600,000원 |
| | 선수금 | | 660,000원 | | |

2. [전자세금계산서 발행 및 내역관리] 기출문제 77회 참고

② 매출거래 [매입매출전표입력] 8월 3일

| 거래유형 | 품명 | 공급가액 | 부가세 | 거래처 | 전자세금 |
|---|---|---|---|---|---|
| 11.과세 | 선풍기 | -750,000원 | -75,000원 | (주)영인유통 | 전자입력 |
| 분개유형 | (차) 108.외상매출금 | | -825,000원 | (대) 상품매출 | -750,000원 |
| 2.외상 | | | | 부가세예수금 | -75,000원 |

③ 매입거래 [매입매출전표입력] 9월 7일

| 거래유형 | 품명 | 공급가액 | 부가세 | 거래처 | 전자세금 |
|---|---|---|---|---|---|
| 57.카과 | 음료 | 12,000 | 1,200 | (주)조선카페 | |
| 분개유형 | (차) 여비교통비(판) | | 12,000원 | (대) 미지급금 | 13,200원 |
| 4.카드(혼합) | 부가세대급금 | | 1,200원 | (삼성카드) | |

④ 매입거래 [매입매출전표입력] 9월 14일

| 거래유형 | 품명 | 공급가액 | 부가세 | 거래처 | 전자세금 |
|---|---|---|---|---|---|
| 54.불공 | 소유권보존 등기료 | 560,000 | 56,000 | (주)법무법인 정률 | 전자입력 |
| 불공제 사유 | 0.토지의 자본적 지출관련 | | | | |
| 분개유형 | (차) 토지 | | 616,000원 | (대) 현금 | 616,000원 |
| 1.현금 | | | | | |

⑤ 매입거래 [매입매출전표입력] 9월 24일

| 거래유형 | 품명 | 공급가액 | 부가세 | 거래처 | 전자세금 |
|---|---|---|---|---|---|
| 53.면세 | 영업왕의 비밀외 | 75,000 | | 대신북클럽 | 전자입력 |
| 분개유형 | (차) 도서인쇄비(판) | 75,000원 | (대) 미지급금 | | 75,000원 |
| 3.혼합 | | | | | |

⑥ 부가가치세신고서에 의한 회계처리

[일반전표입력] 7월 25일

(차) 미지급세금(서대문세무서)　　61,000원　　(대) 보통예금(하나은행(보통))　　61,000원


[일반전표입력] 6월 30일 조회

(차) 부가세예수금　　10,632,400원　　(대) 부가세대급금　　10,561,400원
　　　　　　　　　　　　　　　　　　　　잡이익　　10,000원
　　　　　　　　　　　　　　　　　　　　미지급세금(서대문세무서)　　61,000원


## 실무수행 4. 결산

① 수동결산 및 자동결산

1. 수동결산 및 자동결산

　　[일반전표입력] 12월 31일

　　(차) 소모품비(판)　　900,000원　　(대) 소모품　　900,000원
　　- 합계잔액시산표(12월31일) 조회하여 소모품 잔액 확인 후 결산분개
　　　[소모품 잔액 2,000,000원 - 미사용액 1,100,000원 = 당기사용액 900,000원]


　　[결산자료입력] 1월 ~ 12월
　　- 기말상품재고액 32,000,000원을 입력한다.
　　- 상단부 전표추가(F3) 를 클릭하면 [일반전표입력] 메뉴에 분개가 생성된다.
　　(차) 상품매출원가　　230,748,500원　　(대) 상품　　230,748,500원
　　상품매출원가 = 기초재고액(90,000,000) + 당기매입액(172,748,500) - 기말재고액(32,000,000)
　　　　　　　　　= 230,748,500원


2. [재무제표 등 작성]
　　- 손익계산서 ➡ 이익잉여금처분계산서(처분일 입력 후 '전표추가' 클릭 ➡ 재무상태표를 조회 작성
　　　한다.

**평가문제. 실무수행평가 (62점)**

| 번호 | 평가문제 | 배점 | 답 |
|---|---|---|---|
| 11 | 평가문제 [거래처등록 조회] | 4 | ④ |
| 12 | 평가문제 [일/월계표 조회] | 3 | (26,960,000)원 |
| 13 | 평가문제 [일/월계표 조회] | 3 | (2,168,500)원 |
| 14 | 평가문제 [일/월계표 조회] | 4 | ② |
| 15 | 평가문제 [합계잔액시산표 조회] | 4 | (635,604,700)원 |
| 16 | 평가문제 [계정별원장 조회] | 3 | (56,500,000)원 |
| 17 | 평가문제 [거래처원장 조회] | 3 | ① |
| 18 | 평가문제 [거래처원장 조회] | 3 | ③ |
| 19 | 평가문제 [현금출납장 조회] | 3 | (16,000,000)원 |
| 20 | 평가문제 [재무상태표 조회] | 4 | (616,000)원 |
| 21 | 평가문제 [재무상태표 조회] | 4 | (60,000,000)원 |
| 22 | 평가문제 [재무상태표 조회] | 2 | ③ |
| 23 | 평가문제 [재무상태표 조회] | 2 | ② |
| 24 | 평가문제 [손익계산서 조회] | 2 | ④ |
| 25 | 평가문제 [손익계산서 조회] | 2 | (230,748,500)원 |
| 26 | 평가문제 [손익계산서 조회] | 4 | ① |
| 27 | 평가문제 [부가가치세신고서 조회] | 3 | (201,200)원 |
| 28 | 평가문제 [세금계산서합계표 조회] | 3 | (8)곳 |
| 29 | 평가문제 [계산서합계표 조회] | 3 | (1,075,000)원 |
| 30 | 평가문제 [받을어음현황 조회] | 3 | (21,850,000)원 |
| 총 점 | | 62 | |

**평가문제. 회계정보분석 (8점)**

31. 재무상태표 조회 (4점)

③ (693,528,800원/92,500,000원)×100≒749%

32. 손익계산서 조회 (4점)

① (192,500,000원/685,142,000원)×100≒28%

| 합격율 | 시험년월 |
| --- | --- |
| 60% | 2024.7 |

## 실무이론평가

**[1]** 다음 중 도매업을 영위하는 (주)한공의 손익계산서와 관련된 설명으로 옳지 <u>않은</u> 것은?
① 영업외수익은 배당금수익, 임대료, 접대비 등을 포함한다.
② 판매비와관리비는 상품 등의 판매활동과 기업의 관리활동에서 발생하는 비용으로서 복리후생비, 급여, 통신비 등을 포함한다.
③ 매출액은 총매출액에서 매출할인, 매출환입, 매출에누리를 차감한 금액으로 한다.
④ 상품매출원가는 '기초상품재고액＋당기상품매입액－기말상품재고액'이다.

**[2]** 다음 중 손익계산서상 영업이익에 영향을 미치지 <u>않는</u> 계정과목은?
① 본사 건물의 감가상각비
② 영업팀에서 사용하는 업무용 핸드폰에 대한 통신비
③ 단기대여금의 기타의대손상각비
④ 본사 직원의 복리후생비

**[3]** 다음은 (주)한공의 특허권 취득 관련 자료이다. 이를 토대로 20x1년도 무형자산상각비를 계산하면 얼마인가?

| | |
| --- | --- |
| • 특허권 취득일 : 20x1. 1. 1. | • 특허권 등록비 : 2,000,000원 |
| • 상각방법 : 정액법(내용연수 : 5년) | • 특허권 취득부대비용 : 100,000원 |

① 200,000원
② 220,000원
③ 400,000원
④ 420,000원

[4] 다음과 같은 결산 회계처리 누락이 20x1년도 손익계산서에 미치는 영향으로 옳은 것은?

> (주)한공은 20x1년 11월 1일에 가입한 1년 만기 정기예금 15,000,000원(연이율 3%, 월할계산)
> 에 대한 이자 경과분(미수분)을 계상하지 않았다.

① 당기순이익 75,000원 과대계상
② 당기순이익 75,000원 과소계상
③ 당기순이익 450,000원 과대계상
④ 당기순이익 450,000원 과소계상

[5] 다음 자료를 토대로 (주)한공의 20x1년 12월 31일 결산 시 회계 처리로 옳은 것은?

> • 20x1년 5월 1일 소모품 2,000,000원을 구입하고 대금은 현금으로 지급하였으며, 구입한 소모
>   품은 전액 자산처리하였다.
> • 20x1년 12월 31일 소모품 미사용액은 450,000원이다.

① (차) 소모품      450,000원      (대) 소모품비   450,000원
② (차) 소모품    1,550,000원      (대) 소모품비 1,550,000원
③ (차) 소모품비    450,000원      (대) 소모품     450,000원
④ (차) 소모품비  1,550,000원      (대) 소모품   1,550,000원

[6] 다음 결산정리사항 중 비용의 이연에 해당하는 거래는?
① 임대료수익 미수분을 계상하다.
② 보험료 선급분을 계상하다.
③ 이자수익 선수분을 계상하다.
④ 이자비용 미지급분을 계상하다.

[7] 도매업을 영위하고 있는 (주)한공은 20x1년 3월 10일 (주)서울의 파산으로 단기대여금 3,000,000원의 회수가 불가능하게 되었다. 이 거래로 인하여 (주)한공이 손익계산서에 계상해야 하는 계정과목과 그 금액은 얼마인가?(단, 3월 10일 이전에 설정된 단기대여금에 대한 대손충당금 잔액은 1,100,000원이다.)
① 대손상각비      1,100,000원      ② 대손상각비      1,900,000원
③ 기타의대손상각비  1,100,000원      ④ 기타의대손상각비  1,900,000원

[8] 다음 중 우리나라 부가가치세의 특징에 대해 잘못 설명하는 사람은?

> 승현 : 수출하는 재화에 대해서는 영세율을 적용해.
> 주희 : 납세의무자와 담세자가 다를 것으로 예정된 세금이야.
> 희수 : 매출세액에서 매입세액을 차감하여 납부세액을 계산하지.
> 성한 : 납세의무자의 인적사항을 고려하는 인세에 해당 해.

※ 1차 저작권자의 저작권 침해 소지가 있어 삽화 삽입은 어려우니 양해바랍니다.

① 승현          ② 주희
③ 희수          ④ 성한

[9] 다음 중 부가가치세 과세거래에 해당하는 것을 모두 고르면?

> 가. 소형승용차를 중고차 매매상에게 유상으로 처분하는 경우
> 나. 세금을 사업용 자산으로 물납하는 경우
> 다. 상표권을 유상으로 양도하는 경우
> 라. 양도담보의 목적으로 부동산을 제공하는 경우

① 가, 다          ② 가, 라
③ 나, 다          ④ 나, 라

[10] 컴퓨터 부품을 제조하는 (주)한공의 다음 자료를 토대로 20x1년 제2기 예정신고기간(20x1.7.1. ~20x1.9.30.)의 부가가치세 납부세액을 계산하면 얼마인가? 단, 세금계산서는 적법하게 수수하였고 주어진 자료 외에는 고려하지 않는다.

> • 세금계산서 발급분 : 공급가액 6,000,000원(과세매출)
> • 세금계산서 수취분 : 공급가액 1,200,000원(과세매입)
> • 세금계산서 수취분 : 공급가액 1,000,000원[대표이사 업무용 승용차(2,000cc) 수리비]

① 380,000원          ② 480,000원
③ 500,000원          ④ 600,000원

■■■■■■■ **실무수행평가**

(주)대우전자(3740)는 전자제품을 도소매하는 법인으로 회계기간은 제8기(20x1.1.1.~20x1. 12.31.)이다.
제시된 자료와 [자료설명]을 참고하여 [수행과제]를 완료하고 [수행과제]의 물음에 답하시오.

## 실무수행1 | 기초정보관리의 이해

회계관련 기초정보는 입력되어 있다. [자료설명]을 참고하여 [수행과제]를 수행하시오.

① 계정과목 및 적요등록 수정

| 자료설명 | 디자인권의 취득과 매각 거래가 자주 발생하여 무형자산 계정과목으로 등록하여 사용하려고 한다. |
|---|---|
| 수행과제 | '235.의장권'을 '235.디자인권'으로 정정등록하고, 현금적요와 대체적요를 등록하시오.<br>－현금적요 : 1.디자인권 취득대금 현금지급<br>－대체적요 : 1.디자인권 상각액 |

② 전기분재무제표의 입력수정

# 재 무 상 태 표

제7(당)기 20x0. 12. 31. 현재
제6(전)기 20y0. 12. 31. 현재

(주)대우전자

(단위 : 원)

| 과 목 | 제 7 기 (20x0.12.31.) | | 제 6 기 (20y0.12.31.) | |
|---|---|---|---|---|
| 자 산 | | | | |
| Ⅰ.유 동 자 산 | | 257,458,000 | | 116,640,000 |
| (1) 당 좌 자 산 | | 197,458,000 | | 91,640,000 |
| 현 금 | | 46,894,000 | | 22,800,000 |
| 당 좌 예 금 | | 41,000,000 | | 20,850,000 |
| 보 통 예 금 | | 67,034,000 | | 34,496,000 |
| 단 기 매 매 증 권 | | 10,500,000 | | 3,000,000 |
| 외 상 매 출 금 | 27,000,000 | | 8,200,000 | |
| 대 손 충 당 금 | 270,000 | 26,730,000 | 82,000 | 8,118,000 |
| 받 을 어 음 | | 5,300,000 | | 2,376,000 |
| (2) 재 고 자 산 | | 60,000,000 | | 25,000,000 |
| 상 품 | | 60,000,000 | | 25,000,000 |
| Ⅱ.비 유 동 자 산 | | 121,165,000 | | 50,000,000 |
| (1) 투 자 자 산 | | 18,000,000 | | 0 |
| 장 기 대 여 금 | | 18,000,000 | | 0 |
| (2) 유 형 자 산 | | 93,165,000 | | 7,300,000 |
| 토 지 | | 30,000,000 | | 0 |
| 건 물 | | 40,000,000 | | |
| 차 량 운 반 구 | 35,330,000 | | 16,500,000 | |
| 감 가 상 각 누 계 액 | 15,000,000 | 20,330,000 | 12,300,000 | 4,200,000 |
| 비 품 | 6,000,000 | | 9,400,000 | |
| 감 가 상 각 누 계 액 | 3,165,000 | 2,835,000 | 6,300,000 | 3,100,000 |
| (3) 무 형 자 산 | | 0 | | 0 |
| (4) 기 타 비 유 동 자 산 | | 10,000,000 | | 42,700,000 |
| 임 차 보 증 금 | | 10,000,000 | | 42,700,000 |
| 자 산 총 계 | | 378,623,000 | | 166,640,000 |
| 부 채 | | | | |
| Ⅰ.유 동 부 채 | | 81,844,000 | | 93,640,000 |
| 외 상 매 입 금 | | 48,609,000 | | 43,640,000 |
| 지 급 어 음 | | 7,800,000 | | |
| 미 지 급 금 | | 22,500,000 | | 50,000,000 |
| 예 수 금 | | 2,935,000 | | 0 |
| Ⅱ.비 유 동 부 채 | | 20,000,000 | | 0 |
| 장 기 차 입 금 | | 20,000,000 | | 0 |
| 부 채 총 계 | | 101,844,000 | | 93,640,000 |
| 자 본 | | | | |
| Ⅰ.자 본 금 | | 157,259,000 | | 50,000,000 |
| 자 본 금 | | 157,259,000 | | 50,000,000 |
| Ⅱ.자 본 잉 여 금 | | 0 | | 0 |
| Ⅲ.자 본 조 정 | | 0 | | 0 |
| Ⅳ.기 타 포 괄 손 익 누 계 액 | | 0 | | 0 |
| Ⅴ.이 익 잉 여 금 | | 119,520,000 | | 23,000,000 |
| 미 처 분 이 익 잉 여 금 | | 119,520,000 | | 23,000,000 |
| (당기순이익 96,520,000) | | | | |
| 자 본 총 계 | | 276,779,000 | | 73,000,000 |
| 부 채 와 자 본 총 계 | | 378,623,000 | | 166,640,000 |

| 자료설명 | (주)대우전자의 전기(제7기)분 재무제표는 입력되어 있다. |
|---|---|
| 수행과제 | 입력이 누락되었거나 잘못된 부분을 찾아 수정하시오. |

## 실무수행2 거래자료 입력

실무프로세스 자료이다. [자료설명]을 참고하여 [수행과제]를 수행하시오.

### 1 계약금 지급
■ 보통예금(우리은행) 거래내역

| 번호 | 거래일 | 내 용 | 찾으신금액 | 맡기신금액 | 잔 액 | 거래점 |
|---|---|---|---|---|---|---|
| | | 계좌번호 501-111923-02-123 (주)대우전자 | | | | |
| 1 | 20x1-8-18 | (주)수정전자 | 300,000 | | *** | *** |

| 자료설명 | (주)수정전자에서 상품을 매입하기로 하고, 계약금을 우리은행 보통예금 계좌에서 이체하여 지급하였다. |
|---|---|
| 수행과제 | 거래자료를 입력하시오. |

### 2 증빙에 의한 전표입력

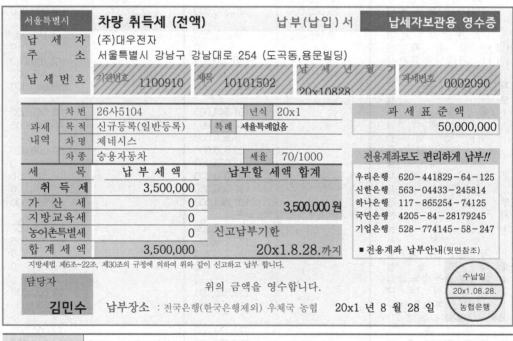

| 자료설명 | [8월 28일] 영업부에서 사용할 목적으로 구입한 승용차와 관련된 취득세를 신고납부기한일에 현금으로 납부하였다. |
|---|---|
| 수행과제 | 거래자료를 입력하시오. |

③ 대손의 발생과 설정

| 자료설명 | [8월 30일] (주)정진상사의 파산으로 단기대여금 20,000,000원의 회수가 불가능하게 되어 대손처리하기로 하였다. |
|---|---|
| 수행과제 | 대손처리시점의 거래자료를 입력하시오.<br>(단, '단기대여금'에 대한 대손충당금 잔액은 없다.) |

④ 증빙에 의한 전표입력
자료 1. 우체국택배 송장

자료 2. 신용카드매출전표

| | |
|---|---|
| **신 용 카 드 매 출 전 표**<br><br>가 맹 점 명   우체국 1588-1300<br>사 업 자 번 호   214-81-22354<br>대 표 자 명   이 상 훈<br>주        소   서울 강남구 강남대로 272<br><br>농 협 카 드                              신용승인<br>거 래 일 시   20x1-09-05 오전 10:05:36<br>카 드 번 호   8844-2211-****-49**<br>가 맹 점 번 호                        15888585<br>매 입 사   농협카드(전자서명전표)<br>품        명                                택배<br><br>판 매 금 액                        20,000원<br>합        계                        20,000원 | **자료설명**<br><br>자료 1. 판매상품을 발송하고 발급받은 우체국택배 송장이다.<br>자료 2. 택배비를 결제한 신용카드 매출전표이다.<br><br>**수행과제**   거래자료를 입력하시오. |

⑤ 기타일반거래

자료 1. 건강보험료 영수증

| 건강보험료 | 20x1 년  8  월 | 영수증(납부자용) |
|---|---|---|
| 사 업 장 명 | (주)대우전자 | |
| 납 부 의 무 자 | 서울특별시 강남구 강남대로 254 (도곡동, 용문빌딩) | |
| 납부자번호 | 5700000123 | 사 업 장<br>관 리 번 호  10686097920 |
| 납부할보험료<br>(ⓐ+ⓑ+ⓒ+ⓓ+ⓔ) | | 178,440 원 |
| 납  부  기  한 | | 20x1.9.10. 까지 |

| 보 | 건   강   ⓐ | 158,180 원 | 연금 ⓒ | 원 |
|---|---|---|---|---|
| 험 | 장 기 요 양  ⓑ | 20,260 원 | 고용 ⓓ | 원 |
| 료 | 소계 ( ⓐ + ⓑ ) | 178,440 원 | 산재 ⓔ | 원 |
| 납기후금액 | | 182,000원 | 납기후기한 | 20x1.9.30. 까지 |

ⓔ 납부기한까지 납부하지 않으면 연체금이 부과됩니다.
※ 납부장소 : 전 은행, 우체국, 농·수협(지역조합 포함), 새마을금고, 신협, 증권사, 산림조합중앙회, 인터넷지로(www.giro.or.kr)
☞ 2D코드 : GS25, 세븐일레븐, 미니스톱, 바이더웨이, 씨유에서 납부 시 이용.(우리·신한은행 현금카드민 수납가능)

20x1년  8  월  31일

국민건강보험공단 이 사        수납인

자동이체 신청 납부자번호 :

자료 2. 보통예금(국민은행) 거래내역

| 번호 | 거래일 | 내용 | 찾으신금액 | 맡기신금액 | 잔액 | 거래점 |
|---|---|---|---|---|---|---|
| | | 계좌번호 096 – 24 – 0094 – 123   (주)대우전자 | | | | |
| 1 | 20x1 – 09 – 10 | 건강보험료 | 178,440 | | *** | *** |

| 자료설명 | 8월 급여지급분에 대한 건강보험료(장기요양보험료 포함)를 납부기한일에 국민은행 보통<br>예금 계좌에서 이체하여 납부하였다. 보험료의 50%는 급여 지급 시 원천징수한 금액이<br>며, 나머지 50%는 회사부담분이다. |
|---|---|
| 수행과제 | 거래자료를 입력하시오.(회사부담분 건강보험료는 '복리후생비'로 처리할 것.) |

## 실무수행3 | 부가가치세

부가가치세 신고 관련 자료이다. [자료설명]을 참고하여 [수행과제]를 수행하시오.

☐ ① 과세매출자료의 전자세금계산서 발행

### 거 래 명 세 서 (공급자 보관용)

| 공급자 | 등록번호 | 106-86-09792 | | | 공급받는자 | 등록번호 | 106-81-44120 | | |
|---|---|---|---|---|---|---|---|---|---|
| | 상호 | (주)대우전자 | 성명 | 김대우 | | 상호 | (주)세운유통 | 성명 | 위대한 |
| | 사업장 주소 | 서울특별시 강남구 강남대로 254 (도곡동, 용문빌딩) | | | | 사업장 주소 | 서울 구로구 구로동로 22 | | |
| | 업태 | 도소매업 | 종사업장번호 | | | 업태 | 도소매업 | 종사업장번호 | |
| | 종목 | 전자제품외 | | | | 종목 | 전자제품 | | |

| 거래일자 | 미수금액 | 공급가액 | 세액 | 총 합계금액 |
|---|---|---|---|---|
| 20x1.10.2. | | 10,000,000 | 1,000,000 | 11,000,000 |

| NO | 월 | 일 | 품목명 | 규격 | 수량 | 단가 | 공급가액 | 세액 | 합계 |
|---|---|---|---|---|---|---|---|---|---|
| 1 | 10 | 2 | 세탁건조기 | | 5 | 2,000,000 | 10,000,000 | 1,000,000 | 11,000,000 |
| | | | | | | | | | |
| | | | | | | | | | |

| 자료설명 | 1. 상품을 공급하고 발급한 거래명세서이다.<br>2. 대금 중 3,000,000원은 우리은행 보통예금계좌로 입금 받고, 잔액은 다음달 10일에 받기로 하였다. |
|---|---|
| 수행과제 | 1. 거래명세서에 의해 매입매출자료를 입력하시오.<br>2. 전자세금계산서 발행 및 내역관리 를 통하여 발급 및 전송하시오.<br>(전자세금계산서 발급 시 결제내역 및 전송일자는 고려하지 말 것.) |

② 매출거래

<table>
<tr><td colspan="6" style="text-align:center">전자계산서   (공급자 보관용)</td><td>승인번호</td><td></td></tr>
</table>

| | 등록번호 | 106 – 86 – 09792 | | | | 등록번호 | 113 – 81 – 13872 | | |
|---|---|---|---|---|---|---|---|---|---|
| 공급자 | 상호 | (주)대우전자 | 성명<br>(대표자) | 김대우 | 공급받는자 | 상호 | (주)한라전자 | 성명<br>(대표자) | 김우정 |
| | 사업장<br>주소 | 서울특별시 강남구 강남대로 254<br>(도곡동, 용문빌딩) | | | | 사업장<br>주소 | 서울특별시 서대문구 통일로 131<br>(충정로2가, 공화당빌딩) | | |
| | 업태 | 도소매업 | 종사업장번호 | | | 업태 | 도소매업 | 종사업장번호 | |
| | 종목 | 전자제품외 | | | | 종목 | 가전제품외 | | |
| | E–Mail | meta@bill36524.com | | | | E–Mail | engel@bill36524.com | | |

| 작성일자 | 20x1.10.7. | 공급가액 | 10,000,000 | 비 고 | |
|---|---|---|---|---|---|

| 월 | 일 | 품목명 | 규격 | 수량 | 단가 | 공급가액 | 비고 |
|---|---|---|---|---|---|---|---|
| 10 | 7 | 토지 | | | | 10,000,000 | |
| | | | | | | | |
| | | | | | | | |

| 합계금액 | 현금 | 수표 | 어음 | 외상미수금 | 이 금액을 | ◉ 영수<br>○ 청구　함 |
|---|---|---|---|---|---|---|
| 10,000,000 | | | | | | |

| 자료설명 | 토지(장부금액 10,000,000원)를 매각하고 대금은 기업은행 보통예금 계좌로 입금 받았다.(단, 본 거래에 한하여 과세사업과 면세사업을 겸영한다고 가정할 것.) |
|---|---|
| 수행과제 | 매입매출자료를 입력하시오.(전자계산서 거래는 '전자입력'으로 입력할 것.) |

③ 매입거래

| 고객번호 | 3154892 | | | | | | |
|---|---|---|---|---|---|---|---|

**20x1년 10월 청구분 도시가스요금** 지로영수증(고객용)

| 고객번호 | 3154892 |
|---|---|
| 지로번호 | 1 3 4 0 5 2 8 |
| 고지금액 | 275,000 원 |

| 납부마감일 | 20x1.11.30. |
|---|---|
| 미납 금액 | 0 원 / 0 원 |

주소/성명　서울특별시 강남구 강남대로 254 (도곡동,용문빌딩) / (주)대우전자

| 사용기간 | 20x1.10.1.~20x1.10.31. |
|---|---|
| 당월사용량 금월지침 | 8,416 m³ |
| 전월지침 | 6,104 m³ |
| 사용량 | 2,312 m³ |
| 사용량비교 전월 | 1,535 m³ |
| 전년동월 | 2,931 m³ |
| 계량기번호 | CD011 |
| 검침원명 | |

| 기 본 요 금 | 25,000 원 |
|---|---|
| 사 용 요 금 | 250,000 원 |
| 계량기교체비용 | 원 |
| 공 급 가 액 | 250,000 원 |
| 부 가 세 | 25,000 원 |
| 가 산 금 | 원 |
| 정 산 금 액 | 원 |
| 고 지 금 액 | 275,000 원 |
| 공급받는자 등록번호 | 106-86-09792 |
| 공급자 등록번호 | 101-81-25259 |

작성일자　20x1 년 11 월 7 일
입금전용계좌

※ 본 영수증은 부가가치세법 시행령 53 조 3 항에 따라 발행하는 전자세금계산서입니다.

한국도시가스(주)

| 자료설명 | 1. 회사의 10월분 도시가스요금명세서이다.<br>2. 작성일자를 기준으로 입력하고 납부마감일에 보통예금계좌에서 자동이체 되는 거래의 입력은 생략한다. |
|---|---|
| 수행과제 | 매입매출자료를 입력하시오.<br>(전자세금계산서의 발급 및 전송업무는 생략하고 '전자입력'으로 입력할 것.) |

4 매입거래

# 신용카드매출전표

가 맹 점 명  일품한식당 (02)3412-4451
사업자번호  316-01-17397
대 표 자 명  이 일 품
주        소  서울특별시 광진구 중곡동 211

농 협 카 드                          신용승인
거 래 일 시      20x1-11-13  20:08:04
카 드 번 호      8844-2211-****-49**
가맹점번호                      45451124
매   입   사          농협카드(전자서명전표)
품        명                      한정식 5인

공 급 가 액                      150,000원
부 가 가 치 세                    15,000원
합        계                      165,000원

| 자료설명 | 영업부 직원의 회식 후 법인카드로 결제하고 수령한 신용카드 매출전표이다.<br>(일품한식당은 일반과세 사업자이다.) |
|---|---|
| 수행과제 | 매입매출자료를 입력하시오. |

5 매입거래

# 전자세금계산서
(공급받는자 보관용)   승인번호

| | 등록번호 | 127-05-17529 | | | | 등록번호 | 106-86-09792 | | |
|---|---|---|---|---|---|---|---|---|---|
| 공급자 | 상호 | 우정골프 | 성명(대표자) | 조우정 | 공급받는자 | 상호 | (주)대우전자 | 성명(대표자) | 김대우 |
| | 사업장주소 | 서울특별시 서대문구 충정로7길 12 (충정로2가) | | | | 사업장주소 | 서울특별시 강남구 강남대로 254 (도곡동, 용문빌딩) | | |
| | 업태 | 도소매업 | 종사업장번호 | | | 업태 | 도소매업 | 종사업장번호 | |
| | 종목 | 골프용품외 | | | | 종목 | 전자제품외 | | |
| | E-Mail | golf@nate.com | | | | E-Mail | meta@bill36524.com | | |

| 작성일자 | 20x1.11.15. | 공급가액 | 3,000,000 | 세액 | 300,000 |
|---|---|---|---|---|---|
| 비고 | | | | | |

| 월 | 일 | 품목명 | 규격 | 수량 | 단가 | 공급가액 | 세액 | 비고 |
|---|---|---|---|---|---|---|---|---|
| 11 | 15 | 골프용품 | | | | 3,000,000 | 300,000 | |

| 합계금액 | 현금 | 수표 | 어음 | 외상미수금 | 이 금액을 | ● 영수 / ○ 청구 | 함 |
|---|---|---|---|---|---|---|---|
| 3,300,000 | 3,300,000 | | | | | | |

| 자료설명 | 대표이사(김대우) 개인 취미생활을 위하여 골프용품을 구입하고, 발급받은 전자세금계산서이다. |
|---|---|
| 수행과제 | 매입매출자료를 입력하시오. |

76

6 부가가치세신고서 조회 및 입력자료 조회

| 수행과제 | 1. 제1기 부가가치세 확정과세기간의 부가가치세신고서를 조회하시오. |
|---|---|
| | 2. 전자신고세액공제 10,000원을 반영하여 6월 30일 부가가치세 납부세액(환급세액)에 대한 회계처리를 하시오. |
| | (단, 저장된 자료를 이용하여 납부세액은 '미지급세금', 환급세액은 '미수금', 전자신고 세액공제는 '잡이익'으로 회계처리하고 거래처코드도 입력할 것.) |

## 실무수행4 | 결산

[결산자료]를 참고하여 결산을 수행하시오.(단, 제시된 자료 이외의 자료는 없다고 가정함.)

1 수동결산 및 자동결산

| 결산자료 | 1. 단기매매증권의 기말 내역은 다음과 같다.(하나의 전표로 처리할 것.) |
|---|---|

| 회사명 | 주식수 | 주당 장부금액 | 주당 기말평가금액 |
|---|---|---|---|
| (주)명품 | 100주 | 25,000원 | 26,000원 |
| (주)삼현 | 200주 | 40,000원 | 42,000원 |
| 합 계 | 300주 | | |

| | |
|---|---|
| | 2. 기말상품재고액은 30,000,000원이다. |
| | 3. 이익잉여금처분계산서 처분 예정(확정)일 |
| |   -당기분 : 20x2년 2월 23일 |
| |   -전기분 : 20x1년 2월 23일 |
| 평가문제 | 1. 수동결산 또는 자동결산 메뉴를 이용하여 결산을 완료하시오. |
| | 2. 12월 31일을 기준으로 '손익계산서 ➡ 이익잉여금처분계산서 ➡ 재무상태표'를 순서 대로 조회 작성하시오. |
| | (단, 이익잉여금처분계산서 조회 작성 시 '저장된 데이터 불러오기' ➡ '아니오 선택' ➡ 상단부의 '전표추가'를 이용하여 '손익대체분개'를 수행할 것.) |

| | **평가문제** | **실무수행평가 (62점)** | |

입력자료 및 회계정보를 조회하여 [평가문제]의 답안을 입력하시오.

| 번호 | 평가문제 | 배점 |
|---|---|---|
| 11 | **평가문제 [계정과목및적요등록 조회]**<br>'235.디자인권' 계정과 관련된 내용으로 옳지 않은 것은?<br>① '비유동자산 중 무형자산'에 해당하는 계정이다.<br>② 표준재무제표항목은 '175.의장권'이다.<br>③ '디자인권'의 현금적요는 '디자인권 취득대금 현금지급'을 사용하고 있다.<br>④ '디자인권'의 대체적요는 사용하지 않고 있다. | 4 |
| 12 | **평가문제 [거래처원장 조회]**<br>10월 말 '01025.(주)세운유통'의 '108.외상매출금' 잔액은 얼마인가? | 3 |
| 13 | **평가문제 [거래처원장 조회]**<br>11월 말 '134.가지급금' 잔액이 가장 많은 거래처의 코드 5자리를 입력하시오. | 3 |
| 14 | **평가문제 [거래처원장 조회]**<br>12월 말 '253.미지급금' 거래처 중 잔액이 옳지 않은 것은?<br>① 07117.(주)엔소프트　15,000,000원　② 06005.한국도시가스(주)　440,000원<br>③ 99605.농협카드　4,365,000원　④ 99800.하나카드　1,320,000원 | 2 |
| 15 | **평가문제 [합계잔액시산표 조회]**<br>6월 말 '미지급세금' 잔액은 얼마인가? | 3 |
| 16 | **평가문제 [합계잔액시산표 조회]**<br>12월 말 '당좌자산'의 계정별 잔액으로 옳지 않은 것은?<br>① 단기대여금　30,000,000원　② 받을어음　2,000,000원<br>③ 선급비용　300,000원　④ 선납세금　1,200,000원 | 3 |
| 17 | **평가문제 [재무상태표 조회]**<br>12월 말 '단기매매증권' 잔액은 얼마인가? | 3 |
| 18 | **평가문제 [재무상태표 조회]**<br>12월 말 '선급금' 잔액은 얼마인가? | 3 |
| 19 | **평가문제 [재무상태표 조회]**<br>12월 말 '유형자산'의 장부금액(취득원가 - 감가상각누계액)으로 옳지 않은 것은?<br>① 토지　20,000,000원　② 건물　50,000,000원<br>③ 차량운반구　47,930,000원　④ 비품　33,285,000원 | 3 |

| 번호 | 평가문제 | 배점 |
|---|---|---|
| 20 | **평가문제 [재무상태표 조회]**<br>12월 말 '이월이익잉여금(미처분이익잉여금)' 잔액은 얼마인가?<br>① 267,508,870원 ② 273,550,050원<br>③ 279,550,050원 ④ 297,508,870원 | 3 |
| 21 | **평가문제 [손익계산서 조회]**<br>당기에 발생한 '상품매출원가'는 얼마인가? | 4 |
| 22 | **평가문제 [손익계산서 조회]**<br>당기에 발생한 '판매비와관리비' 계정별 금액으로 옳지 않은 것은?<br>① 복리후생비 12,401,420원 ② 수도광열비 6,284,520원<br>③ 운반비 639,000원 ④ 도서인쇄비 340,000원 | 2 |
| 23 | **평가문제 [손익계산서 조회]**<br>당기에 발생한 '영업외수익' 금액은 얼마인가? | 3 |
| 24 | **평가문제 [손익계산서 조회]**<br>당기에 발생한 '영업외비용' 금액은 얼마인가? | 3 |
| 25 | **평가문제 [부가가치세신고서 조회]**<br>제2기 확정 신고기간 부가가치세신고서 '과세_세금계산서발급분(1란)'의 세액은 얼마인가? | 4 |
| 26 | **평가문제 [부가가치세신고서 조회]**<br>제2기 확정 신고기간의 부가가치세신고서 '매입세액_그밖의공제매입세액(14란)'의 세액은 얼마인가? | 4 |
| 27 | **평가문제 [부가가치세신고서 조회]**<br>제2기 확정 신고기간의 부가가치세신고서 '매입세액_공제받지못할매입세액(16란)'의 세액은 얼마인가? | 3 |
| 28 | **평가문제 [세금계산서합계표 조회]**<br>제2기 확정 신고기간의 전자매입세금계산서 공급가액 합계는 얼마인가? | 3 |
| 29 | **평가문제 [계산서합계표 조회]**<br>제2기 확정 신고기간의 전자매출계산서의 공급가액은 얼마인가? | 3 |
| 30 | **평가문제 [예적금현황 조회]**<br>12월 말 은행별(계좌명) 보통예금 잔액으로 옳은 것은?<br>① 국민은행(당좌) 38,800,000원 ② 국민은행(보통) 231,740,000원<br>③ 신한은행(보통) 8,282,000원 ④ 우리은행(보통) 6,834,000원 | 3 |
| 총 점 | | 62 |

**평가문제** | **회계정보분석 (8점)**

회계정보를 조회하여 [회계정보분석] 답안을 입력하시오.

### 31. 손익계산서 조회 (4점)

주당순이익은 1주당 이익을 얼마나 창출하느냐를 나타내는 지표이다. 전기 주당순이익을 계산하면 얼마인가?

$$주당순이익 = \frac{당기순이익}{주식수}$$

※ 발행주식수 10,000주

① 9,000원                    ② 9,252원
③ 9,400원                    ④ 9,652원

### 32. 재무상태표 조회 (4점)

당좌비율이란 유동부채에 대한 당좌자산의 비율로 재고자산을 제외시킴으로써 단기채무에 대한 기업의 지급능력을 파악하는데 유동비율 보다 더욱 정확한 지표로 사용되고 있다. 전기 당좌비율을 계산하면 얼마인가?(단, 소숫점 이하는 버림 할 것.)

$$당좌비율(\%) = \frac{당좌자산}{유동부채} \times 100$$

① 41%                        ② 83%
③ 241%                       ④ 462%

## 해답해설

Financial Accounting Technician
회계정보처리 자격시험 1급

**74회**

### 실무이론평가

| 1 | 2 | 3 | 4 | 5 | 6 | 7 | 8 | 9 | 10 |
|---|---|---|---|---|---|---|---|---|----|
| ① | ③ | ④ | ② | ④ | ② | ④ | ④ | ① | ② |

**01** 접대비(기업업무추진비)는 판매비와관리비로 분류된다.

**02** **기타의대손상각비는 영업외비용**으로 분류된다.

　감가상각비, 통신비, 복리후생비는 판매비와관리비로 분류된다.

　판매비와관리비는 영업이익에 영향을 미치며, **영업외비용은 영업이익에 영향을 미치지 않는다.**

**03** 무형자산상각비(정액법) = 취득원가(2,100,000) ÷ 내용연수(5) = 420,000원/년

**04** 결산분개 : (차) 미수수익　　　　　75,000원　　　(대) 이자수익　　　　　　　　75,000원

　미수이자 = 정기예금(15,000,000) × 연이율(3%) × 2개월/12개월 = 75,000원

　따라서, 이자수익 75,000원이 과소 계상되어 당기순이익 75,000원이 과소 계상된다.

**05** 소모품비 = 소모품 구입액(2,000,000) − 미사용액(450,000) = 1,550,000원(사용액)

　따라서 (차) 소모품비　1,550,000원　　　(대) 소모품　1,550,000원이다.

**06** ① 수익의 발생,　② 비용의 이연,　③ 수익의 이연,　④ 비용의 발생

**07** 상거래에서 발생한 **매출채권에 대한 대손상각비는 판매비와관리비로 처리**하고,

　기타 채권에 대한 **기타의대손상각비는 영업외비용**으로 처리한다.

　기타의대손상각비 = 대손액(3,000,000) − 설정대손충당금(1,100,000) = 1,900,000원

**08** 우리나라 부가가치세는 **납세의무자의 인적사항을 고려하지 않는 물세**이다.

**09** 나. 법률에 따라 조세를 물납하는 것은 재화의 공급으로 보지 아니한다.

　라. 담보의 제공은 재화의 공급으로 보지 아니한다.

**10** 매출세액 = 과세표준(6,000,000) × 10% − 과세매입(1,200,000) × 10% = 480,000원.

　대표이사 업무용 승용차 수리비에 대한 매입세액은 공제되지 아니한다.

81

■■■■■■■ **실무수행평가**

## 실무수행 1. 기초정보관리의 이해

① 계정과목 및 적요등록 수정
  - '235.의장권' 계정과목을 선택하고 Ctrl+F1을 누른 후 '디자인권'으로 수정
  - 현금적요 입력 : 1.디자인권 취득대금 현금지급
    대체적요 입력 : 1.디자인권 상각액

② 전기분재무제표의 입력수정
  - 202.건물 4,000,000원을 40,000,000원으로 수정 입력
  - 213.감가상각누계액 3,165,000원 추가 입력


## 실무수행 2. 거래자료 입력

① 계약금 지급 [일반전표입력] 8월 18일

| | | | | |
|---|---|---|---|---|
| (차) 선급금((주)수정전자) | 300,000원 | (대) 보통예금(우리은행(보통)) | 300,000원 |

② 증빙에 의한 전표입력 [일반전표입력] 8월 28일

| | | | | |
|---|---|---|---|---|
| (차) 차량운반구 | 3,500,000원 | (대) 현금 | 3,500,000원 |

③ 대손의 발생과 설정 [일반전표입력] 8월 30일

| | | | | |
|---|---|---|---|---|
| (차) 기타의대손상각비 | 20,000,000원 | (대) 단기대여금((주)정진상사) | 20,000,000원 |

④ 증빙에 의한 전표입력 [일반전표입력] 9월 5일

| | | | | |
|---|---|---|---|---|
| (차) 운반비(판) | 20,000원 | (대) 미지급금(농협카드) | 20,000원 |

⑤ 기타일반거래 [일반전표입력] 9월 10일

| | | | | |
|---|---|---|---|---|
| (차) 복리후생비(판) | 89,220원 | (대) 보통예금 | 178,440원 |
| 예수금 | 89,220원 | (국민은행(보통)) | |

## 실무수행 3. 부가가치세

1️⃣ 과세매출자료의 전자세금계산서 발행

1. [매입매출전표입력] 10월 2일

| 거래유형 | 품명 | 공급가액 | 부가세 | 거래처 | 전자세금 |
|---|---|---|---|---|---|
| 11.과세 | 세탁건조기 | 10,000,000 | 1,000,000 | (주)세운유통 | 전자발행 |
| 분개유형 | (차) 외상매출금 | 8,000,000원 | (대) 상품매출 | | 10,000,000원 |
| 3.혼합 | 보통예금 (우리은행(보통)) | 3,000,000원 | 부가세예수금 | | 1,000,000원 |

2. [전자세금계산서 발행 및 내역관리] 77회 기출문제 참고

2️⃣ 매출거래 [매입매출전표입력] 10월 7일

| 거래유형 | 품명 | 공급가액 | 부가세 | 거래처 | 전자세금 |
|---|---|---|---|---|---|
| 13.면세 | 토지 | 10,000,000 | | (주)한라전자 | 전자입력 |
| 분개유형 | (차) 보통예금 | 10,000,000원 | (대) 토지 | | 10,000,000원 |
| 3.혼합 | (기업은행(보통)) | | | | |

3️⃣ 매입거래 [매입매출전표입력] 11월 7일

| 거래유형 | 품명 | 공급가액 | 부가세 | 거래처 | 전자세금 |
|---|---|---|---|---|---|
| 51.과세 | 도시가스요금 | 250,000 | 25,000 | 한국도시가스(주) | 전자입력 |
| 분개유형 | (차) 수도광열비(판) | 250,000원 | (대) 미지급금 | | 275,000원 |
| 3.혼합 | 부가세대급금 | 25,000원 | | | |

4️⃣ 매입거래 [매입매출전표입력] 11월 13일

| 거래유형 | 품명 | 공급가액 | 부가세 | 거래처 | 전자세금 |
|---|---|---|---|---|---|
| 57.카과 | 영업부 직원 회식 | 150,000 | 15,000 | 일품한식당 | |
| 분개유형 | (차) 복리후생비(판) | 150,000원 | (대) 미지급금 | | 165,000원 |
| 4.카드(혼합) | 부가세대급금 | 15,000원 | (농협카드) | | |

5️⃣ 매입거래 [매입매출전표입력] 11월 15일

| 거래유형 | 품명 | 공급가액 | 부가세 | 거래처 | 전자세금 |
|---|---|---|---|---|---|
| 54.불공 | 골프용품 | 3,000,000 | 300,000 | 우정골프 | 전자입력 |
| 불공제사유 | | 2. 사업과 관련 없는 지출 | | | |
| 분개유형 | (차) 가지급금 | 3,300,000원 | (대) 현금 | | 3,300,000원 |
| 1.현금 | (김대우) | | | | |

⑥ 부가가치세신고서 조회 및 입력자료 조회

　[일반전표입력] 6월 30일

| (차) 부가세예수금 | 4,510,000원 | (대) 부가세대급금 | 3,250,000원 |
|---|---|---|---|
| | | 잡이익 | 10,000원 |
| | | 미지급세금(역삼세무서) | 1,250,000원 |

## 실무수행 4. 결산

① 수동결산 및 자동결산

1. 수동결산 및 자동결산

　[일반전표입력] 12월 31일

| (차) 단기매매증권 | 500,000원 | (대) 단기매매증권평가이익 | 500,000원 |
|---|---|---|---|

　- (주)명품 : 100주×(26,000원 - 25,000원) = 100,000원 이익

　- (주)삼현 : 200주×(42,000원 - 40,000원) = 400,000원 이익

　　　　　　　　　　　계 　500,000원 이익

　[결산자료입력] 1월~12월

　- 기말상품재고액 30,000,000원을 입력한다.

　- 상단부 전표추가(F3) 를 클릭하면 [일반전표입력] 메뉴에 분개가 생성된다.

| (차) 상품매출원가 | 289,687,000원 | (대) 상품 | 289,687,000원 |
|---|---|---|---|

상품매출원가 = 기초재고액(60,000,000) + 당기매입액(259,687,000) - 기말재고액(30,000,000)
　　　　　　　 = 289,687,000원

2. [재무제표 등 작성]

　- 손익계산서 ➡ 이익잉여금처분계산서(처분일 입력 후 '전표추가' 클릭 ➡ 재무상태표를 조회 작성한다.

## 평가문제. 실무수행평가 (62점)

| 번호 | 평가문제 | 배점 | 답 |
|---|---|---|---|
| 11 | **평가문제 [계정과목및적요등록 조회]** | 4 | ④ |
| 12 | **평가문제 [거래처원장 조회]** | 3 | (11,500,000)원 |
| 13 | **평가문제 [거래처원장 조회]** | 3 | (40001) |

| 번호 | 평가문제 | 배점 | 답 |
|---|---|---|---|
| 14 | 평가문제 [거래처원장 조회] | 2 | ③ |
| 15 | 평가문제 [합계잔액시산표 조회] | 3 | (1,250,000)원 |
| 16 | 평가문제 [합계잔액시산표 조회] | 3 | ① |
| 17 | 평가문제 [재무상태표 조회] | 3 | (11,000,000)원 |
| 18 | 평가문제 [재무상태표 조회] | 3 | (500,000)원 |
| 19 | 평가문제 [재무상태표 조회] | 3 | ③ |
| 20 | 평가문제 [재무상태표 조회] | 3 | ③ |
| 21 | 평가문제 [손익계산서 조회] | 4 | (289,687,000)원 |
| 22 | 평가문제 [손익계산서 조회] | 2 | ③ |
| 23 | 평가문제 [손익계산서 조회] | 3 | (6,045,860)원 |
| 24 | 평가문제 [손익계산서 조회] | 3 | (29,661,000)원 |
| 25 | 평가문제 [부가가치세신고서 조회] | 4 | (14,930,000)원 |
| 26 | 평가문제 [부가가치세신고서 조회] | 4 | (60,000)원 |
| 27 | 평가문제 [부가가치세신고서 조회] | 3 | (600,000)원 |
| 28 | 평가문제 [세금계산서합계표 조회] | 3 | (44,770,000)원 |
| 29 | 평가문제 [계산서합계표 조회] | 3 | (15,000,000)원 |
| 30 | 평가문제 [예적금현황 조회] | 3 | ③ |
| 총 점 | | 62 | |

## 평가문제. 회계점보분석 (8점)

31. 재무상태표 조회 (4점)

　　④ 96,520,000원÷10,000주＝9,652원

32. 손익계산서 조회 (4점)

　　③ (197,458,000원/81,844,000원)×100≒241%

| 합격율 | 시험년월 |
| --- | --- |
| 56% | 2024.5 |

## 실무이론평가

[1] 다음 중 차 대리의 답변에서 알 수 있는 거래 분석으로 옳은 것은?

> 김부장 : (주)공인의 받을어음 결제 어떻게 되었습니까?
> 차대리 : (주)공인의 받을어음이 만기 결제되어 국민은행 당좌예금계좌에 입금되었습니다.

※ 1차 저작권자의 저작권 침해 소지가 있어 삽화 삽입은 어려우니 양해바랍니다.

① (차) 부채의 감소    (대) 자산의 감소
② (차) 자산의 증가    (대) 수익의 발생
③ (차) 자산의 증가    (대) 자산의 감소
④ (차) 부채의 감소    (대) 부채의 증가

[2] 다음 중 손익계산서에 대한 설명으로 옳지 <u>않은</u> 것은?
① 손익계산서는 재무상태를 나타낼 뿐 아니라 기업의 미래현금흐름과 수익창출능력 등의 예측에 유용한 정보를 제공한다.
② 수익과 비용은 그것이 발생한 기간에 정당하게 배분하도록 처리한다.
③ 손익계산서 등식은 '수익 - 비용 = 이익'이다.
④ 수익과 비용은 각각 총액으로 보고하는 것을 원칙으로 한다.

[3] 다음 거래에서 매출채권으로 계상되는 금액은 얼마인가?

> (주)한공은 상품 3,000개를 개당 1,000원에 판매하였다. 판매대금 중 1,000,000원은 외상으로
> 하고 1,400,000원은 자기앞수표로 받았으며, 나머지는 전자어음으로 수령하였다.

① 1,000,000원                          ② 1,600,000원
③ 2,400,000원                          ④ 3,000,000원

[4] 다음 중 도매업을 영위하는 (주)한공의 (가)와 (나)에 해당하는 계정과목으로 옳은 것은?

> (가) 영업사원의 명함제작비용
> (나) 거래처 (주)공인의 창사기념일 축하 선물비

|   | (가) | (나) |
|---|------|------|
| ① | 통신비 | 복리후생비 |
| ② | 도서인쇄비 | 접대비 |
| ③ | 여비교통비 | 수수료비용 |
| ④ | 도서인쇄비 | 기부금 |

[5] 다음 자료를 토대로 (주)한공이 보유하고 있는 매도가능증권의 취득원가를 계산하면 얼마인가?

> 가. 상장되어 있는 (주)공인의 주식 700주를 주당 8,000원(액면 5,000원)에 취득하였다.
> 나. 취득수수료는 560,000원이다.

① 3,500,000원                          ② 4,060,000원
③ 5,600,000원                          ④ 6,160,000원

[6] 다음은 (주)한공의 기계장치 관련 자료이다. 20x2년 6월 30일에 기록될 유형자산처분손익은 얼마인가?

> • 20x0년 1월 1일 : 취득원가 5,000,000원
> • 20x1년 12월 31일 : 감가상각누계액은 2,000,000원이다.
> • 20x2년 6월 30일 : 2,700,000원에 현금으로 처분하였음
> • 정액법 상각 (내용연수 5년, 잔존가치 없음, 월할상각)

① 유형자산처분손실 200,000원      ② 유형자산처분손실 300,000원
③ 유형자산처분이익 200,000원      ④ 유형자산처분이익 300,000원

[7] 다음 비유동자산 중 감가상각대상이 <u>아닌</u> 것으로 짝지어진 것은?

> 가. 토지      나. 건물      다. 구축물
> 라. 건설중인자산      마. 기계장치

① 가, 라      ② 나, 다
③ 다, 마      ④ 라, 마

[8] 다음 중 부가가치세법상 사업자등록에 대하여 **잘못** 설명한 사람은?

> 해원 : 국가와 지방자치단체는 부가가치세법상 사업자에 해당되지 않아 사업자 등록 의무가 없어.
> 지수 : 일시적, 우발적으로 재화 또는 용역을 공급하는 자는 사업자 등록 의무가 없어.
> 주현 : 사업자의 사망으로 상속이 개시된 경우에는 폐업으로 보지 않고 사업자등록의 정정사유로 보는 거야.
> 민정 : 관할세무서장은 사업자가 사업자등록신청을 하지 않은 경우 직권등록을 할 수 있어.

① 해원      ② 지수      ③ 주현      ④ 민정

[9] 다음 중 부가가치세법상 재화 또는 용역의 공급시기로 옳은 것은?
① 현금판매 : 대금이 지급된 때
② 재화의 공급으로 보는 가공 : 재화의 가공이 완료된 때
③ 장기할부조건부 용역의 공급 : 대가의 각 부분을 받기로 한 때
④ 공급단위를 구획할 수 없는 용역의 계속적 공급 : 용역의 공급을 완료한 때

[10] 다음은 도매업을 영위하는 (주)한공의 20x1년 제1기 확정신고기간(20x1.4.1.~20x1.6.30.) 자료이다. 이를 토대로 부가가치세 과세표준을 계산하면 얼마인가? (단, 주어진 자료의 금액은 부가가치세가 포함되어 있지 않은 금액이며, 세금계산서 등 필요한 증빙서류는 적법하게 발급하였다.)

| | |
|---|---:|
| 가. 외상판매액 | 15,000,000원 |
| 나. 10개월 할부판매(할부이자상당액 300,000원 포함) | 5,300,000원 |
| 다. 견본품 제공액 | 2,000,000원 |
| 라. 토지매각액 | 10,000,000원 |

① 20,000,000원　　　　　　　　　② 20,300,000원
③ 27,000,000원　　　　　　　　　④ 30,300,000원

### 실무수행평가

(주)스마토리(3720)는 휴대폰 액세사리를 도·소매하는 법인으로 회계기간은 제5기(20x1.1.1.~20x1.12. 31.)이다. 제시된 자료와 [자료설명]을 참고하여 [수행과제]를 완료하고 [평가문제]의 물음에 답하시오.

## 실무수행1  기초정보관리의 이해

회계관련 기초정보는 입력되어 있다. [자료설명]을 참고하여 [수행과제]를 수행하시오.

① 거래처별 초기이월

**지급어음 명세서**

| 거래처명 | 적요 | 금액 | 비 고 |
|---|---|---|---|
| (주)세교상사 | 상품대금<br>어음지급 | 5,000,000원 | 어음수령일 : 20x0.11.30.<br>어 음 종 류 : 전자어음<br>만 기 일 : 20x1.5.31.<br>발 행 일 자 : 20x0.11.30.<br>어 음 번 호 : 00420231130123456789<br>금 융 기 관 : 국민은행(당좌) |

| 자료설명 | (주)스마토리의 전기분 재무제표는 이월받아 등록되어 있다. |
|---|---|
| 수행과제 | 지급어음에 대한 거래처별 초기이월사항을 입력하시오.(단, 등록된 어음을 사용할 것.) |

2 전기분 손익계산서의 입력수정

# 손 익 계 산 서

제4(당)기 20x0년 1월 1일부터 20x0년 12월 31일까지
제3(전)기 20y0년 1월 1일부터 20y0년 12월 31일까지

(주)스마토리                                                                                              (단위 : 원)

| 과 목 | 제4(당)기 | | 제3(전)기 | |
|---|---|---|---|---|
| | 금 액 | | 금 액 | |
| I. 매    출    액 | | 300,000,000 | | 177,000,000 |
| 상 품 매 출 | 300,000,000 | | 177,000,000 | |
| II. 매    출    원    가 | | 160,000,000 | | 107,740,000 |
| 상 품 매 출 원 가 | | 160,000,000 | | 107,740,000 |
| 기 초 상 품 재 고 액 | 10,000,000 | | 19,920,000 | |
| 당 기 상 품 매 입 액 | 175,000,000 | | 97,820,000 | |
| 기 말 상 품 재 고 액 | 25,000,000 | | 10,000,000 | |
| III. 매   출   총   이   익 | | 140,000,000 | | 69,260,000 |
| IV. 판 매 비 와 관 리 비 | | 43,310,000 | | 21,745,000 |
| 급            여 | 16,000,000 | | 12,000,000 | |
| 복 리 후 생 비 | 2,100,000 | | 950,000 | |
| 여 비 교 통 비 | 1,500,000 | | 650,000 | |
| 접대비(기업업무추진비) | 1,000,000 | | 700,000 | |
| 통         신         비 | 3,600,000 | | 450,000 | |
| 수 도 광 열 비 | 2,300,000 | | 375,000 | |
| 세 금 과 공 과 금 | 4,100,000 | | 120,000 | |
| 감 가 상 각 비 | 3,240,000 | | 700,000 | |
| 보         험         료 | 1,000,000 | | 1,200,000 | |
| 차 량 유 지 비 | 4,970,000 | | 3,600,000 | |
| 운         반         비 | 1,300,000 | | 500,000 | |
| 소 모 품 비 | 2,200,000 | | 500,000 | |
| V. 영    업    이    익 | | 96,690,000 | | 47,515,000 |
| VI. 영 업 외 수 익 | | 4,100,000 | | 2,100,000 |
| 이 자 수 익 | 4,100,000 | | 2,100,000 | |
| VII. 영 업 외 비 용 | | 5,400,000 | | 800,000 |
| 이 자 비 용 | 5,400,000 | | 800,000 | |
| VIII. 법 인 세 차 감 전 순 이 익 | | 95,390,000 | | 48,815,000 |
| IX. 법    인    세    등 | | 2,800,000 | | 750,000 |
| 법 인 세 등 | 2,800,000 | | 750,000 | |
| X. 당 기 순 이 익 | | 92,590,000 | | 48,065,000 |

| 자료설명 | (주)스마토리의 전기(제4기)분 재무제표는 입력되어 있다. |
|---|---|
| 수행과제 | 1. [전기분 손익계산서]의 입력이 누락되었거나 잘못된 부분을 찾아 수정하시오.<br>2. [전기분 이익잉여금처분계산서]의 처분 확정일(20x1년 2월 28일)을 수정하시오. |

## 실무수행2  거래자료 입력

실무프로세스 자료이다. [자료설명]을 참고하여 [수행과제]를 수행하시오.

① 기타 일반거래

<table>
<tr><td>

**전자수입인지 판매 영수증**

손해배상 등의 청구 시 영수증이 필요합니다.
문자메세지 및 상담문의 전화 : 1588-1300

판 매 일 자 : **20x1-01-10** 13:15
판 매 자 : 창구 101 김민중
고유식별번호 : 180830145402877
구 매 자 : (주)스마토리

고유식별번호

판 매 금 액 :                    10,000원

위의 금액을 정히 영수합니다.
20x1-01-10  12:44
서대문 우체국

</td><td>**자료설명**</td><td>법원에 법인 등기변경관련 서류 접수를 위한 전자수입인지를 구입하고 대금은 현금으로 지급하였다.</td></tr>
<tr><td></td><td>**수행과제**</td><td>거래자료를 입력하시오.<br>(단, '세금과공과금'으로 처리할 것.)</td></tr>
</table>

② 3만원초과 거래에 대한 영수증수취명세서 작성

<table>
<tr><td colspan="6">

**영 수 증** (공급받는자용)

NO            **(주)스마토리**      귀하
</td><td>**자료설명**</td><td>상품 판매시 퀵배달 요금을 현금으로 지급하였다. 회사는 이 거래가 지출증명서류미수취가산세 대상인지를 검토하려고 한다.</td></tr>
</table>

| 공급자 | 사업자등록번호 | 120-34-11112 | | | |
|---|---|---|---|---|---|
| | 상 호 | 24퀵서비스 | 성명 | 최재수 | |
| | 사업장소재지 | 서울특별시 은평구 서오릉로 29, 2층 | | | |
| | 업 태 | 서비스 | 종목 | 광고출판물 | |
| 작성일자 | 공급대가총액 | | 비고 | | |
| 20x1.2.20. | 40,000 | | | | |
| 공 급 내 역 | | | | | |
| 월/일 | 품명 | 수량 | 단가 | 금액 | |
| 2/20 | 퀵요금 | 1 | 40,000 | 40,000 | |
| 합 계 | ₩40,000 | | | | |
| 위 금액을 (영수)(청구)함 | | | | | |

**수행과제**
1. 거래자료를 입력하시오.
2. 영수증수취명세서 (2)와 (1)서식을 작성하시오.

③ 증빙에 의한 전표입력

자료 1.

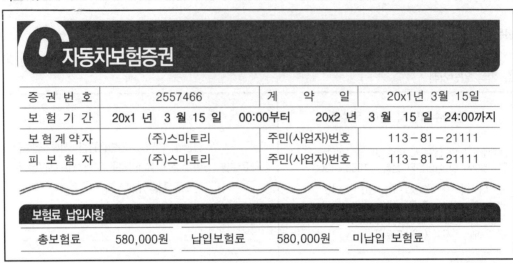

| 증 권 번 호 | 2557466 | 계　약　일 | 20x1년 3월 15일 |
| --- | --- | --- | --- |
| 보 험 기 간 | 20x1 년 3 월 15 일　00:00부터 | | 20x2 년 3 월 15 일 24:00까지 |
| 보 험 계 약 자 | (주)스마토리 | 주민(사업자)번호 | 113 – 81 – 21111 |
| 피 보 험 자 | (주)스마토리 | 주민(사업자)번호 | 113 – 81 – 21111 |

**보험료 납입사항**

| 총보험료 | 580,000원 | 납입보험료 | 580,000원 | 미납입 보험료 | |
| --- | --- | --- | --- | --- | --- |

자료 2. 보통예금(우리은행) 거래내역

| 번호 | 거래일 | 내용 | 찾으신금액 | 맡기신금액 | 잔액 | 거래점 |
| --- | --- | --- | --- | --- | --- | --- |
| | | 계좌번호 542314 – 11 – 00027　(주)스마토리 | | | | |
| 1 | 20x1 - 3 - 15 | 자동차보험 | 580,000 | | *** | *** |

| 자료설명 | 1. 자료 1은 영업부 업무용 승용차의 자동차보험증권이다.<br>2. 자료 2는 보험료를 우리은행 보통예금 계좌에서 이체하여 지급한 내역이다. |
| --- | --- |
| 수행과제 | 거래자료를 입력하시오.(단, '자산'으로 회계처리할 것.) |

④ 약속어음 배서양도

# 전 자 어 음

**(주)스마토리** 귀하　　　　　　　　　00420240120123456789

금　육백만원정　　　　　　　　　　　　　6,000,000원

위의 금액을 귀하 또는 귀하의 지시인에게 지급하겠습니다.

| 지급기일 | 20x1년 3월 20일 | 발행일 | 20x1년 1월 20일 |
| --- | --- | --- | --- |
| 지 급 지 | 국민은행 | 발행지 | 서울특별시 서대문구 충정로7길 31 |
| 지급장소 | 서대문지점 | 주　소 | |
| | | 발행인 | (주)아이폰마켓 |

| 자료설명 | [3월 18일]<br>(주)대한상사의 외상매입금 일부를 결제하기 위해 (주)아이폰마켓에 상품을 매출하고 받은 전자어음을 배서양도 하였다. |
|---|---|
| 수행과제 | 1. 거래자료를 입력하시오.<br>2. 자금관련정보를 입력하여 받을어음 현황에 반영하시오. |

5 통장사본에 의한 거래입력

자료 1. 견적서

NO.  7

# 견 적 서

20x1 년 3 월  29 일

(주)갤럭시세상    귀하

아래와 같이 견적합니다.

| 공급자 | 등록번호 | 113-81-21111 | | |
|---|---|---|---|---|
| | 상호(법인명) | (주)스마토리 | 성명 | 김옥섭 |
| | 사업장주소 | 서울특별시 서대문구 충정로7길 12 | | |
| | 업 태 | 도소매업 | 종목 | 휴대폰 액세사리 |
| | 전화번호 | | | |

합계금액
(공급가액 + 세액)

삼백삼십만원 ( ₩ 3,300,000 )

| 품 명 | 규격 | 수량 | 단가 | 공급가액 | 세액 | 보고 |
|---|---|---|---|---|---|---|
| 휴대폰 거치대 | | 300 | 10,000 | 3,000,000 | 300,000 | |
| 계 | | 300 | 10,000 | 3,000,000 | 300,000 | |

자료 2. 보통예금(기업은행) 거래내역

| 번호 | 거래일 | 내 용 | 찾으신금액 | 맡기신금액 | 잔 액 | 거래점 |
|---|---|---|---|---|---|---|
| | | 계좌번호 096-24-0094-123  (주)스마토리 | | | | |
| 1 | 20x1-3-29 | (주)갤럭시세상 | | 330,000 | *** | *** |

| 자료설명 | 1. 자료 1은 (주)갤럭시세상에 상품을 판매하기 위해 발급한 견적서이다.<br>2. 자료 2는 공급대가의 10%(계약금)를 기업은행 보통예금 계좌로 입금 받은 내역이다. |
|---|---|
| 수행과제 | 거래자료를 입력하시오. |

## 실무수행3 | 부가가치세

부가가치세 신고 관련 자료이다. [자료설명]을 참고하여 [수행과제]를 수행하시오.

① 과세매출자료의 전자세금계산서발행

### 거 래 명 세 서
(공급자 보관용)

| 공급자 | 등록번호 | 113-81-21111 | | | 공급받는자 | 등록번호 | 314-81-17506 | | |
|---|---|---|---|---|---|---|---|---|---|
| | 상호 | (주)스마토리 | 성명 | 김옥섭 | | 상호 | (주)앤텔레콤 | 성명 | 이재용 |
| | 사업장주소 | 서울특별시 서대문구 충정로7길 12 (충정로2가) | | | | 사업장주소 | 경기도 수원시 팔달구 매산로 10 (매산로1가) | | |
| | 업태 | 도소매업 | 종사업장번호 | | | 업태 | 도소매업 | 종사업장번호 | |
| | 종목 | 휴대폰 액세사리 | | | | 종목 | 휴대폰 액세사리 | | |

| 거래일자 | 미수금액 | 공급가액 | 세액 | 총 합계금액 |
|---|---|---|---|---|
| 20x1.7.5. | | 6,000,000 | 600,000 | 6,600,000 |

| NO | 월 | 일 | 품목명 | 규격 | 수량 | 단가 | 공급가액 | 세액 | 합계 |
|---|---|---|---|---|---|---|---|---|---|
| 1 | 7 | 5 | 휴대폰 필름 | | 2,000 | 3,000 | 6,000,000 | 600,000 | |

| 비 고 | 전미수액 | 당일거래총액 | 입금액 | 미수액 | 인수자 |
|---|---|---|---|---|---|
| | | 6,600,000 | 1,000,000 | 5,600,000 | |

| 자료설명 | 1. 상품을 판매하고 발급한 거래명세서이다.<br>2. 대금 중 1,000,000원은 6월 20일 계약금으로 받았으며, 잔액은 외상으로 하였다. |
|---|---|
| 수행과제 | 1. 거래명세서에 의해 매입매출자료를 입력하시오.<br>2. 전자세금계산서 발행 및 내역관리 를 통하여 발급 및 전송하시오.<br>(전자세금계산서 발급 시 결제내역 및 전송일자는 고려하지 말 것.) |

② 매입거래

| 전자세금계산서 | | | (공급받는자 보관용) | | | 승인번호 | | 2022010355 | |
|---|---|---|---|---|---|---|---|---|---|

<table>
<tr><td rowspan="7">공급자</td><td>등록번호</td><td colspan="3">825-86-00742</td><td rowspan="7">공급받는자</td><td>등록번호</td><td colspan="3">113-81-21111</td></tr>
<tr><td>상호</td><td>미래회계법인</td><td>성명<br>(대표자)</td><td>백경호</td><td>상호</td><td>(주)스마토리</td><td>성명<br>(대표자)</td><td>김옥섭</td></tr>
<tr><td>사업장<br>주소</td><td colspan="3">서울특별시 남부순환로 2606, 8층</td><td>사업장<br>주소</td><td colspan="3">서울특별시 서대문구 충정로7길 12<br>(충정로2가)</td></tr>
<tr><td>업태</td><td>서비스업</td><td colspan="2">종사업장번호</td><td>업태</td><td>도소매업</td><td colspan="2">종사업장번호</td></tr>
<tr><td>종목</td><td colspan="3">공인회계사</td><td>종목</td><td colspan="3">휴대폰 액세사리</td></tr>
<tr><td>E-Mail</td><td colspan="3">mirae@naver.com</td><td>E-Mail</td><td colspan="3">smartory@bill36524.com</td></tr>
</table>

| 작성일자 | 20x1.7.20. | 공급가액 | 1,500,000 | 세 액 | 150,000 |
|---|---|---|---|---|---|
| 비고 | | | | | |

| 월 | 일 | 품목명 | 규격 | 수량 | 단가 | 공급가액 | 세액 | 비고 |
|---|---|---|---|---|---|---|---|---|
| 7 | 20 | 컨설팅 수수료 | | | | 1,500,000 | 150,000 | |
| | | | | | | | | |

| 합계금액 | 현금 | 수표 | 어음 | 외상미수금 | 이 금액을 | ◉ 영수<br>○ 청구 | 함 |
|---|---|---|---|---|---|---|---|
| 1,650,000 | | | | | | | |

| 자료설명 | 1. 내부회계관리제도 컨설팅 자문 수수료를 지급하고 발급 받은 전자세금계산서이다.<br>2. 자문 수수료는 우리은행 보통예금 계좌에서 이체하여 지급하였다. |
|---|---|
| 수행과제 | 매입매출전표를 입력하시오.<br>(전자세금계산서 거래는 '전자입력'으로 입력할 것.) |

③ 매출거래

```
        카드매출전표
------------------------------
카드종류 : 우리카드
회원번호 : 1561-2415-****-3**2
거래일시 : 20x1.7.30. 10:15:22
거래유형 : 신용승인
매    출 :  100,000원
부 가 세 :   10,000원
합    계 :  110,000원
결제방법 : 일시불
가맹점번호 : 414095907
------------------------------
가맹점명 : (주)스마토리
      - 이 하 생 략 -
```

| 자료설명 | 상품(휴대폰 가죽지갑)을 개인(이민우)에게 판매하고 발급한 신용카드 매출전표이다. |
|---|---|
| 수행과제 | 매입매출자료를 입력하시오.<br>(단, '외상매출금' 계정으로 처리할 것.) |

④ 매입거래

| 전자세금계산서 | | (공급받는자 보관용) | | | | 승인번호 | | | |
|---|---|---|---|---|---|---|---|---|---|

| 공급자 | 등록번호 | 268-88-00787 | | | 공급받는자 | 등록번호 | 113-81-21111 | | |
|---|---|---|---|---|---|---|---|---|---|
| | 상호 | (주)에스스킨 | 성명<br>(대표자) | 이정건 | | 상호 | (주)스마토리 | 성명<br>(대표자) | 김옥섭 |
| | 사업장<br>주소 | 경기도 용인시 기흥구 관곡로 92-1,<br>6층 | | | | 사업장<br>주소 | 서울특별시 서대문구 충정로7길 12<br>(충정로2가) | | |
| | 업태 | 제조 | 종사업장번호 | | | 업태 | 도소매업 | 종사업장번호 | |
| | 종목 | 기능성화장품 | | | | 종목 | 휴대폰 액세서리 | | |
| | E-Mail | sskin@naver.com | | | | E-Mail | smartory@bill36524.com | | |

| 작성일자 | 20x1.8.10. | 공급가액 | 2,000,000 | 세 액 | 200,000 |
|---|---|---|---|---|---|
| 비고 | | | | | |

| 월 | 일 | 품목명 | 규격 | 수량 | 단가 | 공급가액 | 세액 | 비고 |
|---|---|---|---|---|---|---|---|---|
| 8 | 10 | 화장품세트 | | 40 | 50,000 | 2,000,000 | 200,000 | |
| | | | | | | | | |
| | | | | | | | | |
| | | | | | | | | |

| 합계금액 | 현금 | 수표 | 어음 | 외상미수금 | 이 금액을 | ● 영수<br>○ 청구 | 함 |
|---|---|---|---|---|---|---|---|
| 2,200,000 | | | | | | | |

| 자료설명 | 매출거래처에 선물할 화장품세트를 구입하고, 대금은 전액 우리은행 보통예금 계좌에서 이체지급하였다. |
|---|---|
| 수행과제 | 매입매출자료를 입력하시오.(전자세금계산서 거래는 '전자입력'으로 입력할 것.) |

⑤ 매입거래

| | |
|---|---|
| **신용카드매출전표**<br><br>가 맹 점 명   쿠팡(주)<br>사 업 자 번 호   120 − 88 − 00767<br>대 표 자 명   강한승<br>주        소   서울특별시 송파구 송파대로 570<br><br><br>농 협 카 드                                신용승인<br>거 래 일 시   **20x1 − 09 − 08 오전 09:40:12**<br>카 드 번 호        8844 − 2211 − ∗∗∗∗ − 49∗∗<br>유 효 기 간                                    ∗∗/∗∗<br>가 맹 점 번 호                          186687393<br>매   입   사  : 농협카드(전자서명전표)<br><br>부가가치세물품가액                  1,200,000원<br>부 가 가 치 세                          120,000원<br>합 계 금 액                          1,320,000원<br><br>20240908/10062411/00046160 | **자료설명**<br>사무실 냉난방기를 구입하고 받은 신용카드매출전표이다.<br><br>**수행과제**<br>1. 매입매출자료를 입력하시오.<br>   (단, 자산으로 처리할 것.)<br>2. [고정자산등록]에 고정자산을 등록(코드 : 1001,  자산명 : 냉난방기,  상각방법 : 정률법, 내용연수  5년,  경비구분 : 800번대)하시오. |

⑥ 부가가치세신고서에 의한 회계처리

■ 보통예금(우리은행) 거래내역

| 번호 | 거래일 | 내용 | 찾으신금액 | 맡기신금액 | 잔액 | 거래점 |
|---|---|---|---|---|---|---|
| | | 계좌번호 542314 − 11 − 00027   (주)스마토리 | | | | |
| 1 | 20x1 − 8 − 05 | 서대문세무서 | | 302,000 | ∗∗∗ | ∗∗∗ |

| 자료설명 | 제1기 부가가치세 확정신고와 관련된 부가가치세 조기환급세액이 우리은행 보통예금 계좌에 입금되었음을 확인하였다. |
|---|---|
| 수행과제 | 6월 30일에 입력된 일반전표를 참고하여 환급세액에 대한 회계처리를 하시오.(단, 저장된 부가가치세신고서를 이용하고 거래처 코드를 입력할 것.) |

## 실무수행4    결산

[결산자료]를 참고하여 결산을 수행하시오.(단, 제시된 자료 이외의 자료는 없다고 가정함.)

① 수동결산 및 자동결산

| 결산자료 | 1. 기말 현재 장기차입금의 내역은 다음과 같다. |
|---|---|

| 항목 | 금액 | 발생일 | 만기일 | 비고 |
|---|---|---|---|---|
| 신한은행(차입금) | 50,000,000원 | 2022.09.01. | 2025.09.01. | 만기 일시상환 |
| 카카오뱅크(차입금) | 40,000,000원 | 2022.06.30. | 2026.06.30. | 만기 일시상환 |
| 계 | 90,000,000원 | | | |

2. 기말 상품재고액은 28,000,000원이다.
3. 이익잉여금처분계산서 처분 예정(확정)일
  - 당기분 : 20x2년 2월 28일
  - 전기분 : 20x1년 2월 28일

| 평가문제 | 1. 수동결산 또는 자동결산 메뉴를 이용하여 결산을 완료하시오. |
|---|---|

2. 12월 31일을 기준으로 '손익계산서 ➡ 이익잉여금처분계산서 ➡ 재무상태표'를 순서대로 조회 작성하시오.
  (단, 이익잉여금처분계산서 조회 작성 시 '저장된 데이터 불러오기' ➡ '아니오' 선택 ➡ 상단부의 '전표추가'를 이용하여 '손익대체분개'를 수행할 것.)

## 평가문제 │ 실무수행평가 (62점)

입력자료 및 회계정보를 조회하여 [평가문제]의 답안을 입력하시오.

| 번호 | 평가문제 | 배점 |
|---|---|---|
| 11 | **평가문제 [일/월계표 조회]**<br>1/4분기(1월 ~ 3월) 발생한 '판매관리비' 금액은 얼마인가? | 4 |
| 12 | **평가문제 [일/월계표 조회]**<br>7월(7/1 ~ 7/31)한달 동안 '외상매출금' 증가액은 얼마인가? | 3 |
| 13 | **평가문제 [일/월계표 조회]**<br>다음 판매관리비 계정 중 3/4분기(7월 ~ 9월) 발생액이 가장 큰 계정과목은?<br>① 여비교통비　　　　　　　② 접대비(기업업무추진비)<br>③ 세금과공과금　　　　　　④ 보험료 | 3 |
| 14 | **평가문제 [거래처원장 조회]**<br>12월 말 현재 각 계정과목의 거래처별 잔액이 옳지 않은 것은?<br>① 108.외상매출금　(99700.우리카드)　　　110,000원<br>② 251.외상매입금　(00104.(주)대한상사)　15,300,000원<br>③ 253.미지급금　　(99605.농협카드)　　　5,610,000원<br>④ 261.미지급세금　(03100.서대문세무서) 2,283,000원 | 3 |
| 15 | **평가문제 [현금출납장 조회]**<br>2월 말 현금 잔액은 얼마인가? | 3 |
| 16 | **평가문제 [합계잔액시산표 조회]**<br>3월 말 현재 '외상매입금' 잔액은 얼마인가? | 3 |
| 17 | **평가문제 [합계잔액시산표 조회]**<br>7월 말 현재 '선수금' 잔액은 얼마인가? | 3 |
| 18 | **평가문제 [손익계산서 조회]**<br>1월 ~ 9월 발생한 '판매비와관리비'의 전기(4기) 대비 증감내역이 옳지 않은 것은?<br>① 보험료 1,340,000원 증가　　　② 운반비 300,000원 감소<br>③ 도서인쇄비 110,000원 증가　　④ 수수료비용 1,600,000원 증가 | 3 |
| 19 | **평가문제 [손익계산서 조회]**<br>당기에 발생한 '상품매출원가' 금액은 얼마인가? | 3 |
| 20 | **평가문제 [재무상태표 조회]**<br>12월 말 현재 '미수금' 잔액은 얼마인가? | 3 |

| 번호 | 평가문제 | 배점 |
|---|---|---|
| 21 | **평가문제 [재무상태표 조회]**<br>12월 말 현재 '선급비용' 잔액은 얼마인가? | 3 |
| 22 | **평가문제 [재무상태표 조회]**<br>12월 말 현재 '비유동부채' 금액은 얼마인가? | 3 |
| 23 | **평가문제 [재무상태표 조회]**<br>12월 말 '이월이익잉여금(미처분이익잉여금)' 잔액은 얼마인가?<br>① 454,388,690원　　　　　② 455,168,690원<br>③ 457,520,300원　　　　　④ 458,600,000원 | 2 |
| 24 | **평가문제 [영수증수취명세서 조회]**<br>[영수증수취명세서(1)]에 작성된 3만원 초과 거래분 중 '12.명세서제출 대상' 금액은 얼마인가? | 4 |
| 25 | **평가문제 [부가가치세신고서 조회]**<br>제2기 예정(7월 1일~9월 30일) 신고기간 부가가치세신고서의 '그밖의공제매입세액명세(14번란)_신용카드매출전표수취/고정(42번란)' 금액(공급가액)은 얼마인가? | 4 |
| 26 | **평가문제 [세금계산서합계표 조회]**<br>제2기 예정 신고기간의 매출 전자세금계산서의 공급가액은 얼마인가? | 4 |
| 27 | **평가문제 [고정자산관리대장 조회]**<br>비품의 당기말상각누계액은 얼마인가? | 2 |
| 28 | **평가문제 [예적금현황 조회]**<br>3월 말 현재 은행별 보통예금 잔액으로 옳은 것은?<br>① 국민은행(당좌)　55,000,000원　　② 국민은행(보통)　249,600,000원<br>③ 기업은행(보통)　45,230,000원　　④ 우리은행(보통)　52,600,000원 | 3 |
| 29 | **평가문제 [받을어음현황 조회]**<br>만기일이 20x1년 1월 1일 ~ 20x1년 3월 31일에 해당하는 '받을어음'의 미보유 합계금액은 총 얼마인가? | 3 |
| 30 | **평가문제 [지급어음현황 조회]**<br>20x1년 5월에 만기일이 도래하는 '지급어음'의 거래처 코드 5자리를 입력하시오. | 3 |
| | 총 점 | 62 |

## 평가문제 | 회계정보분석 (8점)

회계정보를 조회하여 [회계정보분석] 답안을 입력하시오.

31. 손익계산서 조회 (4점)

매출액순이익률이란 매출액에 대한 당기순이익의 비율을 보여주는 지표이다. (주)스마토리의 전기 매출액순이익률을 계산하면 얼마인가?(단, 소숫점 이하는 버림 할 것.)

$$매출액순이익률(\%) = \frac{당기순이익}{매출액} \times 100$$

① 30%                                    ② 35%
③ 38%                                    ④ 42%

32. 재무상태표 조회 (4점)

유동비율이란 기업의 단기 지급능력을 평가하는 지표이다. (주)스마토리의 전기 유동비율은 얼마인가?(단, 소숫점 이하는 버림 할 것.)

$$유동비율(\%) = \frac{유동자산}{유동부채} \times 100$$

① 470%                                   ② 492%
③ 514%                                   ④ 529%

## 실무이론평가

| 1 | 2 | 3 | 4 | 5 | 6 | 7 | 8 | 9 | 10 |
|---|---|---|---|---|---|---|---|---|---|
| ③ | ① | ② | ② | ④ | ③ | ① | ① | ③ | ② |

**01** (차) 당좌예금(자산의 증가)　　　　XXX　　(대) 받을어음(자산의 감소)　　　　XXX

**02** 손익계산서는 **경영성과**를 나타낼 뿐 아니라 기업의 **미래현금흐름과 수익창출능력 등의 예측**에 유용한 정보를 제공한다.

**03** (차) 현　　　　금　　　1,400,000원　　(대) 상품매출　　　　3,000,000원
　　　받 을 어 음　　　600,000원
　　　외상매출금　　　1,000,000원

매출채권 금액 = 받을어음(600,000) + 외상매출금(1,000,000) = 1,600,000원

**04** (가) 도서인쇄비, (나) 접대비(기업업무추진비)

**05** 매도가능증권의 **취득원가는 취득금액과 취득수수료의 합계**이다. 액면금액은 취득원가와 관련이 없다.
매도가능증권의 취득원가 = (700주×8,000원) + 560,000원 = 6,160,000원

**06** 감가상각비 = 취득가액(5,000,000) ÷ 내용연수(5년) = 1,000,000원/년
감가상각누계액(x2.6.30) = 연 감가상각비(1,000,000) × 2.5년 = 2,500,000원
처분손익 = 처분가액(2,700,000) - 장부가액(5,000,000 - 2,500,000) = +200,000원(이익)

(차) 현금　　　　2,700,000원　　(대) 기계장치　　　　5,000,000원
　　감가상각누계액　　2,500,000원　　　　유형자산처분이익　　200,000원

**07** 토지와 건설중인자산은 감가상각자산의 대상이 아니다.

**08** 국가와 지방자치단체는 부가가치세법상 사업자에 해당한다.

**09** ① 현금판매 : **재화가 인도되거나 이용가능**하게 된 때
　　② 재화의 공급으로 보는 가공 : **가공된 재화를 인도**하는 때
　　④ 공급단위를 구획할 수 없는 용역의 계속적 공급 : **대가의 각 부분을 받기로 한 때**

**10** 과세표준 = 외상판매액(15,000,000) + 할부판매액(5,300,000원) = 20,300,000원
**견본품의 제공은 재화의 공급이 아니고, 토지매각은 면세에 해당**된다.

### ■■■■■■■ 실무수행평가

## 실무수행 1. 기초정보관리의 이해

① 거래처별 초기이월
  - 지급어음 정보 입력

| 코드 | 거래처명 | 만기일자 | 어음번호 | 금액 |
|---|---|---|---|---|
| 30122 | (주)세교상사 | 20x1-05-31 | 00420231130123456789 | 5,000,000 |

지급어음 상세등록
1. 지급은행  98000  국민은행(당좌)
   역삼                          지점
2. 발행일자  20x1-11-30
3. 어음종류  4.전자

② 전기분 손익계산서의 입력수정

1. [전기분 손익계산서]
  - 812.여비교통비 15,000,000원을 1,500,000원으로 수정
  - 998.법인세등 2,800,000원을 추가입력
2. [전기분 이익잉여금처분계산서]
  - 처분확정일 20x1년 2월 28일 수정입력

## 실무수행 2. 거래자료 입력

① 기타 일반거래 [일반전표입력] 1월 10일

  (차) 세금과공과금          10,000원    (대) 현금          10,000원

② 3만원초과 거래에 대한 영수증수취명세서 작성

1. [일반전표입력] 2월 20일

  (차) 운반비(판)          40,000원    (대) 현금          40,000원

2. [영수증수취명세서] 작성
(1) 영수증 수취명세서(2)

| | 거래일자 | 상 호 | 성 명 | 사업장 | 사업자등록번호 | 거래금액 | 구분 | 계정코드 | 계정과목 | 적요 |
|---|---|---|---|---|---|---|---|---|---|---|
| ☐ | 20x1-01-25 | 화영마트 | 김화영 | 서울특별시 서대문구 출정 | 119-92-10506 | 200,000 | | 830 | 소모품비 | |
| ☐ | 20x1-03-22 | 과자세상 | 이세상 | 서울특별시 서대문구 출정 | 104-81-17480 | 500,000 | | 813 | 접대비(기업업무추진비 | |
| ☐ | 20x1-05-17 | 이성천 | 이성천 | | 770219-1785415 | 150,000 | 18 | 811 | 복리후생비 | |
| ☐ | 20x1-02-02 | 24퀵서비스 | 최재수 | 서울특별시 은평구 서오릉 | 120-34-11112 | 40,000 | | 824 | 운반비 | |

(2) 영수증 수취명세서(2)

| 1. 세금계산서, 계산서, 신용카드 등 미사용내역 | | | |
|---|---|---|---|
| 9. 구분 | 3만원 초과 거래분 | | |
| | 10. 총계 | 11. 명세서제출 제외대상 | 12. 명세서제출 대상(10-11) |
| 13. 건수 | 4 | 1 | 3 |
| 14. 금액 | 890,000 | 150,000 | 740,000 |

③ 증빙에 의한 전표입력 [일반전표입력] 3월 15일

    (차) 선급비용            580,000원      (대) 보통예금(우리은행(보통))      580,000원

④ 약속어음 배서양도 [일반전표입력] 3월 18일

    (차) 외상매입금((주)대한상사)    6,000,000원      (대) 받을어음((주)아이폰마켓)      6,000,000원
[받을어음 관리]

| 어음상태 | 3 | 배서 | 어음번호 | 00420240120123456789 | 수취구분 | 1 | 자수 | 발행일 | 20x1-01-20 | 만기일 | 20x1-03-20 |
|---|---|---|---|---|---|---|---|---|---|---|---|
| 발행인 | 04520 | (주)아이폰마켓 | | | 지급은행 | 100 | 국민은행 | | | 지 점 | 서대문 |
| 배서인 | | | 할인기관 | | 지 점 | | | 할인율 (%) | | 어음종류 | 6 | 전자 |
| 지급거래처 | 00104 | (주)대한상사 | | | ※ 수령된 어음을 타거래처에 지급하는 경우에 입력합니다. | | | | | | |

⑤ 통장사본에 의한 거래입력 [일반전표입력] 3월 29일

    (차) 보통예금(기업은행(보통))    330,000원      (대) 선수금((주)갤럭시세상)      330,000원

## 실무수행 3. 부가가치세

① 과세매출자료의 전자세금계산서발행

1. [매입매출전표입력] 7월 5일

| 거래유형 | 품명 | 공급가액 | 부가세 | 거래처 | 전자세금 |
|---|---|---|---|---|---|
| 11.과세 | 휴대폰 필름 | 6,000,000 | 600,000 | (주)앤텔레콤 | 전자발행 |
| 분개유형 | (차) 선수금 | 1,000,000원 | (대) 상품매출 | | 6,000,000원 |
| 3.혼합 | 외상매출금 | 5,600,000원 | 부가세예수금 | | 600,000원 |

2. [전자세금계산서 발행 및 내역관리] 기출문제 77회 참고

② 매입거래 [매입매출전표입력] 7월 20일

| 거래유형 | 품명 | 공급가액 | 부가세 | 거래처 | 전자세금 |
|---|---|---|---|---|---|
| 51.과세 | 컨설팅 수수료 | 1,500,000 | 150,000 | 미래회계법인 | 전자입력 |
| 분개유형 | (차) 수수료비용(판) | 1,500,000원 | (대) 보통예금 | | 1,650,000원 |
| 3.혼합 | 부가세대급금 | 150,000원 | (우리은행(보통)) | | |

③ 매출거래 [매입매출전표입력] 7월 30일

| 거래유형 | 품명 | 공급가액 | 부가세 | 거래처 | 전자세금 |
|---|---|---|---|---|---|
| 17.카과 | 휴대폰 가죽지갑 | 100,000 | 10,000 | 이민우 | |
| 분개유형 | (차) 외상매출금 | 110,000원 | (대) 상품매출 | | 100,000원 |
| 4.카드(외상) | (우리카드) | | 부가세예수금 | | 10,000원 |

④ 매입거래 [매입매출전표입력] 8월 10일

| 거래유형 | 품명 | 공급가액 | 부가세 | 거래처 | 전자세금 |
|---|---|---|---|---|---|
| 54.불공 | 화장품세트 | 2,000,000 | 200,000 | (주)에스스킨 | 전자입력 |
| 불공제사유 | 9. 접대비 관련 매입세액 | | | | |
| 분개유형 | (차) 접대비(판) | 2,200,000원 | (대) 보통예금 | | 2,200,000원 |
| 3.혼합 | (기업업무추진비) | | (우리은행(보통)) | | |

⑤ 매입거래 [매입매출전표입력] 9월 8일

| 거래유형 | 품명 | 공급가액 | 부가세 | 거래처 | 전자세금 |
|---|---|---|---|---|---|
| 57.카과 | 냉난방기 | 1,200,000 | 120,000 | 쿠팡(주) | |
| 분개유형 | (차) 비품 | 1,200,000원 | (대) 미지급금 | | 1,320,000원 |
| 4.카드(혼합) | 부가세대급금 | 120,000원 | (농협카드) | | |

[고정자산등록] 212.비품, 1001, 냉난방기, 취득일 : 20x1 - 09 - 08

⑥ 부가가치세신고서에 의한 회계처리 [일반전표입력] 8월 5일

(차) 보통예금(우리은행(보통))   302,000원   (대) 미수금(서대문세무서)   302,000원

- 6월 30일 조회

(차) 부가세예수금   5,578,000원   (대) 부가세대급금   5,870,000원
미수금(서대문세무서)   302,000원   잡이익   10,000원

## 실무수행 4. 결산

① 수동결산 및 자동결산

1. 수동결산 및 자동결산

[일반전표입력] 12월 31일

(차) 장기차입금   50,000,000원   (대) 유동성장기부채   50,000,000원
(신한은행(차입금))   (신한은행(차입금))

[결산자료입력] 1월 ~ 12월
- 기말상품재고액 28,000,000원을 입력한다.
- 상단부 전표추가(F3) 를 클릭하면 [일반전표입력] 메뉴에 분개가 생성된다.

(차) 상품매출원가   215,187,000원   (대) 상품   215,187,000원
상품매출원가 = 기초재고액(25,000,000) + 당기매입액(218,187,000) - 기말재고액(28,000,000)
= 215,187,000원

2. [재무제표 등 작성]
- 손익계산서 ➡ 이익잉여금처분계산서(처분일 입력 후 '전표추가' 클릭 ➡ 재무상태표를 조회 작성한다.

## 평가문제. 실무수행평가 (62점)

| 번호 | 평가문제 | 배점 | 답 |
|---|---|---|---|
| 11 | **평가문제 [일/월계표 조회]** | 4 | (111,190,000)원 |
| 12 | **평가문제 [일/월계표 조회]** | 3 | (24,410,000)원 |
| 13 | **평가문제 [일/월계표 조회]** | 3 | ② |

| 번호 | 평가문제 | 배점 | 답 |
|------|----------|------|-----|
| 14 | 평가문제 [거래처원장 조회] | 3 | ② |
| 15 | 평가문제 [현금출납장 조회] | 3 | (39,174,000)원 |
| 16 | 평가문제 [합계잔액시산표 조회] | 3 | (65,170,000)원 |
| 17 | 평가문제 [합계잔액시산표 조회] | 3 | (830,000)원 |
| 18 | 평가문제 [손익계산서 조회] | 3 | ④ |
| 19 | 평가문제 [손익계산서 조회] | 3 | (215,187,000)원 |
| 20 | 평가문제 [재무상태표 조회] | 3 | (6,123,000)원 |
| 21 | 평가문제 [재무상태표 조회] | 3 | (700,000)원 |
| 22 | 평가문제 [재무상태표 조회] | 3 | (40,000,000)원 |
| 23 | 평가문제 [재무상태표 조회] | 2 | ① |
| 24 | 평가문제 [영수증수취명세서 조회] | 4 | (740,000)원 |
| 25 | 평가문제 [부가가치세신고서 조회] | 4 | (1,200,000)원 |
| 26 | 평가문제 [세금계산서합계표 조회] | 4 | (86,020,000)원 |
| 27 | 평가문제 [고정자산관리대장 조회] | 2 | (180,400)원 |
| 28 | 평가문제 [예적금현황 조회] | 3 | ③ |
| 29 | 평가문제 [받을어음현황 조회] | 3 | (17,000,000)원 |
| 30 | 평가문제 [지급어음현황 조회] | 3 | (30122) |
| 총 점 | | 62 | |

## 평가문제. 회계정보분석 (8점)

31. 재무상태표 조회 (4점)

① (92,590,000원/300,000,000원)×100≒30%

32. 손익계산서 조회 (4점)

② (518,830,000원/105,430,000원)×100≒492%

Financial Accounting Technician
회계정보처리 자격시험 1급

68회

| 합격율 | 시험년월 |
| --- | --- |
| 61% | 2023.12 |

## 실무이론평가

[1] 다음은 도매업을 영위하는 (주)한공의 손익 분석에 대한 대화장면이다. (가)에 들어갈 수 있는 계정과목은?

> • 영업이익이 전기보다 증가하였는데 당기순이익이 크게 감소한 원인이 무엇인가요?
> • 네, 당기순이익의 감소는 (가)의 증가가 원인입니다.

※ 1차 저작권자의 저작권 침해 소지가 있어 삽화 삽입은 어려우니 양해바랍니다.

① 매출원가                  ② 임차료
③ 이자수익                ④ 유형자산처분손실

[2] 다음 중 비유동부채에 해당되는 것을 모두 고른 것은?

| 가. 유동성장기부채 | 나. 부가세예수금 |
| --- | --- |
| 다. 퇴직급여충당부채 | 라. 사채 |

① 가, 나                 ② 나, 다
③ 다, 라                 ④ 가, 라

[3] 다음 자료를 토대로 (주)한공의 12월말 상품재고액을 계산하면 얼마인가?(총평균법 적용)

### 상 품 재 고 장

(단위 : 개, 원)

| 날짜 | | 적요 | 인 수 | | | 인 도 | | |
|---|---|---|---|---|---|---|---|---|
| | | | 수량 | 단가 | 금액 | 수량 | 단가 | 금액 |
| 12 | 1 | 전월이월 | 300 | 100 | 30,000 | | | |
| | 10 | 매 입 | 500 | 200 | 100,000 | | | |
| | 12 | 매 출 | | | | 200 | XXX | XXX |
| | 20 | 매 입 | 200 | 400 | 80,000 | | | |
| | 25 | 매 출 | | | | 200 | XXX | XXX |

① 50,000원                 ② 84,000원

③ 126,000원             ④ 160,000원

[4] 다음은 도매업을 영위하고 있는 (주)한공의 대손 관련 자료이다. 손익계산서에 계상해야 하는 계정과목과 그 금액은 얼마인가?

- 20x1년 12월 10일 (주)서울의 파산으로 단기대여금 2,000,000원의 회수가 불가능하게 되었다.
- 12월 10일 이전에 설정된 단기대여금에 대한 대손충당금 잔액은 800,000원이다.

① 대손상각비 1,200,000원          ② 기타의대손상각비 1,200,000원

③ 대손상각비 2,000,000원          ④ 기타의대손상각비 2,000,000원

[5] 다음 중 무형자산에 관한 설명으로 옳지 않은 것은?

① 무형자산으로 인식되기 위해서는 식별가능성, 자원에 대한 통제, 미래 경제적효익의 존재라는 조건을 모두 충족해야 한다.

② 신제품을 개발하기 위한 프로젝트의 연구단계에서 발생한 지출은 발생한 기간의 비용으로 처리한다.

③ 무형자산의 상각방법은 정액법만 인정된다.

④ 무형자산의 잔존가치는 없는 것을 원칙으로 한다.

[6] 다음은 (주)한공의 단기매매증권(A주식) 관련 자료이다. 이에 대한 설명으로 옳은 것은?

> • 20x0년 11월 22일   A주식 100주를 1주당 3,000원에 취득하고 취득수수료 2,000원을 지출하였다.
> • 20x0년 12월 31일   A주식의 시가는 1주당 3,500원이다.
> • 20x1년 12월  7일   A주식 전부를 1주당 3,700원에 처분하였다.

① 20x0년 11월 22일 A주식의 취득원가는 302,000원이다.
② 20x0년 12월 31일 재무상태표에 기록될 단기매매증권은 370,000원이다.
③ 20x0년 12월 31일 손익계산서에 기록될 단기매매증권평가이익은 30,000원이다.
④ 20x1년 12월 7일 A주식 처분으로 인식할 단기매매증권처분이익은 20,000원이다.

[7] 다음 회계처리에 대한 설명 중 옳지 않은 것은?
① 직원의 가족동반 야유회비는 복리후생비로 회계처리한다.
② 직원 업무역량 강화를 위한 영어학원 지원비는 교육훈련비로 회계처리한다.
③ 거래처 직원의 결혼축의금은 접대비(기업업무추진비)로 회계처리한다.
④ 회사부담분 건강보험료는 예수금으로 회계처리한다.

[8] 다음 중 부가가치세법상 신고 · 납부에 대한 설명으로 옳은 것은?
① 폐업의 경우 폐업일부터 25일 이내에 신고 · 납부하여야 한다.
② 법인사업자 확정신고의 경우 예정신고 시 이미 신고한 내용을 포함한다.
③ 간이과세자는 해당 과세기간의 공급대가의 합계액이 5,000만원 미만인 경우 납부의무가 면제된다.
④ 개인사업자의 경우 예정 신고기간마다 사업장 관할세무서장이 예정고지세액을 결정하는 것이 원칙이다.

[9] 다음 중 부가가치세법상 재화의 공급시기로 옳지 않은 것은?
① 반환조건부 판매 : 조건이 성취되거나 기한이 지나 판매가 확정되는 때
② 재화의 공급으로 보는 가공의 경우 : 가공을 완성하는 때
③ 장기할부판매 : 대가의 각 부분을 받기로 한 때
④ 외상판매의 경우 : 재화가 인도되거나 이용가능하게 되는 때

**[10]** 다음은 제조업을 영위하는 일반과세자 (주)한공의 20x1년 제2기 부가가치세 확정신고 자료이다. 확정 신고 시 납부할 세액을 계산하면 얼마인가?

> 가. 국내매출액(공급가액) : 100,000,000원
> 나. 하치장 반출액 : 10,000,000원
> 다. 매입세액 : 7,000,000원[기업업무추진비(접대비) 관련 매입세액 2,000,000원 포함]

① 3,000,000원　　　② 4,000,000원　　　③ 5,000,000원　　　④ 6,000,000원

## ■■■ 실무수행평가

(주)강우문구(3680)는 문구용품 등을 도·소매하는 법인으로 회계기간은 제6기(20x1.1.1.~20x1.12.31.)이다. 제시된 자료와 [자료설명]을 참고하여 [수행과제]를 완료하고 [평가문제]의 물음에 답하시오.

## ▌실무수행1 | 기초정보관리의 이해

회계관련 기초정보는 입력되어 있다. [자료설명]을 참고하여 [수행과제]를 수행하시오.

① 사업자등록증에 의한 거래처등록 수정

| 사 업 자 등 록 증<br>(일반과세자)<br>등록번호 : 117 - 81 - 11236<br><br>상　　　　　호 : (주)한국산업<br>대　표　자 : 이경호<br>개 업 년 월 일 : 2010년 4월 4일<br>법인등록번호 : 111111 - 1111112<br>사업장 소재지 : 서울특별시 강남구 역삼로 246<br>사 업 의 종 류 : 업태 도소매업　종목 생활용품<br>교 부 사 유 : 정정<br>사업자단위과세 적용사업자여부 : 여( ) 부( √ )<br>전자세금계산서 전용 메일주소 : korea@bill36524.com<br><br>20x1년 1월 2일<br>역삼 세무서장 | 자료설명 | (주)한국산업의 변경된 사업자등록증 사본을 받았다. |
| | 수행과제 | 사업자등록증의 변경내용을 확인하여 대표자명과 담당자 메일주소를 수정하시오. |

② 계정과목및적요등록 수정

| 자료설명 | (주)강우문구는 판매촉진목적 지출의 '판매촉진비'를 별도로 구분하여 관리하려고 한다. |
|---|---|
| 수행과제 | '850.회사설정계정과목'을 '판매촉진비'로 등록하고, 구분과 표준코드를 입력하시오.<br>- 구분 : 4.경비<br>- 표준코드 : 091.광고선전비 (판매촉진비 포함) |

## 실무수행2  거래자료 입력

실무프로세스 자료이다. [자료설명]을 참고하여 [수행과제]를 수행하시오.

① 증빙에 의한 전표입력

<table>
<tr><td colspan="2">NO.　　　영 수 증 <sub>(공급받는자용)</sub></td></tr>
</table>

| NO. | **영 수 증** (공급받는자용) | | | 자료설명 | 지방 출장중인 회사 영업팀 직원의 식사대금을 현금으로 지급하고 받은 영수증이다. 회사는 이 거래가 지출증명서류미수취가산세 대상인지를 검토하려고 한다. |
|---|---|---|---|---|---|
| | **(주)강우문구** 귀하 | | | | |

영수증 내용:

| 공급자 | 사업자등록번호 | 133-01-42888 | | |
|---|---|---|---|---|
| | 상호 | 나리한정식 | 성명 | 정득남 |
| | 사업장소재지 | 광주광역시 동구 필문대로 104 (계림동) | | |
| | 업태 | 음식업 | 종목 | 한식 |

| 작성일자 | 공급대가총액 | 비고 |
|---|---|---|
| 20x1.1.9. | ₩ 220,000 | |

공 급 내 역

| 월/일 | 품명 | 수량 | 단가 | 금액 |
|---|---|---|---|---|
| 1/9 | 한정식세트 | | | 220,000 |
| 합 계 | | | ₩ 220,000 | |

위 금액을 **영수**(청구)함

수행과제:
1. 거래자료를 입력하시오.
   (단, 출장경비는 '여비교통비'로 처리할 것)
2. 영수증수취명세서 (2)와 (1)서식을 작성하시오.

② 증빙에 의한 전표입력

| ** 현금영수증 **<br>(지출증빙용)<br><br>사업자등록번호 : 117-18-12323<br>사업자명 : 강남주차장<br>단말기ID : 12123232(tel: 02-313-0009)<br>가맹점주소 : 서울특별시 강남구 강남대로 250<br>　　　　　　　　(도곡동, 심현빌딩)<br>현금영수증 회원번호<br>220-81-03217　　　　　　　(주)강우문구<br>승인번호 : 92380001 (PK)<br>**거래일시 : 20x1년 2월 13일 16시28분21초**<br>-----------------------------------<br>공급금액　　　　　　　　　　　360,000원<br>부가가치세　　　　　　　　　　 36,000원<br>총합계　　　　　　　　　　　　396,000원<br>-----------------------------------<br>휴대전화, 카드번호 등록<br>http://현금영수증.kr<br>국세청문의(126)<br>38036925-GCA10106-3870-U490<br>　　<<<<<<이용해 주셔서 감사합니다.>>>>>> | | |
|---|---|---|
| 자료설명 | 영업부 업무용 승용차(1,998cc)의 주차를 위하여 강남주차장에 당월분 주차비를 현금으로 지급하고 수취한 현금영수증이다. | |
| 수행과제 | 거래자료를 입력하시오.<br>(단, '차량유지비'로 처리할 것) | |

③ 기타 일반거래

■ 보통예금(국민은행) 거래내역

| 번호 | 거래일 | 내 용 | 찾으신금액 | 맡기신금액 | 잔 액 | 거래점 |
|---|---|---|---|---|---|---|
| | | 계좌번호 096-25-0096-751 (주)강우문구 | | | | |
| 1 | 20x1-3-25 | 보증금 | | 30,000,000 | *** | *** |

| 자료설명 | 물품 보관장소로 사용중인 (주)금비빌딩 창고의 계약기간이 만료되어 보증금 30,000,000원을 국민은행 보통예금 통장으로 입금받았다. |
|---|---|
| 수행과제 | 거래자료를 입력하시오.(단, 거래처코드 입력할 것) |

4 약속어음의 배서양도

# 전 자 어 음

| | | |
|---|---|---|
| **(주)강우문구** 귀하 | | 00420230206123456789 |

**금** 일천일백만원정　　　　　　　　　　　　　　**11,000,000원**

위의 금액을 귀하 또는 귀하의 지시인에게 지급하겠습니다.

| | | | |
|---|---|---|---|
| 지급기일 | 20x1년 5월 10일 | **발행일** | 20x1년 2월 6일 |
| 지 급 지 | 국민은행 | **발행지** | 서울특별시 구로구 구로동로 30 |
| 지급장소 | 구로지점 | **주　소** | (가리봉동) |
| | | **발행인** | (주)초록마트 |

| 자료설명 | [4월 7일](주)미소용품의 외상매입금 일부를 결제하기 위해 (주)초록마트에 상품을 매출하고 받은 전자어음을 배서양도하였다. |
|---|---|
| 수행과제 | 1. 거래자료를 입력하시오.<br>2. 자금관련정보를 입력하여 받을어음현황에 반영하시오. |

---

5 기타 일반거래

자료 1. 건강보험료 영수증

| **건강보험료** | | 20x1 년　4 월 | **영수증**(납부자용) |
|---|---|---|---|
| 사 업 장 명 | (주)강우문구 | | |
| 사 용 자 | 서울특별시 강남구 강남대로 252 (도곡동) | | |

| 납부자번호 | 5700000123 | 사 업 장<br>관 리 번 호 | 22081032170 |
|---|---|---|---|
| 납 부 할 보 험 료<br>(ⓐ+ⓑ+ⓒ+ⓓ+ⓔ) | | | 225,620 원 |
| 납 부 기 한 | | | 20x1.5.10. 까지 |

| 보 | 건　　강 ⓐ | 200,000 원 | 연금 ⓒ | 원 |
|---|---|---|---|---|
| 험 | 장 기 요 양 ⓑ | 25,620 원 | 고용 ⓓ | 원 |
| 료 | 소 계 ( ⓐ + ⓑ ) | 225,620 원 | 산재 ⓔ | 원 |

| 납기 후 금액 | 230,130원 | 납기 후 기 한 | 20x1.5.31.까지 |
|---|---|---|---|

● 납부기한까지 납부하지 않으면 연체금이 부과됩니다.
※ 납부장 : 전 은행, 우체국, 농·수협(지역조합 포함), 새마을금고, 신협, 증권사, 산림조합중앙회, 인터넷지로(www.giro.or.kr)
※ 2D코드 : GS25, 세븐일레븐, 미니스톱, 바이더웨이, 씨유에서 납부 시 이용.(우리·신한은행 현금카드만 수납가능)

20x1년　4월　20일

국민건강보험공단 이 사　　　　　　　　수납인

자동이체 신청 납부자번호 :

자료 2. 보통예금(신한은행) 거래내역

| 번호 | 거래일 | 내용 | 찾으신금액 | 맡기신금액 | 잔액 | 거래점 |
|---|---|---|---|---|---|---|
| | | 계좌번호 112-088-654321 (주)강우문구 | | | | |
| 1 | 20x1-5-10 | 건강보험료 | 225,620 | | *** | *** |

| 자료설명 | 4월 급여 지급분에 대한 건강보험료(장기요양보험료 포함)를 납부기한일에 신한은행 보통예금 계좌에서 이체하여 납부하였다. 보험료의 50%는 급여 지급 시 원천징수한 금액이며, 나머지 50%는 회사부담분이다. 당사는 회사부담분을 '복리후생비'로 처리하고 있다. |
|---|---|
| 수행과제 | 거래자료를 입력하시오. |

## 실무수행3  부가가치세

부가가치세 신고 관련 자료이다. [자료설명]을 참고하여 [수행과제]를 수행하시오.

① 과세매출자료의 전자세금계산서 발행

### 거 래 명 세 서   (공급자 보관용)

| 공급자 | 등록번호 | 220-81-03217 | | | 공급받는자 | 등록번호 | 106-86-08702 | | |
|---|---|---|---|---|---|---|---|---|---|
| | 상호 | (주)강우문구 | 성명(대표자) | 김강우 | | 상호 | (주)제일유통 | 성명 | 장인수 |
| | 사업장주소 | 서울특별시 강남구 강남대로 252 (도곡동) | | | | 사업장주소 | 서울특별시 서대문구 충정로 30 | | |
| | 업태 | 도소매업 | 종사업장번호 | | | 업태 | 도소매업 | 종사업장번호 | |
| | 종목 | 문구용품 외 | | | | 종목 | 문구, 잡화 | | |

| 거래일자 | 미수금액 | 공급가액 | 세액 | 총 합계금액 |
|---|---|---|---|---|
| 20x1.7.12. | | 12,500,000 | 1,250,000 | 13,750,000 |

| NO | 월 | 일 | 품목명 | 규격 | 수량 | 단가 | 공급가액 | 세액 | 합계 |
|---|---|---|---|---|---|---|---|---|---|
| 1 | 7 | 12 | 다목적 문구함 | | 500 | 25,000 | 12,500,000 | 1,250,000 | 13,750,000 |
| | | | | | | | | | |
| | | | | | | | | | |

| 자료설명 | 상품을 판매하고 발급한 거래명세서이며, 판매대금은 7월 말까지 받기로 하였다. |
|---|---|
| 수행과제 | 1. 거래명세서에 의해 매입매출자료를 입력하시오. <br> 2. 전자세금계산서 발행 및 내역관리 를 통하여 발급 및 전송하시오. <br> (전자세금계산서 발급 시 결제내역 및 전송일자는 고려하지 말 것) |

**115**

2 매출거래

| | |
|---|---|
| **카드매출전표**<br><br>카 드 종 류 : 삼성카드<br>회 원 번 호 : 5083 - 2117 - **** - 8**8<br>거 래 일 시 : 20x1.7.20. 10:25:26<br>거 래 유 형 : 신용승인<br>매    출 : 170,000원<br>부 가 세 :  17,000원<br>합    계 : 187,000원<br>결 제 방 법 : 일시불<br>승 인 번 호 : 2837379<br><br>가 맹 점 명 : (주)강우문구<br>가맹점번호 : 55721112<br>- 이 하 생 략 - | **자료설명**<br>상품(멀티펜)을 비사업자인 신지희에게 판매하고 발행한 신용카드매출전표이다.<br><br>**수행과제**<br>매입매출자료를 입력하시오.<br>(매출채권에 대하여 '외상매출금'계정으로 처리할 것) |

3 매입거래

| | |
|---|---|
| **20x1년 8월 청구서**<br>작성일자 : 20x1.09.03.<br>납부기한 : 20x1.09.15.<br><br>금 액  308,000원<br>고객명  (주)강우문구<br>이용번호  02 - 355 - 1919<br>명세서번호  25328<br>이용기간  8월 1일 ~ 8월 31일<br>8월 이용요금  308,000원<br>공급자등록번호  135 - 81 - 92483<br>공급받는자 등록번호  220 - 81 - 03217<br>공급가액  280,000원<br>부가가치세(VAT)  28,000원<br>10원미만 할인요금  0원<br>입금전용계좌  기업은행<br><br>이 청구서는 부가가치세법 시행령 53조 제4항에 따라 발행하는 전자세금계산서입니다.<br><br>(주)미래통신 | **자료설명**<br>영업부의 8월분 전화요금청구서이다. 회사는 작성일자로 미지급금을 계상하고, 납부기한일에 자동이체하여 지급 처리하고 있다.<br><br>**수행과제**<br>작성일자를 기준으로 매입매출자료를 입력하시오.<br>('51.과세매입'으로 처리하고, '전자입력'으로 입력할 것) |

4 매입거래

| 전자계산서 | | | (공급받는자 보관용) | | | | | 승인번호 | | | |
|---|---|---|---|---|---|---|---|---|---|---|---|

| 공급자 | 등록번호 | 211-75-24158 | | | 공급받는자 | 등록번호 | 220-81-03217 | | |
|---|---|---|---|---|---|---|---|---|---|
| | 상호 | 시대교육 | 성명(대표자) | 이수빈 | | 상호 | (주)강우문구 | 성명(대표자) | 김강우 |
| | 사업장주소 | 서울특별시 강남구 역삼로 541 | | | | 사업장주소 | 서울특별시 강남구 강남대로 252 (도곡동) | | |
| | 업태 | 서비스업 | 종사업장번호 | | | 업태 | 도소매업 | 종사업장번호 | |
| | 종목 | 교육 | | | | 종목 | 문구용품 외 | | |
| | E-Mail | soo@hanmail.net | | | | E-Mail | gangwoo@bill36524.com | | |

| 작성일자 | 20x1.11.1. | 공급가액 | 600,000 | 비고 | |
|---|---|---|---|---|---|

| 월 | 일 | 품목명 | 규격 | 수량 | 단가 | 공급가액 | 비고 |
|---|---|---|---|---|---|---|---|
| 11 | 1 | B2B 마케팅 | | | | 600,000 | |
| | | | | | | | |
| | | | | | | | |

| 합계금액 | 현금 | 수표 | 어음 | 외상 | 이 금액을 | ○ 영수 / ◉ 청구 함 |
|---|---|---|---|---|---|---|
| 600,000 | | | | 600,000 | | |

| 자료설명 | 당사 영업팀의 B2B 마케팅 교육을 실시하고 전자계산서를 발급받았다. |
|---|---|
| 수행과제 | 매입매출자료를 입력하시오(전자계산서 거래는 '전자입력'으로 입력할 것). |

5 매출거래

| 전자세금계산서 | | | (공급자 보관용) | | | | | 승인번호 | | | |
|---|---|---|---|---|---|---|---|---|---|---|---|

| 공급자 | 등록번호 | 220-81-03217 | | | 공급받는자 | 등록번호 | 120-86-50832 | | |
|---|---|---|---|---|---|---|---|---|---|
| | 상호 | (주)강우문구 | 성명(대표자) | 김강우 | | 상호 | (주)중고나라 | 성명(대표자) | 김유민 |
| | 사업장주소 | 서울특별시 강남구 강남대로 252 (도곡동) | | | | 사업장주소 | 서울특별시 강남구 봉은사로 409 (삼성동) | | |
| | 업태 | 도소매업 | 종사업장번호 | | | 업태 | 도소매업 | 종사업장번호 | |
| | 종목 | 문구용품 외 | | | | 종목 | 가전제품 | | |
| | E-Mail | gangwoo@bill36524.com | | | | E-Mail | yumin@naver.com | | |

| 작성일자 | 20x1.12.1. | 공급가액 | 1,600,000 | 세 액 | 160,000 |
|---|---|---|---|---|---|
| 비고 | | | | | |

| 월 | 일 | 품목명 | 규격 | 수량 | 단가 | 공급가액 | 세액 | 비고 |
|---|---|---|---|---|---|---|---|---|
| 12 | 1 | 제습기 | | | | 1,600,000 | 160,000 | |
| | | | | | | | | |
| | | | | | | | | |
| | | | | | | | | |

| 합계금액 | 현금 | 수표 | 어음 | 외상미수금 | 이 금액을 | ○ 영수 / ○ 청구 함 |
|---|---|---|---|---|---|---|
| 1,760,000 | | | | | | |

| 자료설명 | 1. 사무실에서 사용하던 비품(제습기)을 (주)중고나라에 매각하고 발급한 전자세금계산서이며 대금은 전액 하나은행 보통예금 계좌로 입금받았다.<br>2. 매각 직전 제습기의 장부금액은 1,500,000원(취득금액 2,000,000원, 감가상각누계액 500,000원)이다. |
|---|---|
| 수행과제 | 매입매출자료를 입력하시오.<br>(단, 전자세금계산서의 발급 및 전송업무는 생략하고 '전자입력'으로 입력할 것) |

⑥ 부가가치세신고서에 의한 회계처리

| 수행과제 | 제1기 확정 신고기간의 부가가치세신고서를 조회하여, 6월 30일 부가가치세 납부세액 또는 환급세액에 대한 회계처리를 하시오.(단, 납부할 세액은 '미지급세금', 환급받을 세액은 '미수금'으로 회계처리 하고, 거래처코드 입력할 것) |
|---|---|

## 실무수행4 | 결산

[결산자료]를 참고하여 결산을 수행하시오.(단, 제시된 자료 이외의 자료는 없다고 가정함.)

① 수동결산 및 자동결산

| 자료설명 | 1. 단기매매증권의 기말 내역은 다음과 같다.<br><table><tr><th>회사명</th><th>주식수</th><th>단위당 장부금액</th><th>단위당 평가금액</th></tr><tr><td>(주)더존비즈온</td><td>300주</td><td>@55,000원</td><td>@70,000원</td></tr></table><br>2. 기말 상품재고액은 31,000,000원이다.<br>3. 이익잉여금처분계산서 처분 예정(확정)일<br> – 당기분 : 20x2년 2월 23일<br> – 전기분 : 20x1년 2월 23일 |
|---|---|
| 수행과제 | 1. 수동결산 또는 자동결산 메뉴를 이용하여 결산을 완료하시오.<br>2. 12월 31일을 기준으로 '손익계산서 → 이익잉여금처분계산서 → 재무상태표'를 순서대로 조회 작성하시오.(단, 이익잉여금처분계산서 조회 작성 시 '저장된 데이터 불러오기' → '아니오' 선택 → '전표추가'를 이용하여 '손익대체분개'를 수행할 것) |

## 평가문제 실무수행평가 (62점)

입력자료 및 회계정보를 조회하여 [평가문제]의 답안을 입력하시오.

| 번호 | 평가문제 | 배점 |
|---|---|---|
| 11 | **평가문제 [거래처등록 조회]**<br>다음 중 [거래처등록] 관련 내용으로 옳은 것은?<br>① 카드거래처의 매입 관련 거래처는 1곳이다.<br>② 금융거래처 중 '3.예금종류'가 '당좌예금'인 거래처는 5곳이다.<br>③ 일반거래처 '00189.(주)한국산업'의 대표자명은 최윤나이다.<br>④ 일반거래처 '00189.(주)한국산업'의 담당자메일주소는 'korea@bill36524.com'이다. | 4 |
| 12 | **평가문제 [계정과목및적요등록 조회]**<br>'850.판매촉진비'의 표준코드 3자리를 입력하시오. | 4 |
| 13 | **평가문제 [거래처원장 조회]**<br>7월(7/1~7/31) 한달 동안 '108.외상매출금'이 가장 많이 증가한 거래처코드를 입력하시오. | 4 |
| 14 | **평가문제 [거래처원장 조회]**<br>12월 말 현재 각 계정과목의 거래처별 잔액이 옳지 않은 것은?<br>① 251.외상매입금 (00105.(주)미소용품) 21,800,000원<br>② 253.미지급금 (00130.시대교육) 600,000원<br>③ 261.미지급세금 (05900.역삼세무서) 9,301,000원<br>④ 962.임차보증금 (00107.(주)금비빌딩) 35,000,000원 | 3 |
| 15 | **평가문제 [합계잔액시산표 조회]**<br>5월 말 '예수금' 잔액은 얼마인가? | 3 |
| 16 | **평가문제 [합계잔액시산표 조회]**<br>9월 말 '미지급금' 잔액은 얼마인가? | 3 |
| 17 | **평가문제 [현금출납장 조회]**<br>12월 말 '현금' 잔액은 얼마인가? | 3 |
| 18 | **평가문제 [재무상태표 조회]**<br>12월 말 '단기매매증권' 잔액은 얼마인가? | 3 |
| 19 | **평가문제 [재무상태표 조회]**<br>12월 말 '비품'의 장부금액(취득원가-감가상각누계액)은 얼마인가? | 2 |
| 20 | **평가문제 [재무상태표 조회]**<br>12월 말 '이월이익잉여금(미처분이익잉여금)' 잔액은 얼마인가?<br>① 241,481,433원     ② 258,481,433원<br>③ 271,481,433원     ④ 276,541,433원 | 2 |

| 번호 | 평가문제 | 배점 |
|---|---|---|
| 21 | **평가문제 [일/월계표 조회]**<br>9월에 발생한 '판매관리비' 중 금액이 옳지 않은 것은?<br>① 복리후생비　618,000원　　② 여비교통비　88,000원<br>③ 통신비　58,020원　　④ 차량유지비　830,800원 | 3 |
| 22 | **평가문제 [손익계산서 조회]**<br>당기에 발생한 '교육훈련비' 금액은 얼마인가? | 4 |
| 23 | **평가문제 [손익계산서 조회]**<br>당기에 발생한 '영업외수익' 중 전년대비 거래금액이 가장 많이 증가한 계정과목의<br>코드번호를 입력하시오. | 3 |
| 24 | **평가문제 [영수증수취명세서 조회]**<br>'영수증수취명세서(1),(2)'의 명세서제출 대상 거래 중 금액이 가장 큰 계정과목의<br>코드번호를 입력하시오. | 2 |
| 25 | **평가문제 [부가가치세신고서 조회]**<br>제2기 예정 신고기간 부가가치세신고서의 '과세_신용카드.현금영수증(3란)'의 금액은<br>얼마인가? | 4 |
| 26 | **평가문제 [부가가치세신고서 조회]**<br>제2기 예정 신고기간 부가가치세신고서의 '세금계산서수취분_일반매입(10란)'의<br>세액은 얼마인가? | 2 |
| 27 | **평가문제 [세금계산서합계표 조회]**<br>제2기 확정 신고기간의 전자매출세금계산서 매수는? | 3 |
| 28 | **평가문제 [계산서합계표 조회]**<br>제2기 확정 신고기간의 전자매입계산서 공급가액 합계액은 얼마인가? | 4 |
| 29 | **평가문제 [예적금현황 조회]**<br>12월 말 은행별(계좌명) 예금 잔액으로 옳지 않은 것은?<br>① 신한은행(보통)　86,277,380원　　② 국민은행(보통)　53,137,000원<br>③ 농협은행(보통)　49,500,000원　　④ 하나은행(보통)　28,515,000원 | 3 |
| 30 | **평가문제 [받을어음현황 조회]**<br>만기일이 20x1년에 도래하는 받을어음 중 '구분 : 보관'에 해당하는 금액은 얼마인가? | 3 |
| **총 점** | | 62 |

## 평가문제 | 회계정보분석 (8점)

회계정보를 조회하여 [회계정보분석] 답안을 입력하시오.

### 31. 재무상태표 조회 (4점)

유동비율이란 기업이 단기채무를 충당할 수 있는 유동자산이 얼마나 되는가를 평가하여 기업의 단기지급
능력을 판단하는 지표이다. 전기 유동비율을 계산하면 얼마인가?(단, 소숫점 이하는 버림 할 것)

$$유동비율(\%) = \frac{유동자산}{유동부채} \times 100$$

① 24%                          ② 124%
③ 354%                         ④ 411%

### 32. 손익계산서 조회 (4점)

매출액순이익률이란 매출액에 대한 당기순이익의 비율을 보여주는 지표이다.
전기 매출액순이익률을 계산하면 얼마인가?(단, 소숫점 이하는 버림 할 것)

$$매출액순이익률(\%) = \frac{당기순이익}{매출액} \times 100$$

① 20%                          ② 27%
③ 34%                          ④ 489%

121

## 해답해설

Financial Accounting Technician
회계정보처리 자격시험 1급

### 68회

---

**실무이론평가**

| 1 | 2 | 3 | 4 | 5 | 6 | 7 | 8 | 9 | 10 |
|---|---|---|---|---|---|---|---|---|---|
| ④ | ③ | ③ | ② | ③ | ④ | ④ | ④ | ② | ③ |

**01** 영업이익이 증가하였음에도 당기순이익이 감소하기 위해서는 영업외수익이 감소하거나 영업외비용이 증가하여야 한다. 유형자산처분손실이 영업외비용이다.

**02** 유동성장기부채와 부가세예수금은 유동부채, **퇴직급여충당부채와 사채는 비유동부채**임.

**03**

상    품(총평균법)

| 기초 | 300개 | @100 | 30,000 | 매출원가 | 400개 | | |
|---|---|---|---|---|---|---|---|
| 순매입액 | 500개 | @200 | 100,000 | | | | |
| | 200개 | @400 | 80,000 | 기말 | *600개* | *@210* | *126,000* |
| 계 | 1,000개 | **@210** | 210,000 | 계 | | | 210,000 |

**04** 상거래에서 발생한 **매출채권에 대한 대손상각비는 판매비와관리비로 처리**하고, **기타채권(단기대여금 등)에 대한 기타의대손상각비는 영업외비용**으로 처리한다.

기타의대손상각비 = 대손(2,000,000) – 설정전대손충당금(800,000) = 1,200,000원

**05** 무형자산은 내용연수 동안 합리적으로 배분하기 위해 **다양한 방법(정액법, 정률법, 연수합계법 등)을 사용할 수** 있다. 다만, 합리적인 상각방법을 정할 수 없는 경우에는 정액법을 사용한다.

**06** ① 취득원가 = 주식수(100주) × 단가(3,000) = 300,000원 → **취득수수료는 비용처리**

② 20x0년 말 단기매매증권 장부금액 = 공정가치(3,500) × 주식수(100주) = 350,000원

③ 20x0년 단기매매증권평가이익 = [공정가액(3,500) – 장부가액(3,000)] × 100주 = 50,000원

④ 20x1년 단기매매증권처분이익 = [처분가액(3,700) – 장부가액(3,500)] × 100주 = 20,000원

**07** **회사부담분 건강보험료는 복리후생비로 회계처리**한다.

**08** ① 폐업의 경우 **폐업일이 속한 달의 다음 달 25일 이내에 신고·납부**하여야 한다.

② 법인사업자 확정신고의 경우 **예정신고 시 이미 신고한 내용을 제외**한다.

③ 간이과세자는 해당 과세기간의 **공급대가가 4,800만원 미만인 경우 납부의무가 면제**된다.

**09** 재화의 공급으로 보는 가공의 경우 : **가공된 재화를 인도**하는 때

**10** 납부세액 = 매출세액(100,000,000 × 10%) – 매입세액 (7,000,000 – 2,000,000)

= 5,000,000원

☞하치장은 사업장이 아니므로 반출액에 대해서 재화의 공급으로 보지 않는다.

### ■■■■■■■ 실무수행평가

## 실무수행 1. 기초정보관리의 이해

1 사업자등록증에 의한 거래처등록 수정

  - 대표자성명 : '최윤나'를 '이경호'로 수정
  - 메일주소 : 'choi@bill36524.com'에서 'korea@bill36524.com'으로 수정

2 계정과목및적요등록 수정

  - 850.회사설정계정과목을 '850.판매촉진비'로 수정
    • 구분을 '4.경비'로 입력
    • 표준코드를 '091.광고선전비 (판매촉진비 포함)'로 입력

## 실무수행 2. 거래자료 입력

1 증빙에 의한 전표입력
1. [일반전표입력] 1월 9일

| (차) 여비교통비(판) | 220,000원 | (대) 현금 | 220,000원 |

2. [영수증수취명세서] 작성

2 증빙에 의한 전표입력 [일반전표입력] 2월 13일

| (차) 차량유지비(판) | 396,000원 | (대) 현금 | 396,000원 |

3 기타 일반거래 [일반전표입력] 3월 25일

| (차) 보통예금(국민은행(보통)) | 30,000,000원 | (대) 임차보증금((주)금비빌딩) | 30,000,000원 |

④ 약속어음의 배서양도 [일반전표입력] 4월 7일

(차) 외상매입금((주)미소용품)   11,000,000원   (대) 받을어음((주)초록마트)   11,000,000원
[받을어음관리]

| 받을어음 관리 | | | | | | | 삭제(F5) |
|---|---|---|---|---|---|---|---|
| 어음상태 3 배서 | 어음번호 00420230206123456789 | | 수취구분 1 자수 | 발행일 02-06 | | 만기일 05-10 | |
| 발행인 00160 (주)초록마트 | | | 지급은행 100 국민은행 | | 지점 구로 | | |
| 배서인 | 할인기관 | | 지점 | 할인율(%) | | 어음종류 6 전자 | |
| 지급거래처 00105 (주)미소용품 | | | * 수령된 어음을 타거래처에 지급하는 경우에 입력합니다. | | | | |

⑤ 기타 일반거래 [일반전표입력] 5월 10일

(차) 복리후생비        112,810원   (대) 보통예금        225,620원
    예수금          112,810원       (신한은행(보통))

## 실무수행 3. 부가가치세

① 과세매출자료의 전자세금계산서 발행

1. [매입매출전표입력] 7월 12일

| 거래유형 | 품명 | 공급가액 | 부가세 | 거래처 | 전자세금 |
|---|---|---|---|---|---|
| 11.과세 | 다목적 문구함 | 12,500,000 | 1,250,000 | (주)제일유통 | 전자발행 |
| 분개유형 | (차) 외상매출금 | 13,750,000원 | (대) 상품매출 | | 12,500,000원 |
| 2.외상 | | | 부가세예수금 | | 1,250,000원 |

2. [전자세금계산서 발행 및 내역관리] 기출문제 77회 참고

② 매출거래 [매입매출전표입력] 7월 20일

| 거래유형 | 품명 | 공급가액 | 부가세 | 거래처 | 전자세금 |
|---|---|---|---|---|---|
| 17.카과 | 멀티펜 | 170,000원 | 17,000원 | 신지희 | |
| 분개유형 | (차) 외상매출금 | 187,000원 | (대) 상품매출 | | 170,000원 |
| 4.카드(외상) | (삼성카드) | | 부가세예수금 | | 17,000원 |

③ 매입거래 [매입매출전표입력] 9월 3일

| 거래유형 | 품명 | 공급가액 | 부가세 | 거래처 | 전자세금 |
|---|---|---|---|---|---|
| 51.과세 | 전화요금 | 280,000 | 28,000 | (주)미래통신 | 전자입력 |
| 분개유형 | (차) 통신비(판) | 280,000원 | (대) 미지급금 | | 308,000원 |
| 3.혼합 | 부가세대급금 | 28,000원 | | | |

④ 매입거래 [매입매출전표입력] 11월 1일

| 거래유형 | 품명 | 공급가액 | 부가세 | 거래처 | 전자세금 |
|---|---|---|---|---|---|
| 53.면세 | B2B 마케팅 | 600,000 | | 시대교육 | 전자입력 |
| 분개유형 | (차) 교육훈련비(판) | 600,000원 | (대) 미지급금 | | 600,000원 |
| 3.혼합 | | | | | |

⑤ 매출거래 [매입매출전표입력] 12월 1일

| 거래유형 | 품명 | 공급가액 | 부가세 | 거래처 | 전자세금 |
|---|---|---|---|---|---|
| 11.과세 | 제습기 | 1,600,000 | 160,000 | (주)중고나라 | 전자입력 |
| 분개유형 | (차) 감가상각누계액(213) | 500,000원 | (대) 비품 | | 2,000,000원 |
| 3.혼합 | 보통예금 | 1,760,000원 | 부가세예수금 | | 160,000원 |
| | (하나은행(보통)) | | 유형자산처분이익 | | 100,000원 |

⑥ 부가가치세신고서에 의한 회계처리 [일반전표입력] 6월 30일

(차) 부가세예수금　　　　　16,766,000원　　(대) 부가세대급금　　　　7,465,000원
　　　　　　　　　　　　　　　　　　　　　　　　미지급세금(역삼세무서)　9,301,000원

## 실무수행 4. 결산

① 수동결산 및 자동결산

1. 수동결산 [일반전표입력] 12월 31일

　- (차) 단기매매증권　　　　4,500,000원　　(대) 단기매매증권평가익　4,500,000원
　평가손익 = [공정가액(70,000) - 장부금액(55,000)] × 300주 = 4,500,000원(이익)

2. 자동결산 [결산자료입력] 1월 ~ 12월

　- 기말상품재고액 31,000,000원을 입력한다.
　- 상단부 　전표추가(F3)　를 클릭하면 [일반전표입력] 메뉴에 분개가 생성된다.
　(차) 상품매출원가　　　227,809,727원　　(대) 상품　　　　227,809,727원
　상품매출원가 = [기초재고액(90,000,000) + 당기매입액(168,809,727)
　　　　　　- 기말재고액(31,000,000)] = 227,809,727원

3. [재무제표 등 작성]

　- 손익계산서 → 이익잉여금처분계산서(처분일 입력 후 '전표추가' 클릭 → 재무상태표를 조회 작성한다.

**평가문제. 실무수행평가 (62점)**

| 번호 | 평가문제 | 배점 | 답 |
|---|---|---|---|
| 11 | 평가문제 [거래처등록 조회] | 4 | ④ |
| 12 | 평가문제 [계정과목및적요등록 조회] | 4 | (091) |
| 13 | 평가문제 [거래처원장 조회] | 4 | (00115) |
| 14 | 평가문제 [거래처원장 조회] | 3 | ① |
| 15 | 평가문제 [합계잔액시산표 조회] | 3 | (725,540)원 |
| 16 | 평가문제 [합계잔액시산표 조회] | 3 | (118,147,140)원 |
| 17 | 평가문제 [현금출납장 조회] | 3 | (48,839,390)원 |
| 18 | 평가문제 [재무상태표 조회] | 3 | (21,000,000)원 |
| 19 | 평가문제 [재무상태표 조회] | 2 | (51,900,000)원 |
| 20 | 평가문제 [재무상태표 조회] | 2 | ④ |
| 21 | 평가문제 [일/월계표 조회] | 3 | ③ |
| 22 | 평가문제 [손익계산서 조회] | 4 | (1,150,000)원 |
| 23 | 평가문제 [손익계산서 조회] | 3 | (905) |
| 24 | 평가문제 [영수증수취명세서 조회] | 2 | (812) |
| 25 | 평가문제 [부가가치세신고서 조회] | 4 | (3,170,000)원 |
| 26 | 평가문제 [부가가치세신고서 조회] | 2 | (3,980,273)원 |
| 27 | 평가문제 [세금계산서합계표 조회] | 3 | (15)매 |
| 28 | 평가문제 [계산서합계표 조회] | 4 | (1,150,000)원 |
| 29 | 평가문제 [예적금현황 조회] | 3 | ④ |
| 30 | 평가문제 [받을어음현황 조회] | 3 | (30,000,000)원 |
| 총 점 | | 62 | |

**평가문제. 회계정보분석 (8점)**

31. 재무상태표 조회 (4점)

④ (334,325,000원/81,318,000원)×100≒411%

32. 손익계산서 조회 (4점)

① (114,340,000원/560,000,000원)×100≒20%

**126**

# 기출문제

Financial Accounting Technician
회계정보처리 자격시험 1급

## 67회

| 합격율 | 시험년월 |
|---|---|
| 55% | 2023.11 |

## 실무이론평가

[1] 다음에서 설명하는 재무제표의 기본가정은 무엇인가?

> 기업을 소유주와 독립적으로 존재하는 회계단위로 간주하고, 이 단위의 관점에서 그 경제활동에 대한 재무정보를 측정, 보고한다고 가정한다.

① 기간별 보고의 가정
② 발생주의의 가정
③ 기업실체의 가정
④ 계속기업의 가정

[2] 다음 중 선생님의 질문에 옳지 않은 답변을 한 사람은 누구인가?

> 선생님 : 재무상태의 계정과목에는 어떤 것들이 있을까요?
> 희연 : 매출채권이 있습니다.
> 민혁 : 매도가능증권평가손실이 있습니다.
> 은수 : 기부금이 있습니다.
> 우진 : 개발비가 있습니다.

※ 1차 저작권자의 저작권 침해 소지가 있어 삽화 삽입은 어려우니 양해바랍니다.

① 희연
② 민혁
③ 은수
④ 우진

[3] 다음은 정수기제조판매업을 영위하고 있는 (주)한공의 20x1년 자료이다. 20x1년말 재무상태표상 미수금 금액은 얼마인가?(단, 기중 외상판매대금의 회수는 없는 것으로 가정한다.)

• 20x1.1. 1.  기초미수금 100,000원
• 20x1.3. 1.  정수기 외상판매액 500,000원
• 20x1.5.10.  사무실중고비품 외상판매액 300,000원

① 300,000원                    ② 400,000원
③ 800,000원                    ④ 900,000원

[4] 다음은 (주)한공의 20x1년 11월 상품수불부이다. 재고자산을 선입선출법으로 평가할 경우 11월말 재고자산은 얼마인가?

| 일자 | 구분 | 수량 | 단위당 원가 |
|---|---|---|---|
| 11월 1일 | 월초재고 | 200개 | 1,000원 |
| 11월 10일 | 매입 | 300개 | 1,200원 |
| 11월 20일 | 매출 | 400개 | |

① 100,000원                    ② 120,000원
③ 150,000원                    ④ 160,000원

[5] 다음 중 손익계산서에 나타나지 않는 계정과목은?
① 상품매출원가                    ② 단기매매증권평가이익
③ 매도가능증권처분이익              ④ 자기주식처분이익

[6] 다음 자료를 토대로 (주)한공의 판매비와관리비를 계산하면 얼마인가?

| | | | |
|---|---|---|---|
| • 급  여 | 600,000원 | • 수도광열비 | 50,000원 |
| • 이자비용 | 30,000원 | • 접대비(기업업무추진비) | 300,000원 |
| • 세금과공과 | 80,000원 | • 잡 손 실 | 20,000원 |

① 1,020,000원                  ② 1,030,000원
③ 1,060,000원                  ④ 1,080,000원

[7] 다음 결산정리사항 중 수익의 이연에 해당하는 거래는?

① 보험료 선급분을 계상하다.

② 임대료수익 미수분을 계상하다.

③ 이자수익 선수분을 계상하다.

④ 이자비용 미지급분을 계상하다.


[8] 다음 중 사업자등록에 대하여 잘못 설명하고 있는 사람은 누구인가?

> 동준 : 사업자는 사업개시일부터 20일 이내에 사업자등록을 해야 해.
> 규현 : 신규사업자는 사업개시일 이전이라도 사업자등록을 신청할 수 있어.
> 정민 : 상호변경은 사업자등록 정정사유에 해당돼.
> 정원 : 둘 이상의 사업장이 있는 경우 주된 사업장에서만 등록하는 것이 원칙이야.

※ 1차 저작권자의 저작권 침해 소지가 있어 삽화 삽입은 어려우니 양해바랍니다.

① 동준            ② 규현

③ 정민            ④ 정원


[9] 다음 중 부가가치세법상 과세표준에 포함되지 않는 것은?

① 반환조건부 용기 포장비용

② 할부매출액의 이자상당액

③ 화물용 트럭의 매각대금

④ 대가의 일부로 받는 포장비


[10] 다음은 일반과세자인 ㈜한공의 20x1년 2기 확정신고기간의 매입세액 내역이다. 공제 가능한 매
입세액은 얼마인가? 단, 세금계산서는 적법하게 수취하였으며, 매입세액을 공제받기 위한 절차를
모두 이행하였다고 가정한다.

| | |
|---|---:|
| • 사무실 비품 관련 매입세액 | 1,500,000원 |
| • 거래처 명절 선물용 선물세트 구입 관련 매입세액 | 3,000,000원 |
| • 제품 운반용 트럭 구입 관련 매입세액 | 5,000,000원 |
| • 원재료 매입 관련 매입세액(세금계산서 상 공급하는 자의 주소 누락) | 10,000,000원 |

① 1,500,000원            ② 6,500,000원

③ 16,500,000원            ④ 19,500,000원

■■■■■ **실무수행평가**

(주)슬림하자(3670)는 운동용품 등을 도·소매하는 법인으로 회계기간은 제6기(20x1.1.1. ~ 20x1.12.31.)이다. 제시된 자료와 [자료설명]을 참고하여 [평가문제]의 물음에 답하시오.

**실무수행1** | **기초정보관리의 이해**

회계관련 기초정보는 입력되어 있다. [자료설명]을 참고하여 [수행과제]를 수행하시오.

① 사업자등록증에 의한 회사등록 수정

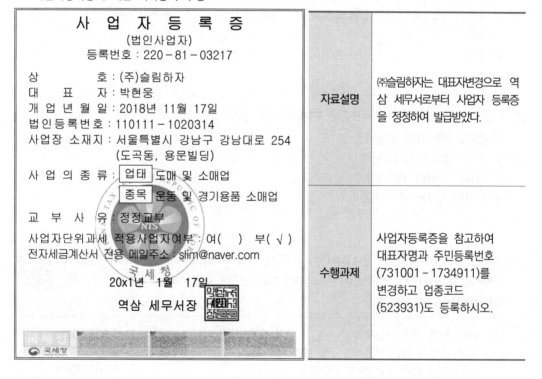

| | |
|---|---|
| **자료설명** | ㈜슬림하자는 대표자변경으로 역삼 세무서로부터 사업자 등록증을 정정하여 발급받았다. |
| **수행과제** | 사업자등록증을 참고하여 대표자명과 주민등록번호 (731001 – 1734911)를 변경하고 업종코드 (523931)도 등록하시오. |

**사 업 자 등 록 증**
(법인사업자)
등록번호 : 220 – 81 – 03217

상        호 : (주)슬림하자
대  표  자 : 박현웅
개 업 년 월 일 : 2018년 11월 17일
법인등록번호 : 110111 – 1020314
사업장 소재지 : 서울특별시 강남구 강남대로 254
                    (도곡동, 용문빌딩)

사 업 의 종 류 : 업태 도매 및 소매업
                    종목 운동 및 경기용품 소매업

교 부 사 유 : 정정교부
사업자단위과세 적용사업자여부 : 여( ) 부( √ )
전자세금계산서 전용 메일주소 : slim@naver.com

20x1년 1월 17일

역삼 세무서장

② 거래처별초기이월 등록 및 수정

### 미지급금 명세서

| 거래처명 | 적 요 | 금 액 |
|---|---|---|
| (주)스마트광고 | 신제품 광고 | 2,800,000원 |
| 회계법인 최고 | 회계세무 자문 | 3,000,000원 |
| 우리카드 | 카드이용대금 | 6,200,000원 |
| 합 계 | | 12,000,000원 |

| | |
|---|---|
| 자료설명 | (주)슬림하자의 전기분 재무제표는 이월 받아 등록되어 있다. |
| 수행과제 | 거래처별 초기이월사항을 입력하시오. |

## 실무수행2  거래자료 입력

실무프로세스 자료이다. [자료설명]을 참고하여 [수행과제]를 수행하시오.

① 증빙에 의한 거래자료 입력

<table>
<tr><td colspan="6">영 수 증   (공급받는자용)</td><td rowspan="4">자료설명</td><td rowspan="4">사무실 에어컨을 수리하고 대금은 현금으로 지급하였다.</td></tr>
<tr><td colspan="6">NO   (주)슬림하자   귀하</td></tr>
</table>

| | 사업자등록번호 | 113-81-54719 | | | |
|---|---|---|---|---|---|
| 공급자 | 상 호 | (주)만능서비스 | 성명 | 이최강 | |
| | 사업장소재지 | 서울특별시 구로구 구로동로 22 | | | |
| | 업 태 | 서비스업 | 종목 | 종합수리 | |
| 작성일자 | | 공급대가총액 | | 비고 | |
| 20x1.10.7. | | 25,000 | | | |
| 공 급 내 역 | | | | | |
| 월/일 | 품명 | 수량 | 단가 | | 금액 |
| 10/7 | 에어컨수리 | | | | 25,000 |
| 합 계 | | ₩25,000 | | | |
| 위 금액을 영수(청구)함 | | | | | |

| | |
|---|---|
| 수행과제 | 거래자료를 입력하시오. (단, '수익적지출'로 처리할 것) |

2 약속어음 발행거래

## 전 자 어 음

(주)바디케어 귀하                        00320231017123456789

금   오백칠십만원정                                  5,700,000원

위의 금액을 귀하 또는 귀하의 지시인에게 지급하겠습니다.

| | | | |
|---|---|---|---|
| 지급기일 | 20x1년 12월 17일 | 발행일 | 20x1년 10월 17일 |
| 지 급 지 | 기업은행 | 발행지 | 서울특별시 강남구 강남대로 |
| 지급장소 | 강남지점 | 주 소 | 254(도곡동, 용문빌딩) |
| | | 발행인 | (주)슬림하자 |

| | |
|---|---|
| 자료설명 | [10월 17일]<br>(주)바디케어의 외상대금 17,700,000원 중 일부는 전자어음으로 발행하여 지급하고, 나머지는 자기앞수표로 지급하였다. |
| 수행과제 | 1. 거래자료를 입력하시오.<br>2. 자금관련 정보를 입력하여 지급어음현황에 반영하시오.<br>　(단, 등록된 어음을 사용할 것) |

3 계약금 지급

■ 보통예금(국민은행) 거래내역

| 번호 | 거래일 | 내용 | 찾으신금액 | 맡기신금액 | 잔액 | 거래점 |
|---|---|---|---|---|---|---|
| | | 계좌번호 096 - 25 - 0096 - 751　　(주)슬림하자 | | | | |
| 1 | 20x1 - 10 - 21 | 계약금 | 1,500,000 | | *** | *** |

| | |
|---|---|
| 자료설명 | (주)대한무역에서 상품 5,000,000원을 구입하기로 하고, 계약금을 국민은행 보통예금 계좌에서 이체하여 지급하였다. |
| 수행과제 | 거래자료를 입력하시오. |

④ 기타 일반거래

### 여비 정산서

| 소 속 | 영업부 | 직 위 | | 사원 | 성 명 | | 박용찬 |
|---|---|---|---|---|---|---|---|
| 출장내역 | 일 시 | 20x1년 10월 24일 ~ 20x1년 10월 26일 | | | | | |
| | 출 장 지 | 세종 | | | | | |
| | 출장목적 | 신규 거래처 상담 | | | | | |
| 출장비 | 지급받은 금액 | 500,000원 | 실제지출액 | 550,000원 | 출장비차액 | | 50,000원 |
| 지출내역 | 숙박비 | 270,000원 | 식 비 | 150,000원 | 교 통 비 | | 130,000원 |

20x1년 10월 28일
신청인 성명 박 용 찬

| 자료설명 | [10월 28일]<br>출장을 마친 영업부 직원의 여비를 정산하고 차액은 현금으로 지급하였다. |
|---|---|
| 수행과제 | 10월 24일의 거래를 참고하여 거래자료를 입력하시오. |

⑤ 증빙에 의한 전표입력

### 신용카드매출전표

가 맹 점 명 한국자동차 (02)345-8766
사업자번호 110-37-12342
대 표 자 명 나한국
주 소 서울특별시 서대문구 통일로 131
(충정로2가, 공화당빌딩)

우 리 카 드 신용승인
거 래 일 시 20x1-10-31 오후 08:08:04
카 드 번 호 1234-4567-****-35**
유 효 기 간 **/**
가 맹 점 번 호 87687393
매 입 사 우리카드(전자서명전표)

공 급 가 액 90,000원
부 가 가 치 세 9,000원
합 계 99,000원

20231031/10062411/00046160

| 자료설명 | 영업부 업무용 승용차의 엔진오일을 교체하고 대금을 카드로 결제한 후 받은 신용카드매출전표이다. |
|---|---|
| 수행과제 | 거래자료를 입력하시오.<br>(단, '수익적지출'로 처리할 것) |

## 실무수행3 | 부가가치세

부가가치세 신고 관련 자료이다. [자료설명]을 참고하여 [수행과제]를 수행하시오.

① 과세매출자료의 전자세금계산서 발행

### 거 래 명 세 서
(공급자 보관용)

| | 등록번호 | 220-81-03217 | | | | 등록번호 | 211-81-44121 | | |
|---|---|---|---|---|---|---|---|---|---|
| 공급자 | 상호 | (주)슬림하자 | 성명 | 박현웅 | 공급받는자 | 상호 | (주)운동사랑 | 성명 | 이사랑 |
| | 사업장 주소 | 서울특별시 강남구 강남대로 254 (도곡동, 용문빌딩) | | | | 사업장 주소 | 서울특별시 강남구 논현로145길 18 (논현동) | | |
| | 업태 | 도매 및 소매업 | 종사업장번호 | | | 업태 | 도소매업 | 종사업장번호 | |
| | 종목 | 운동 및 경기용품 | | | | 종목 | 스포츠용품 | | |

| 거래일자 | 미수금액 | 공급가액 | 세액 | 총 합계금액 |
|---|---|---|---|---|
| 20x1.7.12. | | 5,000,000 | 500,000 | 5,500,000 |

| NO | 월 | 일 | 품목명 | 규격 | 수량 | 단가 | 공급가액 | 세액 | 합계 |
|---|---|---|---|---|---|---|---|---|---|
| 1 | 7 | 12 | 스피닝바이크 | | 2 | 1,500,000 | 3,000,000 | 300,000 | 3,300,000 |
| 2 | 7 | 12 | 고무덤벨세트 | | 2 | 1,000,000 | 2,000,000 | 200,000 | 2,200,000 |
| | | | | | | | | | |

| 자료설명 | 1. 상품을 판매하고 발급한 거래명세서이다.<br>2. 미리 받은 계약금(선수금) 300,000원을 제외한 잔액은 이번 달 말일에 받기로 하였다. |
|---|---|
| 수행과제 | 1. 거래명세서에 의해 매입매출자료를 입력하시오.<br>( 복수거래 키를 이용하여 입력할 것)<br>2. 전자세금계산서 발행 및 내역관리 를 통하여 발급 및 전송하시오.<br>(전자세금계산서 발급 시 결제내역 및 전송일자는 고려하지 말 것) |

② 매입거래

| 전자세금계산서 | | | | (공급받는자 보관용) | | 승인번호 | | 2023010320 | |
|---|---|---|---|---|---|---|---|---|---|

| 공급자 | 등록번호 | 119-81-02126 | | | 공급받는지 | 등록번호 | 220-81-03217 | | |
|---|---|---|---|---|---|---|---|---|---|
| | 상호 | (주)폼생폼 | 성명(대표자) | 나한수 | | 상호 | (주)슬림하자 | 성명(대표자) | 박현웅 |
| | 사업장주소 | 서울특별시 금천구 가산로 153 | | | | 사업장주소 | 서울특별시 강남구 강남대로 254 (도곡동, 용문빌딩) | | |
| | 업태 | 도소매업 | 종사업장번호 | | | 업태 | 도매 및 소매업 | 종사업장번호 | |
| | 종목 | 스포츠용품 | | | | 종목 | 운동 및 경기용품 | | |
| | E-Mail | market@naver.com | | | | E-Mail | slim@naver.com | | |

| 작성일자 | 20x1.7.20. | 공급가액 | 6,000,000 | 세액 | 600,000 |
|---|---|---|---|---|---|
| 비고 | | | | | |

| 월 | 일 | 품목명 | 규격 | 수량 | 단가 | 공급가액 | 세액 | 비고 |
|---|---|---|---|---|---|---|---|---|
| 7 | 20 | 천국의 계단 | | 10 | 600,000 | 6,000,000 | 600,000 | |
| | | | | | | | | |

| 합계금액 | 현금 | 수표 | 어음 | 외상미수금 | 이 금액을 | ○ 영수 | 함 |
|---|---|---|---|---|---|---|---|
| 6,600,000 | | | | 6,600,000 | | ● 청구 | |

| 자료설명 | 판매용 상품을 외상으로 구입하고 받은 전자세금계산서이다. |
|---|---|
| 수행과제 | 매입매출자료를 입력하시오. (전자세금계산서 거래는 '전자입력'으로 입력할 것) |

③ 매출거래

**신용카드매출전표**

카 드 종 류 : 삼성카드
회 원 번 호 : 8449-2210-**10-3**6
거 래 일 시 : 20x1.08.13. 15:05:16
거 래 유 형 : 신용승인
매        출 : 700,000원
부 가 세 :  70,000원
합        계 : 770,000원
결 제 방 법 : 일시불
가맹점번호 : 55721112

가맹점명 : (주)슬림하자

-이 하 생 략-

| 자료설명 | (주)요가야에 요가매트를 판매하고 발급한 신용카드매출전표이다. |
|---|---|
| 수행과제 | 매입매출자료를 입력하시오. |

4 매입거래

| 전자계산서 | | | | (공급받자 보관용) | | | 승인번호 | | |
|---|---|---|---|---|---|---|---|---|---|

| 공급자 | 등록번호 | 214-81-09142 | | | | 공급받는자 | 등록번호 | 220-81-03217 | |
|---|---|---|---|---|---|---|---|---|---|
| | 상호 | (주)에이티 | 성명<br>(대표자) | 김아이 | | | 상호 | (주)슬림하자 | 성명<br>(대표자) | 박현웅 |
| | 사업장<br>주소 | 서울특별시 서초구 효령로12길 5 | | | | | 사업장<br>주소 | 서울특별시 강남구 강남대로 254<br>(도곡동, 용문빌딩) | |
| | 업태 | 제조 및 도소매업 | | 종사업장번호 | | | 업태 | 도매 및 소매업 | 종사업장번호 |
| | 종목 | 출판 | | | | | 종목 | 운동 및 경기용품 | |
| | E-Mail | at@bill36524.com | | | | | E-Mail | slim@naver.com | |

| 작성일자 | 20x1.8.30. | 공급가액 | 230,000 | 비 고 | |
|---|---|---|---|---|---|

| 월 | 일 | 품목명 | 규격 | 수량 | 단가 | 공급가액 | 비고 |
|---|---|---|---|---|---|---|---|
| 8 | 30 | 비대면 세무실무 | | 10 | 23,000 | 230,000 | |
| | | | | | | | |

| 합계금액 | 현금 | 수표 | 어음 | 외상미수금 | 이 금액을 | ○ 영수<br>● 청구 | 함 |
|---|---|---|---|---|---|---|---|
| 230,000 | | | | 230,000 | | | |

| 자료설명 | 재경팀 업무용 참고도서를 외상으로 구입하고 발급받은 전자계산서이다. |
|---|---|
| 수행과제 | 매입매출자료를 입력하시오.(전자계산서 거래는 '전자입력'으로 입력할 것) |

5 매입거래

| 전자세금계산서 | | | | (공급받자 보관용) | | | 승인번호 | | |
|---|---|---|---|---|---|---|---|---|---|

| 공급자 | 등록번호 | 314-81-11803 | | | | 공급받는자 | 등록번호 | 220-81-03217 | |
|---|---|---|---|---|---|---|---|---|---|
| | 상호 | (주)미래전자 | 성명<br>(대표자) | 이미래 | | | 상호 | (주)슬림하자 | 성명<br>(대표자) | 박현웅 |
| | 사업장<br>주소 | 서울특별시 서대문구 경기대로 62 | | | | | 사업장<br>주소 | 서울특별시 강남구 강남대로 254<br>(도곡동, 용문빌딩) | |
| | 업태 | 도소매업 | | 종사업장번호 | | | 업태 | 도매 및 소매업 | 종사업장번호 |
| | 종목 | 전자제품 | | | | | 종목 | 운동 및 경기용품 | |
| | E-Mail | dream@hanmail.net | | | | | E-Mail | slim@naver.com | |

| 작성일자 | 20x1.9.21. | 공급가액 | 3,000,000 | 세 액 | 300,000 |
|---|---|---|---|---|---|

| 비고 | | | | | | | |
|---|---|---|---|---|---|---|---|

| 월 | 일 | 품목명 | 규격 | 수량 | 단가 | 공급가액 | 세액 | 비고 |
|---|---|---|---|---|---|---|---|---|
| 9 | 21 | 스마트 냉장고 | | 1 | 3,000,000 | 3,000,000 | 300,000 | |

| 합계금액 | 현금 | 수표 | 어음 | 외상미수금 | 이 금액을 | ○ 영수<br>● 청구 | 함 |
|---|---|---|---|---|---|---|---|
| 3,300,000 | | | | 3,300,000 | | | |

| 자료설명 | 면세사업에 사용할 스마트 냉장고를 구입하고 대금은 다음달 말일에 지급하기로 하였다.(단, 본거래에 한하여 과세사업과 면세사업을 겸영한다고 가정할 것) |
|---|---|
| 수행과제 | 1. 매입매출자료를 입력하시오.<br>  (전자세금계산서 거래는 '전자입력'으로 입력할 것)<br>2. [고정자산등록]에 고정자산을 등록(코드 : 1001, 방법 : 정액법, 내용연수 5년,<br>  경비구분 : 800번대)하시오. |

6 부가가치세신고서에 의한 회계처리

■ 보통예금(신한은행) 거래내역

| 번호 | 거래일 | 내용 | 찾으신금액 | 맡기신금액 | 잔액 | 거래점 |
|---|---|---|---|---|---|---|
| | | 계좌번호 112 – 088 – 654321   (주)슬림하자 | | | | |
| 1 | 20x1 – 7 – 25 | 역삼세무서 | 2,026,050 | | *** | *** |

| 자료설명 | 제1기 부가가치세 확정신고 납부세액을 신한은행 보통예금 계좌에서 이체하였다. |
|---|---|
| 수행과제 | 6월 30일에 입력된 일반전표를 참고하여 납부세액에 대한 회계처리를 하시오.<br>(거래처코드를 입력할 것) |

## 실무수행4 | 결산

[결산자료]를 참고하여 결산을 수행하시오.(단, 제시된 자료 이외의 자료는 없다고 가정함.)

1 수동결산 및 자동결산

| 자료설명 | 1. 장기차입금에 대한 기간경과분 이자 1,320,000원을 계상하다.<br>2. [고정자산등록]에 등록된 비품의 감가상각비를 계상하다.<br>3. 기말 상품재고액은 54,000,000원이다.<br>4. 이익잉여금처분계산서 처분 예정(확정)일<br>  – 당기분 : 20x2년 2월 26일        – 전기분 : 20x1년 2월 26일 |
|---|---|
| 수행과제 | 1. 수동결산 또는 자동결산 메뉴를 이용하여 결산을 완료하시오.<br>2. 12월 31일을 기준으로 '손익계산서 ➡ 이익잉여금처분계산서 ➡ 재무상태표'를 순서대로 조회 작성하시오.(단, 이익잉여금처분계산서 조회 작성 시 '저장된 데이터 불러오기' ➡ '아니오' 선택 ➡ '전표추가'를 이용하여 '손익대체분개'를 수행할 것) |

## 평가문제 | 실무수행평가 (62점)

입력자료 및 회계정보를 조회하여 [평가문제]의 답안을 입력하시오.

| 번호 | 평가문제 | 배점 |
|---|---|---|
| 11 | **평가문제 [회사등록 조회]**<br>[회사등록] 관련 내용으로 옳지 않은 것은?<br>① 대표자명은 '박현웅'이다.<br>② 사업장 세무서는 '역삼'이다.<br>③ 표준산업코드는 'G40'이다.<br>④ 국세환급금계좌 은행은 '기업은행'이다. | 4 |
| 12 | **평가문제 [거래처원장 조회]**<br>6월 말 '253.미지급금' 계정의 거래처별 잔액으로 옳지 않은 것은?<br>① 00109.(주)스마트광고  15,120,640원    ② 00131.(주)월드건강  17,600,000원<br>③ 33000.회계법인 최고    3,000,000원    ④ 99602.우리카드        2,800,000원 | 4 |
| 13 | **평가문제 [거래처원장 조회]**<br>12월 말 '251.외상매입금' 계정의 거래처별 잔액이 옳은 것은?<br>① 02180.(주)폼생폼    12,100,000원    ② 04007.(주)필라테스  3,000,000원<br>③ 07002.(주)바디케어  17,700,000원    ④ 30011.(주)행복건강  5,000,000원 | 4 |
| 14 | **평가문제 [거래처원장 조회]**<br>12월 말 '108.외상매출금' 잔액이 있는 거래처 중 금액이 가장 적은 거래처코드를 입력하시오. | 3 |
| 15 | **평가문제 [총계정원장 조회]**<br>'253.미지급금'의 월별 증가 금액(대변)으로 옳은 것은?<br>① 8월  12,870,000원             ② 9월  3,300,000원<br>③ 10월  7,099,000원             ④ 11월  4,000,000원 | 3 |
| 16 | **평가문제 [총계정원장 조회]**<br>7월에 발생한 '401.상품매출' 금액은 얼마인가? | 3 |
| 17 | **평가문제 [현금출납장 조회]**<br>10월 중 '현금' 출금 금액이 가장 큰 전표일자는 몇 일인가? | 3 |
| 18 | **평가문제 [고정자산관리대장 조회]**<br>당기말상각누계액은 얼마인가? | 2 |
| 19 | **평가문제 [재무상태표 조회]**<br>12월 말 '당좌자산'계정 중 잔액이 가장 적은 계정과목 코드번호를 입력하시오. | 3 |

| 번호 | 평가문제 | 배점 |
|------|---------|------|
| 20 | **평가문제 [재무상태표 조회]**<br>12월 말 '선수금' 잔액은 얼마인가? | 2 |
| 21 | **평가문제 [재무상태표 조회]**<br>12월 말 '미지급비용' 잔액은 얼마인가? | 3 |
| 22 | **평가문제 [재무상태표 조회]**<br>12월 말 '이월이익잉여금(미처분이익잉여금)' 잔액은 얼마인가?<br>① 810,948,259원         ② 811,748,259원<br>③ 812,248,259원         ④ 813,748,259원 | 1 |
| 23 | **평가문제 [손익계산서 조회]**<br>당기에 발생한 '판매비와관리비'의 계정별 금액으로 옳지 않은 것은?<br>① 여비교통비   1,884,600원      ② 수선비      7,391,000원<br>③ 차량유지비   6,350,100원      ④ 도서인쇄비   340,000원 | 4 |
| 24 | **평가문제 [부가가치세신고서 조회]**<br>제2기 예정 신고기간 부가가치세신고서의 '과세_신용카드.현금영수증(3란)'의 금액은 얼마인가? | 3 |
| 25 | **평가문제 [부가가치세신고서 조회]**<br>제2기 예정 신고기간 부가가치세신고서의 '세금계산서수취부분_일반매입(10란)'의 금액은 얼마인가? | 3 |
| 26 | **평가문제 [부가가치세신고서 조회]**<br>제2기 예정 신고기간 부가가치세신고서의 '공제받지못할매입세액(16란)'의 세액은 얼마인가? | 3 |
| 27 | **평가문제 [세금계산서합계표 조회]**<br>제2기 예정 신고기간의 전자매출세금계산서의 매수는 몇 매인가? | 3 |
| 28 | **평가문제 [계산서합계표 조회]**<br>제2기 예정 신고기간의 전자매입계산서의 공급가액은 얼마인가? | 4 |
| 29 | **평가문제 [예적금현황 조회]**<br>12월 말 은행별(계좌명) 예금 잔액으로 옳지 않은 것은?<br>① 기업은행(당좌)   30,980,000원      ② 신한은행(보통)    527,053,000원<br>③ 우리은행(보통)   20,000,000원      ④ 국민은행(보통)    40,405,000원 | 4 |
| 30 | **평가문제 [지급어음현황 조회]**<br>만기일이 20x1년에 도래하는 '지급어음' 금액이 가장 큰 거래처 코드번호를 입력하시오. | 3 |
| | 총 점 | 62 |

## 평가문제 | 회계정보분석 (8점)

회계정보를 조회하여 [회계정보분석] 답안을 입력하시오.

**31. 재무상태표 조회 (4점)**

부채비율은 타인자본의 의존도를 표시하며, 기업의 건전성 정도를 나타내는 지표이다. 전기분 부채비율은 얼마인가?(단, 소숫점 이하는 버림 할 것)

$$부채비율(\%) = \frac{부채총계}{자본총계} \times 100$$

① 21%                          ② 43%

③ 57%                          ④ 66%

**32. 손익계산서 조회 (4점)**

영업이익률은 기업의 주된 영업활동에 의한 성과를 판단하는 비율이다. 전기분 영업이익률을 계산하면 얼마인가?(단, 소숫점 이하는 버림 할 것)

$$영업이익률(\%) = \frac{영업이익}{매출액} \times 100$$

① 12%                          ② 17%

③ 20%                          ④ 33%

## 실무이론평가

| 1 | 2 | 3 | 4 | 5 | 6 | 7 | 8 | 9 | 10 |
|---|---|---|---|---|---|---|---|---|----|
| ③ | ③ | ② | ② | ④ | ② | ③ | ④ | ① | ③ |

**01** 기업실체의 가정이다.

**02** 매출채권은 유동자산, 매도가능증권평가손실은 기타포괄손익누계액, 개발비는 무형자산으로 재무상태표 계정과목이다. **기부금은 손익계산서 계정과목이다.**

**03** **정수기 외상판매액은 상거래에서 발생했으므로 매출채권 계정으로 처리**한다.

미수금

| 기초잔액 | 100,000 | 회수액 | |
|---|---|---|---|
| 처분액 | 300,000 | **기말잔액** | **400,000** |
| 계 | 400,000 | 계 | 400,000 |

**04**

상    품(선입선출법)

| 기초 | 200개 | @1,000 | 200,000 | 매출원가 | 200개<br>200개 | @1,000<br>@1,200 | 440,000 |
|---|---|---|---|---|---|---|---|
| 매입액 | 300개 | @1,200 | 360,000 | *기말* | *100개* | *@1,200* | *120,000* |
| 계 | 500개 | | 560,000 | 계 | | | 560,000 |

**05** 자기주식처분이익은 재무상태표에 나타난다.

**06** 판매비와관리비 = 급여(600,000) + 접대비(300,000) + 수도광열비(50,000) + 세금과공과(80,000)
= 1,030,000원

**07** ① 비용의 이연, ② 수익의 계상, ③ 수익의 이연, ④ 비용의 계상

**08** 둘 이상의 사업장이 있는 경우 **원칙적으로 사업장별로 등록**해야 하며, 본점 또는 주사무소 관할 세무서장에게 승인을 얻어 본점 또는 주사무소에서 사업자단위로 신고할 수 있다.

**09** 반환조건부 용기 포장비용은 과세표준에 포함되지 않는다.

**10** 거래처 명절 선물용 선물세트 매입세액은 공제 대상 매입세액이 아니며, **세금계산서 상 공급하는 자의 주소는 임의적 기재사항으로 누락하여도 세금계산서의 효력이 발행한다.**

매입세액 = 비품(1,500,000) + 트럭(5,000,000) + 원재료(10,000,000) = 16,500,000원

■■■■■ **실무수행평가**

## 실무수행 1. 기초정보관리의 이해

① 사업자등록증에 의한 회사등록 수정

- 대표자명 : 박현웅으로 수정
- 주민등록번호 : 731001 - 1734911로 수정
- 업종코드 : 523931 입력

② 거래처별초기이월 등록 및 수정

- 253.미지급금 계정 : 거래처별 금액 입력

## 실무수행 2. 거래자료 입력

① 증빙에 의한 거래자료 입력 [일반전표입력] 10월 7일

| (차) 수선비(판) | 25,000원 | (대) 현금 | 25,000원 |

② 약속어음 발행거래 [일반전표입력] 10월 17일

| (차) 외상매입금((주)바디케어) | 17,700,000원 | (대) 지급어음((주)바디케어) | 5,700,000원 |
| | | 현금 | 12,000,000원 |

[지급어음관리]

| 어음상태 | 2 발행 | 어음번호 | 00320231017123456789 | 어음종류 | 4 전자 | 발행일 | 20×1-10-17 |
| 만 기 일 | 20×1-12-17 | 지급은행 | 98000 | 기업은행(당좌) | 지 점 | 강남 | |

③ 계약금 지급 [일반전표입력] 10월 21일

| (차) 선급금((주)대한무역) | 1,500,000원 | (대) 보통예금(국민은행(보통)) | 1,500,000원 |

④ 기타 일반거래 [일반전표입력] 10월 28일

| (차) 여비교통비(판) | 550,000원 | (대) 가지급금(박용찬) | 500,000원 |
| | | 현금 | 50,000원 |

⑤ 증빙에 의한 전표입력 [일반전표입력] 10월 31일

| (차) 차량유지비(판) | 99,000원 | (대) 미지급금(우리카드) | 99,000원 |

3fdffdfghfghfggh

## 실무수행 3. 부가가치세

① 과세매출자료의 전자세금계산서 발행

1. [매입매출전표입력] 7월 12일 (복수거래)

| 거래유형 | 품명 | 공급가액 | 부가세 | 거래처 | 전자세금 |
|---|---|---|---|---|---|
| 11.과세 | 스피닝바이크외 | 5,000,000 | 500,000 | (주)운동사랑 | 전자발행 |
| 분개유형 | (차) 외상매출금 | 5,200,000원 | (대) 상품매출 | | 5,000,000원 |
| 3.혼합 | 선수금 | 300,000원 | 부가세예수금 | | 500,000원 |

2. [전자세금계산서 발행 및 내역관리] 기출문제 77회 참고

② 매입거래 [매입매출전표입력] 7월 20일

| 거래유형 | 품명 | 공급가액 | 부가세 | 거래처 | 전자세금 |
|---|---|---|---|---|---|
| 51.과세 | 천국의 계단 | 6,000,000 | 600,000 | (주)폼생폼 | 전자입력 |
| 분개유형 | (차) 상품 | 6,000,000원 | (대) 외상매입금 | | 6,600,000원 |
| 2.외상 | 부가세대급금 | 600,000원 | | | |

③ 매출거래 [매입매출전표입력] 8월 13일

| 거래유형 | 품명 | 공급가액 | 부가세 | 거래처 | 전자세금 |
|---|---|---|---|---|---|
| 17.카과 | 요가매트 | 700,000 | 70,000 | (주)요가야 | |
| 분개유형 | (차) 외상매출금 | 770,000원 | (대) 상품매출 | | 700,000원 |
| 4.카드(혼합) | (삼성카드사) | | 부가세예수금 | | 70,000원 |

④ 매입거래 [매입매출전표입력] 8월 30일

| 거래유형 | 품명 | 공급가액 | 부가세 | 거래처 | 전자세금 |
|---|---|---|---|---|---|
| 53.면세 | 비대면 세무실무 | 230,000 | | (주)에이티 | 전자입력 |
| 분개유형 | (차) 도서인쇄비(판) | 230,000원 | (대) 미지급금 | | 230,000원 |
| 3.혼합 | | | | | |

⑤ 매입거래 [매입매출전표입력] 9월 21일

| 거래유형 | 품명 | 공급가액 | 부가세 | 거래처 | 전자세금 |
|---|---|---|---|---|---|
| 54.불공 | 스마트 냉장고 | 3,000,000 | 300,000 | (주)미래전자 | 전자입력 |
| 불공제사유 | 4. 면세사업과 관련된 분 | | | | |
| 분개유형 | (차) 비품 | 3,300,000원 | (대) 미지급금 | | 3,300,000원 |
| 3.혼합 | | | | | |

[고정자산등록] (1001.스마트 냉장고, 취득일 20x1 - 09 - 21, 정액법)

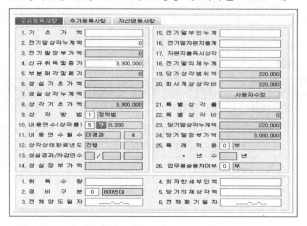

⑥ 부가가치세신고서에 의한 회계처리

[일반전표입력] 7월 25일

(차) 미지급세금                2,026,050원    (대) 보통예금(신한은행(보통))        2,026,050원

[일반전표입력] 6월 30일 조회

(차) 부가세예수금              12,928,323원    (대) 부가세대급금               10,892,273원
                                              잡이익                           10,000원
                                              미지급세금(역삼세무서)          2,026,050원

## 실무수행 4. 결산

① 수동결산 및 자동결산

1. 수동결산 [일반전표입력] 12월 31일
   (차) 이자비용                1,320,000원    (대) 미지급비용                  1,320,000원
2. 자동결산 [결산자료입력] 1월 ~ 12월
   - 기말상품재고액 54,000,000원을 입력한다.
   - 감가상각비 비품 220,000원을 입력한다.
   - 상단부 전표추가(F3) 를 클릭하면 [일반전표입력] 메뉴에 분개가 생성된다.
     (차) 상품매출원가           264,082,454원    (대) 상품                   264,082,454원
   상품매출원가 = [기초상품재고액(90,000,000) + 당기상품매입액(228,082,454)
               - 기말상품재고액(54,000,000)] = 264,082,454원
3. [재무제표 등 작성]
   - 손익계산서 ➔ 이익잉여금처분계산서(처분일 입력 후 '전표추가' 클릭) ➔ 재무상태표를 작성한다.

## 평가문제. 실무수행평가 (62점)

| 번호 | 평가문제 | 배점 | 답 |
|---|---|---|---|
| 11 | 평가문제 [회사등록 조회] | 4 | ③ |
| 12 | 평가문제 [거래처원장 조회] | 4 | ④ |
| 13 | 평가문제 [거래처원장 조회] | 4 | ① |
| 14 | 평가문제 [거래처원장 조회] | 3 | (99606) |
| 15 | 평가문제 [총계정원장 조회] | 3 | ③ |
| 16 | 평가문제 [총계정원장 조회] | 3 | (170,060,000)원 |
| 17 | 평가문제 [현금출납장 조회] | 3 | (17)일 |
| 18 | 평가문제 [고정자산관리대장 조회] | 2 | (13,220,000)원 |
| 19 | 평가문제 [재무상태표 조회] | 3 | (134) |
| 20 | 평가문제 [재무상태표 조회] | 2 | (6,565,000)원 |
| 21 | 평가문제 [재무상태표 조회] | 3 | (1,570,000)원 |
| 22 | 평가문제 [재무상태표 조회] | 1 | ② |
| 23 | 평가문제 [손익계산서 조회] | 4 | ④ |
| 24 | 평가문제 [부가가치세신고서 조회] | 3 | (700,000)원 |
| 25 | 평가문제 [부가가치세신고서 조회] | 3 | (50,522,727)원 |
| 26 | 평가문제 [부가가치세신고서 조회] | 3 | (600,000)원 |
| 27 | 평가문제 [세금계산서합계표 조회] | 3 | (16)매 |
| 28 | 평가문제 [계산서합계표 조회] | 4 | (500,000)원 |
| 29 | 평가문제 [예적금현황 조회] | 4 | ② |
| 30 | 평가문제 [지급어음현황 조회] | 3 | (07002) |
| 총 점 | | 62 | |

## 평가문제. 회계정보분석 (8점)

31. 재무상태표 조회 (4점)

  ④ $(165,630,000원 / 250,495,000원) \times 100 ≒ 66\%$

32. 손익계산서 조회 (4점)

  ③ $(117,920,000원 / 566,000,000원) \times 100 ≒ 20\%$

| 합격율 | 시험년월 |
|---|---|
| 60% | 2023.8 |

## 실무이론평가

**[1]** 다음 중 재무제표의 표시에 대한 내용을 잘못 설명하고 있는 사람은?

> 희영 : 재무제표에는 기업명, 보고기간종료일 또는 회계기간, 보고통화 및 금액단위를 기재해야 합니다.
>
> 상철 : 자산과 부채는 원칙적으로 상계하여 표시해야 하고 예외적으로 상계하지 않을 수 있습니다.
>
> 동연 : 재무제표 이용자에게 오해를 줄 염려가 없는 경우에는 금액을 천원이나 백만원 단위 등으로 표시할 수 있습니다.
>
> 윤우 : 재무제표의 기간별 비교가능성을 높이기 위하여 전기 재무제표의 정보를 당기와 비교하는 형식으로 표시해야 합니다.

※ 1차 저작권자의 저작권 침해 소지가 있어 삽화 삽입은 어려우니 양해바랍니다.

① 희영　　　　　　　　　　　　　　② 상철
③ 동연　　　　　　　　　　　　　　④ 윤우

**[2]** 다음 중 매도가능증권에 대한 평가이익이 재무제표에 미치는 영향으로 옳은 것은?

| 가. 자본의 증가 | 나. 영업이익의 증가 |
|---|---|
| 다. 영업외수익의 증가 | 라. 기타포괄손익누계액의 증가 |

① 가, 다　　　　　　　　　　　　　② 나, 다
③ 가, 라　　　　　　　　　　　　　④ 다, 라

[3] (주)한공은 연령분석법을 적용하여 매출채권에 대한 대손예상액을 산출하고 있다. 매출채권  연령별 금액이 다음과 같을 때, 결산 후 재무상태표에 표시될 대손충당금은 얼마인가? (결산 전 대손충당금 잔액은 120,000원이다.)

| 매출채권 연령 | 금액 | 추정대손율 |
|---|---|---|
| 3개월 이내 | 600,000원 | 5% |
| 3개월~6개월 | 300,000원 | 10% |
| 6개월 초과 | 200,000원 | 40% |
| 계 | 1,100,000원 | - |

①  20,000원                    ② 100,000원
③ 120,000원                    ④ 140,000원

[4] 다음은 직원이 제출한 출장완료 보고서의 일부이다. 해당 보고서상 사용내역을 회계처리할 때 나타나는 계정과목이 아닌 것은?

**출장완료 보고서**

1. 출장목적 : 대구지사와 매출거래처 방문
2. 출장기간 : 20x1년 7월 6일부터  20x1년 7월 8일까지
3. 사용내역

(단위 : 원)

| 구 분 | 운 임 | 숙박비 | 직원 회식대 | 매출거래처 선물대 | 계 |
|---|---|---|---|---|---|
| 금 액 | 100,000 | 150,000 | 300,000 | 50,000 | 600,000 |

⋮

① 여비교통비                    ② 기부금
③ 복리후생비                    ④ 접대비(기업업무추진비)

[5] 다음 자료를 토대로 기말상품재고액을 계산하면 얼마인가?

| | | | |
|---|---|---|---|
| • 순매출액 | 5,000,000원 | • 기초상품재고액 | 500,000원 |
| • 순매입액 | 4,000,000원 | • 매출총이익 | 800,000원 |

① 200,000원                    ② 300,000원
③ 500,000원                    ④ 700,000원

[6] 다음은 (주)한공의 기계장치 관련 자료이다. 20x0년과 20x1년의 감가상각비는 얼마인가?

> • 20x0년 1월 1일 기계장치를 10,000,000원에 취득하였다.
> • 내용연수는 5년이고, 감가상각은 정률법(상각률 45%)을 적용한다.

| | 20x0년 | 20x1년 |
|---|---|---|
| ① | 2,000,000원 | 2,000,000원 |
| ② | 3,000,000원 | 3,500,000원 |
| ③ | 4,500,000원 | 4,500,000원 |
| ④ | 4,500,000원 | 2,475,000원 |

[7] 다음 중 당기순이익을 증가시키는 결산정리사항이 아닌 것은?
① 전액 비용으로 처리한 보험료 중 선급분 계상
② 전액 수익으로 인식한 이자수익 중 선수분 계상
③ 기간 경과한 임대료 미수분 계상
④ 전액 비용으로 처리한 소모품비 중 소모품미사용액 계상

[8] 다음 중 부가가치세법상 사업자등록에 대한 설명으로 옳지 않은 것은?
① 사업자는 사업장마다 사업개시일부터 20일 이내에 사업자등록을 신청하는 것이 원칙이다.
② 신규로 사업을 시작하는 경우 사업개시일 이전에는 사업자등록을 신청할 수 없다.
③ 사업자등록은 전국 모든 세무서에서 신청 가능하다.
④ 상호를 변경하는 경우 사업자는 변경사항을 적은 사업사등록 성정신고서를 세무서장에게 제출하여야 한다.

[9] 다음 중 부가가치세법상 재화의 공급에 대하여 바르게 설명하고 있는 사람은?

> 영환 : 상품권의 양도는 재화의 공급에 해당해.
> 정민 : 상속세의 물납은 재화의 공급에 해당해.
> 규현 : 주식의 양도는 재화의 공급에 해당해.
> 정원 : 건물의 현물출자는 재화의 공급에 해당해.

※ 1차 저작권자의 저작권 침해 소지가 있어 삽화 삽입은 어려우니 양해바랍니다.

① 영환                           ② 정민
③ 규현                           ④ 정원

[10] 다음은 제조업을 영위하는 일반과세자 (주)한공의 20x1년 제2기 예정신고기간의 매입세액 내역  이다. 공제 가능한 매입세액은 얼마인가? 단, 세금계산서는 적법하게 수취하였고, 매입세액을 공제받기 위한 절차를 모두 이행하였다.

| | |
|---|---|
| 가. 원재료 구입 관련 매입세액 | 5,000,000원 |
| 나. 공장부지 조성을 위한 지출 관련 매입세액 | 500,000원 |
| 다. 거래처 접대용품(기업업무추진용품) 구입 관련 매입세액 | 300,000원 |
| 라. 종업원 명절선물(과세재화) 구입 관련 매입세액 | 200,000원 |

① 5,200,000원   ② 5,300,000원
③ 5,500,000원   ④ 6,000,000원

## ■■■■■■ 실무수행평가

(주)샤방가방(3650)은 가방 등을 도·소매하는 법인으로 회계기간은 제6기(20x1.1.1.~20x1.12.31.)이다.
제시된 자료와 [자료설명]을 참고하여 [수행과제]를 완료하고 [평가문제]의 물음에 답하시오.

---

### 실무수행1　기초정보관리의 이해

회계관련 기초정보는 입력되어 있다. [자료설명]을 참고하여 [수행과제]를 수행하시오.

① 사업자등록증에 의한 거래처등록 수정

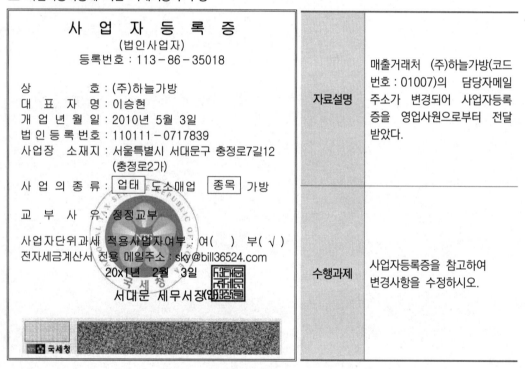

| | |
|---|---|
| 자료설명 | 매출거래처 (주)하늘가방(코드번호 : 01007)의 담당자메일주소가 변경되어 사업자등록증을 영업사원으로부터 전달받았다. |
| 수행과제 | 사업자등록증을 참고하여 변경사항을 수정하시오. |

**사 업 자 등 록 증**
(법인사업자)
등록번호 : 113 – 86 – 35018

상 　 　 　 호 : (주)하늘가방
대 표 자 명 : 이승현
개 업 년 월 일 : 2010년 5월 3일
법 인 등 록 번 호 : 110111 – 0717839
사 업 장 소 재 지 : 서울특별시 서대문구 충정로7길12
　　　　　　　　　　(충정로2가)
사 업 의 종 류 : 업태 도소매업　종목 가방
교 부 사 유 : 정정교부
사업자단위과세 적용사업자여부 : 여( ) 부(√)
전자세금계산서 전용 메일주소 : sky@bill36524.com
20x1년　2월　3일
서대문 세무서장(인)

② 계정과목추가 및 적요등록 수정

| | |
|---|---|
| 자료설명 | 회사는 '294.임대보증금' 계정과목을 '294.장기임대보증금'으로 사용하고자 한다. |
| 수행과제 | 계정과목을 수정하고, 표준재무제표항목의 표준코드를 등록하시오.<br>(표준코드 : 326.장기임대보증금) |

## 실무수행2 | 거래자료 입력

실무프로세스 자료이다. [자료설명]을 참고하여 [수행과제]를 수행하시오.

① 3만원초과 거래자료 입력

<table>
<tr>
<td>

## 영 수 증

**20x1/01/09**

스마트광고      Tel. (02)222 – 6110

서울특별시 구로구 디지털로 217 (구로동)

214 – 12 – 45123    성명 : 심기재

| 품목 | 수량 | 단가 | 금액 |
|------|------|------|------|
| 마우스패드 | 100 | 800 | 80,000 |

합계 : 80,000원

감사합니다.
</td>
<td>**자료설명**</td>
<td>홍보목적으로 불특정 다수에게 나누어 줄 마우스패드를 구입하고, 대금은 현금으로 지급하였다. 회사는 이 거래가 지출증명서류미수취가산세 대상인지를 검토하려고 한다.</td>
</tr>
<tr>
<td></td>
<td>**수행과제**</td>
<td>1. 거래자료를 입력하시오.<br>2. 영수증수취명세서(2)와 (1)서식을 작성하시오.</td>
</tr>
</table>

② 증빙에 의한 전표입력

<table>
<tr>
<td>

## 신 용 카 드 매 출 전 표

가 맹 점 명   (주)도자기천국 (02)512 – 4451
사업자번호   118 – 81 – 12975
대 표 자 명   박 새 벽
주        소   서울특별시 서대문구 간호대로 12 – 6

삼 성 카 드              신용승인
거 래 일 시      20x1 – 02 – 01   19:08:04
카 드 번 호      8449 – 2210 – **** – 32**
가맹점번호             45451124
매 입 사         삼성카드(전자서명전표)
품       명            머그잔 세트(4P)

| 공 급 가 액 | 40,000원 |
|-----------|----------|
| 부 가 가 치 세 | 4,000원 |
| 합       계 | 44,000원 |
</td>
<td>**자료설명**</td>
<td>매출거래처에 선물할 머그잔 세트를 구입하고 받은 신용카드 매출전표이다.</td>
</tr>
<tr>
<td></td>
<td>**수행과제**</td>
<td>거래자료를 입력하시오.</td>
</tr>
</table>

③ 기타 일반거래

자료 1.

| 고용 보험료 | 20x1 년  2 월 영수증 (납부자용) | | | |
|---|---|---|---|---|
| 사 업 장 명 | (주)샤방가방 | | | |
| 사 용 자 | 서울특별시 강남구 강남대로 252 (도곡동) | | | |
| 납부자번호 | 5700000123 | 사 업 장 관리번호 | 22081032170 | |
| 납부할보험료 (ⓐ+ⓑ+ⓒ+ⓓ+ⓔ) | | | 270,000 원 | |
| 납 부 기 한 | | | 20x1.3.10. 까지 | |
| 보험료 | 건 강 ⓐ | 원 | 연금 ⓒ | 원 |
| | 장기요양 ⓑ | | 고용 ⓓ | 270,000원 |
| | 소 계 (ⓐ+ⓑ) | 270,000 원 | 산재 ⓔ | 원 |
| 납기후금액 | 273,500원 | 납기후기한 | 20x1.3.31.까지 | |

◉ 납부기한까지 납부하지 않으면 연체금이 부과됩니다.
※ 납부장소 : 전 은행, 우체국, 농·수협(지역조합 포함), 새마을금고, 신협, 증권사, 산림조합중앙회, 인터넷지로(www.giro.or.kr)
※ 2D코드 : GS25, 세븐일레븐, 미니스톱, 바이더웨이, 씨유에서 납부 시 이용.(우리·신한은행 현금카드만 수납가능)

**20x1 년 2 월 20 일**

자료 2. 보통예금(신한은행) 거래내역

| 번호 | 거래일 | 내용 | 찾으신금액 | 맡기신금액 | 잔액 | 거래점 |
|---|---|---|---|---|---|---|
| | | 계좌번호 112-088-654321  (주)샤방가방 | | | | |
| 1 | 20x1-03-10 | 고용보험료 | 270,000 | | *** | *** |

| 자료설명 | [3월 10일]<br>1. 2월 급여 지급분에 대한 고용보험료를 납부기한일에 신한은행 보통예금 계좌에서 이체하여 납부하였다.<br>2. 고용보험료 중 135,000원은 급여 지급 시 원천징수한 금액이며, 135,000원은 회사 부담분이다.<br>3. 당사는 회사부담분을 '복리후생비'로 처리하고 있다. |
|---|---|
| 수행과제 | 거래자료를 입력하시오. |

④ 약속어음의 수취거래

자료 1.

# 전 자 어 음

**(주)샤방가방** 귀하          00420230410123456789

**금**    삼천만원정                          **30,000,000원**

위의 금액을 귀하 또는 귀하의 지시인에게 지급하겠습니다.

| | |
|---|---|
| 지급기일 20x1년 7월 10일 | 발행일 20x1년 4월 10일 |
| 지 급 지 국민은행 | 발행지 서울특별시 강남구 강남대로 552 |
| 지급장소 강남지점 | 주 소 |
| | 발행인 (주)제일가방 |

자료 2. 보통예금(국민은행) 거래내역

| 번호 | 거래일 | 내용 | 찾으신금액 | 맡기신금액 | 잔액 | 거래점 |
|---|---|---|---|---|---|---|
| | | 계좌번호 096 – 25 – 0096 – 751   (주)샤방가방 | | | | |
| 1 | 20x1 – 04 – 10 | 외상대금 | | 3,000,000 | *** | *** |

| 자료설명 | [4월 10일] (주)제일가방의 외상매출대금 중 3,000,000원은 국민은행 보통예금 통장으로 입금받고, 나머지 금액은 어음으로 수취하였다. |
|---|---|
| 수행과제 | 1. 거래자료를 입력하시오.<br>2. 자금관련정보를 입력하여 받을어음현황에 반영하시오. |

⑤ 약속어음의 만기결제

자료 1.

# 전 자 어 음

**(주)수연유통** 귀하          00420230315123456789

**금**    일천삼백이십만원                    **13,200,000원**

위의 금액을 귀하 또는 귀하의 지시인에게 지급하겠습니다.

| | |
|---|---|
| 지급기일 20x1년 5월 15일 | 발행일 20x1년 3월 15일 |
| 지 급 지 국민은행 | 발행지 서울특별시 강남구 강남대로 |
| 지급장소 강남지점 | 주 소 252 (도곡동) |
| | 발행인 (주)샤방가방 |

자료 2. 당좌예금(국민은행) 거래내역

| 번호 | 거래일 | 내용 | 찾으신금액 | 맡기신금액 | 잔액 | 거래점 |
|---|---|---|---|---|---|---|
| | | 계좌번호 096 – 24 – 0094 – 789   (주)샤방가방 | | | | |
| 1 | 20x1 – 05 – 15 | 어음만기 | 13,200,000 | | *** | *** |

| 자료설명 | 상품 구입대금으로 발행한 어음의 만기일이 도래하여 국민은행 당좌예금 계좌에서 출금 되었다. |
|---|---|
| 수행과제 | 1. 거래자료를 입력하시오.<br>2. 자금관련정보를 입력하여 지급어음현황에 반영하시오. |

## 실무수행3  부가가치세

부가가치세 신고 관련 자료이다. [자료설명]을 참고하여 [수행과제]를 수행하시오.

① 과세매출자료의 전자세금계산서 발행

### 거래명세서
(공급자 보관용)

| 공급자 | 등록번호 | 220 – 81 – 03217 | | | 공급받는자 | 등록번호 | 130 – 81 – 17456 | | |
|---|---|---|---|---|---|---|---|---|---|
| | 상호 | (주)샤방가방 | 성명 | 이한진 | | 상호 | (주)소라유통 | 성명 | 이용빈 |
| | 사업장주소 | 서울특별시 강남구 강남대로 252 (도곡동) | | | | 사업장주소 | 서울특별시 영등포구 63로 36 – 2 | | |
| | 업태 | 도소매업 | 종사업장번호 | | | 업태 | 도소매업 | 종사업장번호 | |
| | 종목 | 가방외 | | | | 종목 | 잡화 | | |

| 거래일자 | 미수금액 | 공급가액 | 세액 | 총 합계금액 |
|---|---|---|---|---|
| 20x1.4.7. | | 1,296,000 | 129,600 | 1,425,600 |

| NO | 월 | 일 | 품목명 | 규격 | 수량 | 단가 | 공급가액 | 세액 | 합계 |
|---|---|---|---|---|---|---|---|---|---|
| 1 | 4 | 7 | 남성 백팩 | | 20 | 64,800 | 1,296,000 | 129,600 | 1,425,600 |
| | | | | | | | | | |

| 자료설명 | (주)소라유통에 상품을 외상으로 공급하고 발급한 거래명세서이다. |
|---|---|
| 수행과제 | 1. 매입매출자료를 입력하시오.<br>2. 전자세금계산서 발행 및 내역관리 를 통하여 발급 및 전송하시오.<br>(전자세금계산서 발급시 결제내역 및 전송일자는 고려하지 말 것) |

---

## 2 매출거래

### 전자계산서 (공급자 보관용)

승인번호

| 공급자 | 등록번호 | 220-81-03217 | | | 공급받는자 | 등록번호 | 214-81-09142 | | |
|---|---|---|---|---|---|---|---|---|---|
| | 상호 | (주)샤방가방 | 성명(대표자) | 이한진 | | 상호 | (주)슬금비서적 | 성명(대표자) | 박민규 |
| | 사업장주소 | 서울특별시 강남구 강남대로 252 (도곡동) | | | | 사업장주소 | 서울특별시 서초구 효령로12길 5 | | |
| | 업태 | 도소매업 | 종사업장번호 | | | 업태 | 도소매업 | 종사업장번호 | |
| | 종목 | 가방외 | | | | 종목 | 책 | | |
| | E-Mail | gabang@hanmail.net | | | | E-Mail | soorin@naver.com | | |

| 작성일자 | 20x1.5.12. | 공급가액 | 1,200,000 | 비고 |
|---|---|---|---|---|

| 월 | 일 | 품목명 | 규격 | 수량 | 단가 | 공급가액 | 비고 |
|---|---|---|---|---|---|---|---|
| 5 | 12 | 월간 패션 | | 100 | 12,000 | 1,200,000 | |

| 합계금액 | 현금 | 수표 | 어음 | 외상미수금 | 이 금액을 | |
|---|---|---|---|---|---|---|
| 1,200,000 | | 1,200,000 | | | ● 영수 ○ 청구 | 함 |

| 자료설명 | 면세상품(잡지)을 판매하고 발급한 전자계산서이며, 대금은 전액 자기앞수표로 받았다. (본 문제에 한하여 과세사업과 면세사업을 겸영한다고 가정할 것) |
|---|---|
| 수행과제 | 매입매출자료를 입력하시오. (전자계산서 거래는 '전자입력'으로 입력할 것) |

## 3 매출거래

### 신용카드매출전표

카드종류 : 기업카드
회원번호 : 5585-3737-****-5**2
거래일시 : 20x1.05.31. 14:05:16
거래유형 : 신용승인
과세금액 : 320,000원
부가세 : 32,000원
합 계 : 352,000원
결제방법 : 일시불
승인번호 : 26765397
은행확인 : 기업은행
--------------------------
가맹점명 : (주)샤방가방
가맹점번호 : 55721112
- 이 하 생 략 -

| 자료설명 | 개인소비자(신지희)에게 상품(핸드백)을 판매하고 발급한 신용카드 매출전표이다. |
|---|---|
| 수행과제 | 매입매출자료를 입력하시오. |

155

4  매입거래

| 전자세금계산서 | | | | (공급받는자 보관용) | | | 승인번호 | | | |
|---|---|---|---|---|---|---|---|---|---|---|
| 공급자 | 등록번호 | 602-86-00004 | | | | 공급받는자 | 등록번호 | 220-81-03217 | | |
| | 상호 | 형제스포츠(주) | 성명(대표자) | 박진형 | | | 상호 | (주)샤방가방 | 성명(대표자) | 이한진 |
| | 사업장주소 | 부산광역시 연제구 중앙대로 1028 (연산동) | | | | | 사업장주소 | 서울특별시 강남구 강남대로 252 (도곡동) | | |
| | 업태 | 도소매업 | | 종사업장번호 | | | 업태 | 도소매업 | | 종사업장번호 |
| | 종목 | 스포츠용품 | | | | | 종목 | 가방외 | | |
| | E-Mail | park@naver.com | | | | | E-Mail | gabang@hanmail.net | | |
| 작성일자 | | 20x1.6.8. | 공급가액 | | 2,500,000 | | 세액 | | 250,000 | |
| 비고 | | | | | | | | | | |

| 월 | 일 | 품목명 | 규격 | 수량 | 단가 | 공급가액 | 세액 | 비고 |
|---|---|---|---|---|---|---|---|---|
| 6 | 8 | 산악자전거 | | 1 | 2,500,000 | 2,500,000 | 250,000 | |
| | | | | | | | | |

| 합계금액 | 현금 | 수표 | 어음 | 외상미수금 | 이 금액을 | ○ 영수 ◉ 청구 | 함 |
|---|---|---|---|---|---|---|---|
| 2,750,000 | | | | 2,750,000 | | | |

| 자료설명 | 대표이사(이한진)가 개인 레저용으로 사용할 산악자전거를 외상으로 구입하고 받은 세금계산서이다.(단, '가지급금'으로 처리할 것) |
|---|---|
| 수행과제 | 매입매출자료를 입력하시오.(전자세금계산서 거래는 '전자입력'으로 입력할 것) |

5  매출거래

| 전자세금계산서 | | | | (공급자 보관용) | | | 승인번호 | | | |
|---|---|---|---|---|---|---|---|---|---|---|
| 공급자 | 등록번호 | 220-81-03217 | | | | 공급받는자 | 등록번호 | 211-81-75191 | | |
| | 상호 | (주)샤방가방 | 성명 | 이한진 | | | 상호 | (주)남도자동차 | 성명(대표자) | 양승일 |
| | 사업장주소 | 서울특별시 강남구 강남대로 252 (도곡동) | | | | | 사업장주소 | 서울특별시 강남구 강남대로 246 (도곡동, 다림빌딩) | | |
| | 업태 | 도소매업 | | 종사업장번호 | | | 업태 | 도소매업 | | 종사업장번호 |
| | 종목 | 가방외 | | | | | 종목 | 중고차매매 | | |
| | E-Mail | gabang@hanmail.net | | | | | E-Mail | namdo@bill36524.com | | |
| 작성일자 | | 20x1.6.23. | 공급가액 | | 15,000,000 | | 세액 | | 1,500,000 | |
| 비고 | | | | | | | | | | |

| 월 | 일 | 품목명 | 규격 | 수량 | 단가 | 공급가액 | 세액 | 비고 |
|---|---|---|---|---|---|---|---|---|
| 6 | 23 | 승용차 | | | | 15,000,000 | 1,500,000 | |

| 합계금액 | 현금 | 수표 | 어음 | 외상미수금 | 이 금액을 | ○ 영수 ◉ 청구 | 함 |
|---|---|---|---|---|---|---|---|
| 16,500,000 | | | | 16,500,000 | | | |

| 자료설명 | 1. 업무에 사용하는 승용차를 매각하고 발급한 전자세금계산서이다.<br>2. 매각전의 자산내역<br><br>| 계정과목 | 자산명 | 기초가액 | 감가상각누계액 |<br>| --- | --- | --- | --- |<br>| 차량운반구 | 승용차 | 20,000,000원 | 5,000,000원 |<br><br>3. 매각대금은 말일에 받기로 하였다.(단, 주어진 자료를 이용하고, 매각일까지의 감가상각비는 고려하지 말 것) |
| --- | --- |
| 수행과제 | 매입매출자료를 입력하시오.<br>(전자세금계산서 거래는 '전자입력'으로 입력할 것) |

6 부가가치세신고서에 의한 회계처리

■ 보통예금(신한은행) 거래내역

| 번호 | 거래일 | 내용 | 찾으신금액 | 맡기신금액 | 잔액 | 거래점 |
| --- | --- | --- | --- | --- | --- | --- |
| | | 계좌번호 112 – 088 – 654321　(주)샤방가방 | | | | |
| 1 | 20x1 – 04 – 25 | 역삼세무서 | 4,918,000 | | *** | *** |

| 자료설명 | 제1기 예정 부가가치세를 신한은행 보통예금 계좌에서 이체하여 납부하였다. |
| --- | --- |
| 수행과제 | 3월 31일에 입력된 일반전표를 참고하여 납부세액에 대한 회계처리를 하시오.(단, 거래처 코드를 입력할 것) |

## 실무수행4  결산

[결산자료]를 참고하여 결산을 수행하시오.(단, 제시된 자료 이외의 자료는 없다고 가정함.)

① 수동결산 및 자동결산

| | | | | | |
|---|---|---|---|---|---|
| 자료설명 | 1. 기말 현재 장기차입금의 유동성대체를 위한 내역은 다음과 같다. | | | | |

| 항 목 | 금액 | 발생일 | 만기일 | 비고 |
|---|---|---|---|---|
| 장기차입금(국민은행(차입금)) | 50,000,000원 | 20x0.09.01. | 20x2.08.31. | 만기 일시상환 |

| | |
|---|---|
| 자료설명 | 2. 기말 상품재고액은 45,000,000원이다.<br>3. 이익잉여금처분계산서 처분 확정(예정)일<br>　－당기분 : 20x2년 2월 27일　　　　　－전기분 : 20x1년 2월 27일 |
| 수행과제 | 1. 수동결산 또는 자동결산 메뉴를 이용하여 결산을 완료하시오.<br>2. 12월 31일을 기준으로 '손익계산서 → 이익잉여금처분계산서 → 재무상태표'를 순서대로 조회 작성하시오.(단, 이익잉여금처분계산서 조회 작성 시 '저장된 데이터 불러오기' → '아니오' 선택 → '전표추가'를 이용하여 '손익대체분개'를 수행할 것) |

## 평가문제  실무수행평가 (62점)

입력자료 및 회계정보를 조회하여 [평가문제]의 답안을 입력하시오.

| 번호 | 평가문제 | 배점 |
|---|---|---|
| 11 | **평가문제 [거래처등록 조회]**<br>[거래처등록] 관련 내용으로 옳지 않은 것은?<br>① (주)하늘가방(코드 : 01007)의 대표자명은 '이승현'이다.<br>② '카드거래처'는 모두 6곳이다.<br>③ 금융거래처 중 '차입금'과 관련된 거래처는 1곳이다.<br>④ (주)하늘가방(코드 : 01007)의 담당자메일주소는 'star@bill36524.com'이다. | 4 |
| 12 | **평가문제 [계정과목및적요등록 조회]**<br>'294.장기임대보증금'의 표준코드 번호를 기입하시오. | 4 |
| 13 | **평가문제 [일/월계표 조회]**<br>2/4분기(4월~6월) '외상매출금' 증가액(차변 합계)은 얼마인가? | 2 |
| 14 | **평가문제 [합계잔액시산표 조회]**<br>6월 말 '미수금' 잔액은 얼마인가? | 3 |

| 번호 | 평가문제 | 배점 |
|---|---|---|
| 15 | **평가문제 [합계잔액시산표 조회]**<br>12월 말 '가지급금' 잔액은 얼마인가? | 3 |
| 16 | **평가문제 [합계잔액시산표 조회]**<br>12월 말 '유동성장기부채' 잔액은 얼마인가? | 3 |
| 17 | **평가문제 [지급어음현황 조회]**<br>만기일이 20x1년에 도래하는 '지급어음'의 미결제 금액은 얼마인가? | 3 |
| 18 | **평가문제 [받을어음현황 조회]**<br>만기일이 20x1년에 도래하는 '받을어음'의 보유 금액은 얼마인가? | 3 |
| 19 | **평가문제 [재무상태표 조회]**<br>12월 말 '차량운반구'의 장부금액(취득원가 – 감가상각누계액)은 얼마인가? | 3 |
| 20 | **평가문제 [재무상태표 조회]**<br>12월 말 '부채'에 속하는 계정별 잔액으로 옳은 것은?<br>① 미지급금　154,753,140원　② 예수금　1,379,130원<br>③ 미지급세금　4,918,000원　④ 장기차입금　50,000,000원 | 4 |
| 21 | **평가문제 [재무상태표 조회]**<br>12월 말 '이월이익잉여금(미처분이익잉여금)' 잔액은 얼마인가?<br>① 550,127,500원　② 553,127,249원<br>③ 611,616,070원　④ 719,011,029원 | 2 |
| 22 | **평가문제 [손익계산서 조회]**<br>당기에 발생한 '상품매출원가' 금액은 얼마인가? | 3 |
| 23 | **평가문제 [손익계산서 조회]**<br>당기에 발생한 '판매비와관리비' 중 계정별 금액이 옳지 않은 것은?<br>① 급여　137,433,000원　② 복리후생비　17,547,200원<br>③ 접대비　26,207,900원　④ 광고선전비　18,156,200원 | 4 |
| 24 | **평가문제 [영수증수취명세서 조회]**<br>'영수증수취명세서(2)'의 3만원 초과 거래 중 금액이 가장 적은 계정과목의 계정코드를 기입하시오. | 3 |
| 25 | **평가문제 [부가가치세신고서 조회]**<br>제1기 확정신고기간 부가가치세신고서의 '과세_신용카드.현금영수증(3란)'의 금액은 얼마인가? | 3 |
| 26 | **평가문제 [부가가치세신고서 조회]**<br>제1기 확정신고기간 부가가치세신고서의 '공제받지못할매입세액(16란)'의 세액은 얼마인가? | 2 |
| 27 | **평가문제 [부가가치세신고서 조회]**<br>제1기 확정신고기간 부가가치세신고서의 '그밖의공제매입세액(14란)_신용매출전표수취/일반(41란)'의 금액은 얼마인가? | 3 |

| 번호 | 평가문제 | 배점 |
|---|---|---|
| 28 | **평가문제 [세금계산서합계표 조회]**<br>제1기 확정신고기간의 전자매출세금계산서 부가세(세액)는 얼마인가? | 3 |
| 29 | **평가문제 [계산서합계표 조회]**<br>제1기 확정신고기간 전자매출계산서 중 사업자에게 발급한 매수는 몇 매인가? | 3 |
| 30 | **평가문제 [예적금현황 조회]**<br>12월 말 은행별(계좌명) 예금 잔액으로 옳은 것은?<br>① 국민은행(당좌)  42,250,000원      ② 신한은행(보통) 480,076,560원<br>③ 하나은행(보통)  20,000,000원      ④ 국민은행(보통)   44,905,000원 | 4 |
| | 총  점 | 62 |

## 평가문제 │ 회계정보분석 (8점)

회계정보를 조회하여 [회계정보분석] 답안을 입력하시오.

31. 재무상태표 조회 (4점)

　　부채비율이란 기업의 부채와 자본 간의 관계를 나타내는 대표적인 안정성 지표이다. 전기 부채비율을 계산하면 얼마인가?(단, 소숫점 이하는 버림 할 것)

$$부채비율(\%) = \frac{부채총계}{자본총계} \times 100$$

　① 38%                          ②  48%
　③ 62%                          ④ 159%

32. 손익계산서 조회 (4점)

　　영업이익률은 기업경영활동 성과를 총괄적으로 보여주는 대표적인 지표이다. 전기 영업이익률을 계산하면 얼마인가?(단, 소숫점 이하는 버림 할 것)

$$영업이익률(\%) = \frac{영업이익}{매출액} \times 100$$

　① 17%                          ② 20%
　③ 27%                          ④ 29%

## 실무이론평가

| 1 | 2 | 3 | 4 | 5 | 6 | 7 | 8 | 9 | 10 |
|---|---|---|---|---|---|---|---|---|----|
| ② | ③ | ④ | ② | ② | ④ | ② | ② | ④ | ① |

**01** **자산과 부채는 원칙적으로 상계하여 표시하지 않는다**.

**02** 매도가능증권평가손익은 자본의 구성 항목 중 기타포괄손익누계액으로 분류되는 계정으로 **매도가능증권평가이익이 발생하면 자본과 기타포괄손익누계액이 증가**한다.

**03**

| 매출채권 연령 | 금액(A) | 추정대손율(B) | 대손추산액(A×B) |
|---|---|---|---|
| 3개월 이내 | 600,000원 | 5% | 30,000 |
| 3개월~6개월 | 300,000원 | 10% | 30,000 |
| 6개월 초과 | 200,000원 | 40% | 80,000 |
| 계 | 1,100,000원 | – | *140,000* |

**04** 운임과 숙박비는 여비교통비, 직원 회식대는 복리후생비, 매출거래처 선물대는 접대비(기업업무추진비)로 회계처리한다.

**05** 순매출액(5,000,000원) – 매출총이익(800,000원) = 매출원가(4,200,000원)

**상 품**

| 기초상품 | 500,000 | 매출원가 | 4,200,000 |
|---|---|---|---|
| 순매입액 | 4,000,000 | *기말상품* | *300,000* |
| 계 | 4,500,000 | 계 | 4,500,000 |

**06** 20x0년 감가상각비(정률법) = 장부가액(10,000,000) × 상각률(0.45) = 4,500,000원

20x1년 감가상각비(정률법) = 장부가액(10,000,000 – 4,500,000) × 상각률(0.45) = 2,475,000원

**07** ① (차) 선급보험료 ××× (대) 보험료 ××× (당기순이익 증가)

② (차) 이자수익 ××× (대) 선수수익 ××× (당기순이익 감소)

③ (차) 미수수익 ××× (대) 임대료수익 ××× (당기순이익 증가)

④ (차) 소모품 ××× (대) 소모품비 ××× (당기순이익 증가)

**08** 신규로 사업을 시작하려는 자는 **사업개시일 이전이라도 사업자등록을 신청**할 수 있다.

**09** 상품권의 양도, 조세의 물납, 주식의 양도는 재화의 공급에 해당하지 않는다.

**10** 매입세액 = 원재료(5,000,000) + 종업원선물(200,000) = 5,200,000원

■■■■■■■ **실무수행평가**

## 실무수행 1. 기초정보관리의 이해

① 사업자등록증에 의한 거래처 수정

　　담당자메일주소 수정 : star@bill36524.com → sky@bill36524.com

② 계정과목추가 및 적요등록 수정

　　- Ctrl+F1을 클릭하여 '294.임대보증금'을 '294.장기임대보증금'으로 수정
　　- 표준코드 : '326.장기임대보증금' 등록

## 실무수행 2. 거래자료 입력

① 3만원초과 거래자료 입력 [일반전표입력] 1월 9일

| (차) 광고선전비(판) | 80,000원 | (대) 현금 | 80,000원 |

[영수증수취명세서]

| 영수증수취명세서(2) | 영수증수취명세서(1) | | 해당없음 | | | | | | 입력순 |
|---|---|---|---|---|---|---|---|---|---|
| □ | 거래일자 | 상 호 | 성 명 | 사업장 | 사업자등록번호 | 거래금액 | 구분 | 계정코드 | 계정과목 | 적요 |
| □ | 20×1-02-15 | 동네수리점 | 권민우 | 서울특별시 서대문구 간호 | 105-91-21517 | 330,000 | | 820 | 수선비 | |
| □ | 20×1-03-15 | 생활광고 | 우영우 | 서울특별시 서대문구 충정 | 303-11-05517 | 150,000 | | 826 | 도서인쇄비 | |
| □ | 20×1-01-09 | 스마트광고 | 심가재 | 서울특별시 구로구 디지털 | 214-12-45123 | 80,000 | | 833 | 광고선전비 | |

| 영수증수취명세서(2) | 영수증수취명세서(1) | 해당없음 | |
|---|---|---|---|
| 1. 세금계산서, 계산서, 신용카드 등 미사용내역 | | | |
| 9. 구분 | 3만원 초과 거래분 | | |
| | 10. 총계 | 11. 명세서제출 제외대상 | 12. 명세서제출 대상(10-11) |
| 13. 건수 | 3 | | 3 |
| 14. 금액 | 560,000 | | 560,000 |

② 증빙에 의한 전표입력 [일반전표입력] 2월 1일

| (차) 접대비(판) | 44,000원 | (대) 미지급금(삼성카드) | 44,000원 |

③ 기타 일반거래 [일반전표입력] 3월 10일

| (차) 복리후생비(판) | 135,000원 | (대) 보통예금 | 270,000원 |
| 　　예수금 | 135,000원 | 　　(신한은행(보통)) | |

④ 약속어음의 수취거래 [일반전표입력] 4월 10일

| (차) 보통예금(국민은행(보통)) | 3,000,000원 | (대) 외상매출금((주)제일가방) | 33,000,000원 |
| 　　받을어음((주)제일가방) | 30,000,000원 | | |

[받을어음관리]

| ● 받을어음 관리 | | | | | | | | | | 삭제(F5) |
|---|---|---|---|---|---|---|---|---|---|---|
| 어음상태 | 1 | 보관 | 어음종류 | 6 | 전자 | 어음번호 | 00420230410123456789 | | 수취구분 | 1 | 자수 |
| 발행인 | 00115 | ((주)제일가방 | | 발행일 | | 20×1-04-10 | 만기일 | 20×1-07-10 | 배서인 | |
| 지급은행 | 100 | 국민은행 | 지점 | 강남 | | 할인기관 | | 지점 | 할인율(%) | |
| 지급거래처 | | | | | | * 수령된 어음을 타거래처에 지급하는 경우에 입력합니다. | | | | |

⑤ 약속어음의 만기결제 [일반전표입력] 5월 15일

(차) 지급어음((주)수연유통)    13,200,000원    (대) 당좌예금(국민은행(당좌))    13,200,000원

[지급어음 관리]

| ● 지급어음 관리 | | | | | | | | 삭제(F5) |
|---|---|---|---|---|---|---|---|---|
| 어음상태 | 3 | 결제 | 어음번호 | 00420230315123456789 | 어음종류 | 4 | 전자 | 발행일 | 20×1-03-15 |
| 만기일 | 20×1-05-15 | 지급은행 | 98000 | 국민은행(당좌) | 지점 | 강남 | | |

## 실무수행 3. 부가가치세

① 과세매출자료의 전자세금계산서 발행

1. [매입매출전표입력] 4월 7일

| 거래유형 | 품명 | 공급가액 | 부가세 | 거래처 | 전자세금 |
|---|---|---|---|---|---|
| 11.과세 | 남성 백팩 | 1,296,000 | 129,600 | (주)소라유통 | 전자발행 |
| 분개유형 | (차) 외상매출금 | | 1,425,600원 | (대) 상품매출 | 1,296,000원 |
| 2.외상 | | | | 부가세예수금 | 129,600원 |

2. [전자세금계산서 발행 및 내역관리] 기출문제 77회 참고

② 매출거래 [매입매출전표입력] 5월 12일

| 거래유형 | 품명 | 공급가액 | 부가세 | 거래처 | 전자세금 |
|---|---|---|---|---|---|
| 13.면세 | 월간 패션 | 1,200,000 | | (수)슬금비서적 | 전자입력 |
| 분개유형 | (차) 현금 | | 1,200,000원 | (대) 상품매출 | 1,200,000원 |
| 1.현금 | | | | | |

③ 매출거래 [매입매출전표입력] 5월 31일

| 거래유형 | 품명 | 공급가액 | 부가세 | 거래처 | 전자세금 |
|---|---|---|---|---|---|
| 17.카과 | 핸드백 | 320,000 | 32,000 | 신지희 | |
| 분개유형 | (차) 외상매출금 | | 352,000원 | (대) 상품매출 | 320,000원 |
| 4.카드(외상) | (기업카드) | | | 부가세예수금 | 32,000원 |

④ 매입거래 [매입매출전표입력] 6월 8일

| 거래유형 | 품명 | 공급가액 | 부가세 | 거래처 | 전자세금 |
|---|---|---|---|---|---|
| 54.불공 | 산악자전거 | 2,500,000 | 250,000 | 형제스포츠(주) | 전자입력 |
| 불공제사유 | 2. 사업과 관련 없는 지출 | | | | |
| 분개유형 | (차) 가지급금 | 2,750,000원 | (대) 미지급금 | | 2,750,000원 |
| 3.혼합 | (이한진) | | | | |

⑤ 매출거래 [매입매출전표입력] 6월 23일

| 거래유형 | 품명 | 공급가액 | 부가세 | 거래처 | 전자세금 |
|---|---|---|---|---|---|
| 11.과세 | 승용차 | 15,000,000 | 1,500,000 | (주)남도자동차 | 전자입력 |
| 분개유형 | (차) 감가상각누계액 | 5,000,000원 | (대) 부가세예수금 | | 1,500,000원 |
| 3.혼합 | 미수금 | 16,500,000원 | 차량운반구 | | 20,000,000원 |

⑥ 부가가치세신고서에 의한 회계처리

[일반전표입력] 4월 25일

(차) 미지급세금(역삼세무서)  4,918,000원   (대) 보통예금(신한은행(보통))  4,918,000원

[일반전표입력] 3월 31일 조회

(차) 부가세예수금  8,458,000원   (대) 부가세대급금  3,540,000원

미지급세금(역삼세무서)  4,918,000원

## 실무수행 4. 결산

① 수동결산 및 자동결산

1. 수동결산 [일반전표입력] 12월 31일

(차) 장기차입금(국민은행(차입금)) 50,000,000원   (대) 유동성장기부채(국민은행(차입금))  50,000,000원

2. 자동결산 [결산자료입력] 1월 ~ 12월

- 기말상품재고액 45,000,000원을 입력한다.

- 상단부 전표추가(F3) 를 클릭하면 [일반전표입력] 메뉴에 분개가 생성된다.

(차) 상품매출원가  281,082,454원   (대) 상품  281,082,454원

[기초상품재고액 90,000,000원+당기상품매입액 236,082,454원-기말상품재고액 45,000,000원]

= 상품매출원가 281,082,454원

3. [재무제표 등 작성]

- 손익계산서 → 이익잉여금처분계산서(처분일 입력 후 '전표추가' 클릭) → 재무상태표를 조회 작성한다.

## 평가문제. 실무수행평가 (62점)

| 번호 | 평가문제 | 배점 | 답 |
|------|----------|------|-----|
| 11 | 평가문제 [거래처등록 조회] | 4 | ④ |
| 12 | 평가문제 [계정과목및적요등록 조회] | 4 | (326) |
| 13 | 평가문제 [일/월계표 조회] | 2 | (101,273,600)원 |
| 14 | 평가문제 [합계잔액시산표 조회] | 3 | (16,500,000)원 |
| 15 | 평가문제 [합계잔액시산표 조회] | 3 | (3,050,000)원 |
| 16 | 평가문제 [합계잔액시산표 조회] | 3 | (52,000,000)원 |
| 17 | 평가문제 [지급어음현황 조회] | 3 | (18,200,000)원 |
| 18 | 평가문제 [받을어음현황 조회] | 3 | (71,000,000)원 |
| 19 | 평가문제 [재무상태표 조회] | 3 | (82,600,000)원 |
| 20 | 평가문제 [재무상태표 조회] | 4 | ① |
| 21 | 평가문제 [재무상태표 조회] | 2 | ④ |
| 22 | 평가문제 [손익계산서 조회] | 3 | (281,082,454)원 |
| 23 | 평가문제 [손익계산서 조회] | 4 | ③ |
| 24 | 평가문제 [영수증수취명세서 조회] | 3 | (833) |
| 25 | 평가문제 [부가가치세신고서 조회] | 3 | (320,000)원 |
| 26 | 평가문제 [부가가치세신고서 조회] | 2 | (4,250,000)원 |
| 27 | 평가문제 [부가가치세신고서 조회] | 3 | (7,000,000)원 |
| 28 | 평가문제 [세금계산서합계표 조회] | 3 | (12,395,600)원 |
| 29 | 평가문제 [계산서합계표 조회] | 3 | (2)매 |
| 30 | 평가문제 [예적금현황 조회] | 4 | ④ |
| 총 점 | | 62 | |

## 평가문제. 회계정보분석 (8점)

31. 재무상태표 조회 (4점)

   ③ (160,230,000원/255,895,000원)×100≒62%

32. 손익계산서 조회 (4점)

   ② (117,920,000원/566,000,000원)×100≒20%

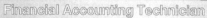

| 합격율 | 시험년월 |
|---|---|
| 54% | 2023.07 |

## ▨▨▨▨ 실무이론평가

**01.** 다음 중 회계추정의 변경으로 볼 수 없는 경우는?

① 재고자산의 진부화에 대한 판단의 변경
② 감가상각자산의 내용연수 변경
③ 재고자산평가방법의 변경
④ 대손추정율의 변경

**02.** 다음 중 재무제표의 작성에 대한 설명으로 옳지 않은 것은?

① 자산과 부채는 총액으로 표시하는 것이 원칙이다.
② 자산은 유동자산과 비유동자산으로 분류한다.
③ 기타포괄손익누계액은 손익계산서 항목이다.
④ 현금흐름표는 영업활동, 투자활동 및 재무활동으로 인한 현금흐름으로 구분하여 표시한다.

**03.** 다음 자료를 토대로 (주)한공의 20x1년 12월 31일의 매출채권금액을 계산하면 얼마인가?

| • 기초 매출채권 | 500,000원 |
|---|---|
| • 20x1년 중 매출채권회수액 | 1,100,000원 |
| • 20x1년 매출액 | 1,500,000원 (현금매출액 300,000원) |

① 300,000원　　　② 400,000원　　　③ 500,000원　　　④ 600,000원

**04.** 다음은 유형자산에 대한 대화내용이다. 올바르게 말한 사람은?

> • 영희 : 기계장치를 설치하여 시운전한 비용은 기계장치의 원가에 포함해야 해.
> • 지소 : 기계장치 수선유지비는 기계장치 원가에 포함하는 것이 맞아.
> • 병국 : 창고용 건물 취득세와 취득관련 중개인 수수료는 비용으로 처리하는 것이 맞아.
> • 주영 : 주차장으로 사용할 토지의 토지 정리비용은 토지의 원가에 포함해야 해.

※ 1차 저작권자의 저작권 침해 소지가 있어 삽화 삽입은 어려우니 양해바랍니다.

① 영희, 지소          ② 영희, 주영          ③ 지소, 병국          ④ 병국, 주영

**05.** 다음 자료를 토대로 상품의 6월 매출총이익을 계산하면 얼마인가?

> • 6월 매출액 : 300개 × 250원 = 75,000원
> • 재고자산평가방법 : 선입선출법
> • 6월 상품재고장

| 날짜 | 적요 | 입고 | | | 출고 |
|---|---|---|---|---|---|
| | | 수량 | 단가(원) | 금액(원) | 수량 |
| 6/ 1 | 전월이월 | 200 | 150 | 30,000 | |
| 6/15 | 매입 | 300 | 200 | 60,000 | |
| 6/25 | 매출 | | | | 300 |

① 15,000원          ② 25,000원          ③ 35,000원          ④ 40,000원

**06.** 다음 중 자본에 대한 설명으로 옳지 않은 것은?

① 보통주자본금은 액면금액에 발행주식수를 곱한 금액이다.
② 매도가능증권평가손익은 기타포괄손익누계액으로 표시한다.
③ 자본은 기업의 자산에서 부채를 차감한 후의 잔여지분을 나타낸다.
④ 주식을 액면금액 이상으로 발행할 경우 액면금액을 초과하는 금액은 이익잉여금으로 표시한다.

**07.** (주)한공의 손익계산서 일부와 관련 추가 자료이다. 다음 자료를 토대로 계산한 (가)의 금액은  얼마인가?

### 손익계산서

| 과 목 | 제4(당)기 | |
|---|---|---|
| (주)한공 | 20x1년 1월 1일부터 20x1년 12월 31일까지 | (단위 : 원) |
| 매 출 액 | | 6,000,000 |
| 매 출 원 가 | | ××× |
| 　기 초 상 품 재 고 액 | 800,000 | |
| 　당 기 상 품 매 입 액 | 3,000,000 | |
| 　기 말 상 품 재 고 액 | 200,000 | |
| 매 출 총 이 익 | | ××× |
| 판 매 비 와 관 리 비 | | ××× |
| ⋮ | ⋮ | |
| 영 업 이 익 | | **(가)** |

[당기 비용의 추가 자료]

| | | | |
|---|---|---|---|
| • 급여 | 600,000원 | • 기부금 | 20,000원 |
| • 접대비(기업업무추진비) | 80,000원 | • 세금과공과 | 50,000원 |

① 1,620,000원　　② 1,650,000원　　③ 1,670,000원　　④ 1,720,000원

**08.** 다음 중 부가가치세 신고에 관한 설명으로 옳은 것은?

① 폐업한 경우 폐업일이 속하는 달의 다음 달 말일까지 신고하여야 한다.

② 확정신고를 하는 경우 예정신고 시 신고한 과세표준도 포함하여 신고하여야 한다.

③ 신고기한까지 과세표준 및 세액을 신고하지 않는 경우 과소신고 가산세가 부과된다.

④ 주사업장 총괄납부 사업자는 납부와 환급만 주된 사업장에서 하므로 신고는 각 사업장별로 하여야 한다.

**09.** 다음의 자료를 토대로 부가가치세 납부세액을 계산하면 얼마인가? 단, 제시된 금액에는 부가가치세가 포함되지 않았고 세금계산서를 적법하게 발급 또는 수취하였다.

| | | | |
|---|---|---|---|
| • 현금매출 | 18,000,000원 | • 외상매출 | 20,000,000원 |
| • 상품 매입액 | 12,000,000원 | • 접대비(기업업무추진비)지출액 | 5,000,000원 |

① 800,000원　　② 1,500,000원　　③ 2,100,000원　　④ 2,600,000원

**10.** 다음 중 부가가치세의 납부세액을 계산할 때 공제받을 수 있는 매입세액은?

    ① 업무와 관련이 없는 지출에 대한 매입세액

    ② 면세사업 관련 매입세액

    ③ 운수업의 영업용 차량 매입세액

    ④ 토지의 취득 관련 매입세액

## 실무수행평가

(주)국제우산(3640)은 우산 등을 도·소매하는 법인으로 회계기간은 제7기(20x1.1.1.~20x1.12.31.)이다. 제시된 자료와 [자료설명]을 참고하여 [수행과제]를 완료하고 [평가문제]의 물음에 답하시오.

### 실무수행1    기초정보관리의 이해

회계관련 기초정보는 입력되어 있다. [자료설명]을 참고하여 [수행과제]를 수행하시오.

① 사업자등록증에 의한 회사등록 수정

| 사 업 자 등 록 증 | |
|---|---|
| **(법인사업자)**<br>등록번호 : 110-87-03213<br><br>상　　　　호 : (주)국제우산<br>대 표 자 명 : 이준서<br>개 업 년 월 일 : 2017년 10월 2일<br>법인등록번호 : 110111-0634752<br>사업장 소재지 : 서울특별시 서대문구 충정로7길 12<br>　　　　　　　　(충정로2가)<br><br>사 업 의 종 류 : [업태] 도소매업<br>　　　　　　　　　[종목] 우산 외<br><br>교 부 사 유 : 정정<br>사업자단위과세 적용사업자여부 : 여( ) 부(√)<br>전자세금계산서 전용 메일주소 : korea@bill36524.com<br><br>20x1년 1월 5일<br><br>서대문 세무서장 (인) | **자료설명**<br><br>(주)국제우산의 사업장주소와 담당자메일주소가 변경되어 사업자등록증을 재교부받았다.<br><br><br>**수행과제**<br><br>사업자등록증의 변경내용을 확인하여 사업장주소와 담당자메일주소를 수정하시오. |

② 거래처별초기이월 등록 및 수정

### 주.임.종단기채권 명세서

| 거래처명 | | 적요 | 금액 | 비고 |
|---|---|---|---|---|
| 00123 | 정선아 | 자녀 학자금 대출 | 5,000,000원 | 상환일 : 20x2.2.25. |
| 00234 | 구재은 | 자녀 학자금 대출 | 3,000,000원 | 상환일 : 20x2.4.25. |
| 07001 | 백장섭 | 일시 사용자금 대출 | 4,000,000원 | 상환일 : 20x2.5.25. |
| 합계 | | | 12,000,000원 | |

| 자료설명 | 회사는 직원 대출금에 대한 주.임.종단기채권을 종업원별로 관리하고 있다. |
|---|---|
| 수행과제 | 거래처별 초기이월사항을 입력하시오. |

---

## 실무수행2  거래자료 입력

실무프로세스 자료이다. [자료설명]을 참고하여 [수행과제]를 수행하시오.

① 3만원초과 거래자료 입력

| 영 수 증 (공급받는자용) |
|---|

| NO | | (주)국제우산 | | | 귀하 |
|---|---|---|---|---|---|
| 공급자 | 사업자<br>등록번호 | 603 - 81 - 16391 | | | |
| | 상 호 | (주)금화서비스 | 성명 | | 이현진 |
| | 사업장<br>소재지 | 서울특별시 강남구 역삼로 111 | | | |
| | 업 태 | 서비스업 | 종목 | | 종합수리 |
| 작성일자 | | 공급대가총액 | | 비고 | |
| 20x1.3.3. | | 55,000 | | | |
| 공 급 내 역 | | | | | |
| 월/일 | 품명 | 수량 | 단가 | | 금액 |
| 3/3 | 컴퓨터 수리 | | | | 55,000 |
| 합 계 | | ₩55,000 | | | |
| 위 금액을 (영수)(청구)함 | | | | | |

| 자료설명 | 사무실 컴퓨터를 수리하고 대금은 현금으로 지급하였다. 회사는 이 거래가 지출증명서류미수취가산세 대상인지를 검토하려고 한다. |
|---|---|
| 수행과제 | 1. 거래자료를 입력하시오.<br>   (단, '수익적지출'로 처리할 것)<br>2. 영수증수취명세서 (2)와 (1)서식을 작성하시오. |

2 기타 일반거래

■ 보통예금(국민은행) 거래내역

| 번호 | 거래일 | 내용 | 찾으신금액 | 맡기신금액 | 잔액 | 거래점 |
|---|---|---|---|---|---|---|
| | | | 764502 – 01 – 047720   (주)국제우산 | | | |
| 1 | 20x1 – 03 – 07 | 계약금 | 2,000,000 | | *** | *** |

| 자료설명 | (주)무지개우산에서 상품을 구입하기로 하고, 계약금 2,000,000원을 국민은행 보통예금 계좌에서 이체하여 지급하였다. |
|---|---|
| 수행과제 | 거래자료를 입력하시오. |

3 증빙에 의한 전표입력

<table>
<tr><td>

**신 용 카 드 매 출 전 표**

가 맹 점 명   서영중식 (02)345 – 8766
사업자번호   130 – 42 – 35528
대 표 자 명   이서영
주        소   서울특별시 서대문구 간호대로 12 – 6

우 리 카 드                          신용승인
거 래 일 시        20x1 – 04 – 10   20:08:04
카 드 번 호        8844 – 2211 – **** – 49**
유 효 기 간                              **/**
가 맹 점 번 호                      87687393
매  입  사          신한카드(전자서명전표)

공 급 가 액                      300,000원
부 가 가 치 세                     30,000원
합        계                       330,000원

20230410/10062411/00046160

</td>
<td>

| 자료설명 | 매출거래처 직원과 식사를 하고 대금을 결제한 후 받은 신용카드 매출전표이다. |
|---|---|
| 수행과제 | 거래자료를 입력하시오. |

</td></tr>
</table>

④ 기타 일반거래

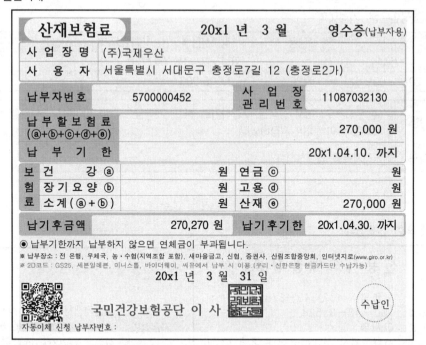

| 자료설명 | [4월 28일] 3월분 산재보험료 270,000원과 연체금 270원을 기업은행 보통예금 계좌에서 이체하여 납부하였다. |
|---|---|
| 수행과제 | 거래자료를 입력하시오.<br>(단, 산재보험료는 '보험료', 연체금은 '세금과공과금'으로 처리할 것) |

⑤ 약속어음의 할인

자료 1.

# 전 자 어 음

**(주)국제우산** 귀하                00420230320987654321

금  일천육백오십만원정                              16,500,000원

위의 금액을 귀하 또는 귀하의 지시인에게 지급하겠습니다.

지급기일  20x1년 6월 20일          발행일    20x1년 3월 20일
지 급 지  국민은행               발행지
지급장소  양천지점               주 소     서울특별시 양천구 공항대로 530
                            발행인    (주)순양유통

자료 2. 당좌예금(국민은행) 거래내역

| 번호 | 거래일 | 내 용 | 찾으신금액 | 맡기신금액 | 잔 액 | 거래점 |
|---|---|---|---|---|---|---|
| | | 계좌번호 112 - 088 - 123123 (주)국제우산 | | | | |
| 1 | 20x1 - 05 - 18 | 어음할인 | | 16,335,000 | *** | *** |

| 자료설명 | [5월 18일]<br>(주)순양유통에서 받아 보관 중인 전자어음을 국민은행 서대문지점에서 할인받고, 할인료 165,000원을 차감한 잔액을 국민은행 당좌예금 계좌로 입금받았다. |
|---|---|
| 수행과제 | 1. 거래자료를 입력하시오.(매각거래로 처리할 것)<br>2. 자금관련 정보를 입력하여 받을어음현황에 반영하시오.<br>   (할인기관은 '국민은행(당좌)'으로 할 것) |

## 실무수행3　부가가치세

부가가치세 신고 관련 자료이다. [자료설명]을 참고하여 [수행과제]를 수행하시오.

① 과세매출자료의 전자세금계산서 발행

### 거 래 명 세 서 　　(공급자 보관용)

| | 등록번호 | 110 - 87 - 03213 | | | | 등록번호 | 119 - 81 - 02126 | | |
|---|---|---|---|---|---|---|---|---|---|
| 공급자 | 상호 | (주)국제우산 | 성명 | 이준서 | 공급받는자 | 상호 | (주)지성마트 | 성명 | 김지성 |
| | 사업장주소 | 서울특별시 서대문구 충정로7길 12<br>(충정로2가) | | | | 사업장주소 | 서울특별시 강남구 강남대로 314<br>(역삼동, 서우빌딩) | | |
| | 업태 | 도소매업 | 종사업장번호 | | | 업태 | 도소매업 | 종사업장번호 | |
| | 종목 | 우산 외 | | | | 종목 | 생활용품 | | |

| 거래일자 | 미수금액 | 공급가액 | 세액 | 총 합계금액 |
|---|---|---|---|---|
| 20x1.7.7. | | 5,000,000 | 500,000 | 5,500,000 |

| NO | 월 | 일 | 품목명 | 규격 | 수량 | 단가 | 공급가액 | 세액 | 합계 |
|---|---|---|---|---|---|---|---|---|---|
| 1 | 7 | 7 | 3단우산 | | 1,000 | 5,000 | 5,000,000 | 500,000 | 5,500,000 |
| | | | | | | | | | |

| 자료설명 | 1. 상품을 판매하면서 발급한 거래명세서이다.<br>2. 계약금을 제외한 대금 잔액은 하나은행 보통예금 계좌로 입금받았다. |
|---|---|
| 수행과제 | 1. 7월 5일 거래를 참고하여 매입매출자료를 입력하시오.<br>2. 전자세금계산서 발행 및 내역관리 를 통하여 발급 및 전송하시오.<br>   (전자세금계산서 발급 시 결제내역 및 전송일자는 고려하지 말 것) |

② 매입거래

<table>
<tr><td colspan="6" style="text-align:center">전자계산서 (공급받는자 보관용)</td><td>승인번호</td><td></td></tr>
<tr><td rowspan="6">공급자</td><td>등록번호</td><td colspan="3">142 - 36 - 15766</td><td rowspan="6">공급받는자</td><td>등록번호</td><td colspan="3">110 - 87 - 03213</td></tr>
<tr><td>상호</td><td>미래서점</td><td>성명<br>(대표자)</td><td>김주은</td><td>상호</td><td>(주)국제우산</td><td>성명<br>(대표자)</td><td>이준서</td></tr>
<tr><td>사업장<br>주소</td><td colspan="3">서울특별시 서대문구 독립문공원길<br>99 (현저동)</td><td>사업장<br>주소</td><td colspan="3">서울특별시 서대문구 충정로7길 12<br>(충정로2가)</td></tr>
<tr><td>업태</td><td>도소매업</td><td colspan="2">종사업장번호</td><td>업태</td><td>도소매업</td><td colspan="2">종사업장번호</td></tr>
<tr><td>종목</td><td>책, 잡화</td><td colspan="2"></td><td>종목</td><td colspan="3">우산 외</td></tr>
<tr><td>E-Mail</td><td colspan="3">jooeun@naver.com</td><td>E-Mail</td><td colspan="3">korea@bill36524.com</td></tr>
</table>

| 작성일자 | 20x1.8.4. | 공급가액 | | 75,000 | 비 고 | |
|---|---|---|---|---|---|---|
| 월 | 일 | 품목명 | 규격 | 수량 | 단가 | 공급가액 | 비고 |
| 8 | 4 | 매출 텐션업 | | 5 | 15,000 | 75,000 | |

| 합계금액 | 현금 | 수표 | 어음 | 외상미수금 | 이 금액을 | ○ 영수<br>● 청구 | 함 |
|---|---|---|---|---|---|---|---|
| 75,000 | | | | 75,000 | | | |

| 자료설명 | 영업부 업무관련 도서를 외상으로 구입하고 발급받은 전자계산서이다. |
|---|---|
| 수행과제 | 매입매출자료를 입력하시오. (전자계산서 거래는 '전자입력'으로 입력할 것) |

③ 매출거래

| | |
|---|---|
| **신용카드매출전표**<br>------------------------------<br>카 드 종 류 : 국민카드<br>회 원 번 호 : 1007 - 0321 - \*\*11 - 9\*\*0<br>거 래 일 시 : 20x1.09.12. 15:05:16<br>거 래 유 형 : 신용승인<br>매      출 : 2,000,000원<br>부 가 세 :   200,000원<br>합      계 : 2,200,000원<br>결 제 방 법 : 일시불<br>가맹점번호 : 03211007<br>------------------------------<br>가맹점명 : (주)국제우산<br>- 이 하 생 략 - | **자료설명**: (주)지영아트에 신상품(자전거용 우산)을 판매하고 발급한 신용카드매출전표이다.<br><br>**수행과제**: 매입매출자료를 입력하시오. |

4 매입거래

```
          신용카드매출전표
------------------------------------
카드종류 : 기업카드
회원번호 : 5123 - 1**4 - 0211 - 65**
거래일시 : 20x1.10.02. 11:11:54
거래유형 : 신용승인
매    출 : 240,000원
부 가 세 :  24,000원
합    계 : 264,000원
결제방법 : 일시불
승인번호 : 32232154
은행확인 : 기업은행
------------------------------------
------------------------------------
가맹점명 : (주)수아기프트(220 - 81 - 12375)
          - 이 하 생 략 -
```

| 자료설명 | 본사 직원에게 배부할 창립기념일 선물(텀블러)을 구입하고 법인 신용카드로 결제하였다. |
|---|---|
| 수행과제 | 매입매출자료를 입력하시오. |

5 매입거래

### 전자세금계산서 (공급받는자 보관용)  승인번호

| | 등록번호 | 212 - 81 - 16327 | | | | 등록번호 | 110 - 87 - 03213 | | |
|---|---|---|---|---|---|---|---|---|---|
| 공급자 | 상호 | (주)법무법인 바른 | 성명(대표자) | 이나경 | 공급받는자 | 상호 | (주)국제우산 | 성명(대표자) | 이준서 |
| | 사업장주소 | 서울특별시 강남구 강남대로 255 (도곡동) | | | | 사업장주소 | 서울특별시 서대문구 충정로7길 12 (충정로2가) | | |
| | 업태 | 서비스업 | 종사업장번호 | | | 업태 | 도소매업 | 종사업장번호 | |
| | 종목 | 법률자문 | | | | 종목 | 우산 외 | | |
| | E-Mail | nakyung@bill36524.com | | | | E-Mail | korea@bill36524.com | | |

| 작성일자 | 20x1.11.7. | 공급가액 | 900,000 | 세 액 | 90,000 |
|---|---|---|---|---|---|
| 비고 | | | | | |

| 월 | 일 | 품목명 | 규격 | 수량 | 단가 | 공급가액 | 세액 | 비고 |
|---|---|---|---|---|---|---|---|---|
| 11 | 7 | 등기대행 수수료 | | | | 900,000 | 90,000 | |

| 합계금액 | 현금 | 수표 | 어음 | 외상미수금 | 이 금액을 | ● 영수 / ○ 청구 | 함 |
|---|---|---|---|---|---|---|---|
| 990,000 | 990,000 | | | | | | |

| 자료설명 | 상품 보관창고를 건설하기 위해 취득한 토지의 등기대행 수수료에 대한 전자세금계산서를 수취하고 대금은 현금으로 지급하였다. |
|---|---|
| 수행과제 | 매입매출자료를 입력하시오.('자본적지출'로 처리하고, 전자세금계산서 거래는 '전자입력'으로 입력할 것) |

⑥ 부가가치세신고서에 의한 회계처리

| 자료설명 | 제1기 예정 부가가치세 과세기간의 부가가치세 관련 거래자료는 입력되어 있다. |
|---|---|
| 수행과제 | 제1기 예정 부가가치세신고서를 참고하여 3월 31일 부가가치세 납부세액(환급세액)에 대한 회계처리를 하시오.(단, 납부할 세액은 '미지급세금', 환급받을 세액은 '미수금'으로 회계처리하고, 거래처코드를 입력할 것) |

## 실무수행4  결산

[결산자료]를 참고하여 결산을 수행하시오.(단, 제시된 자료 이외의 자료는 없다고 가정함.)

① 수동결산 및 자동결산

| 자료설명 | 1. 장기차입금에 대한 기간경과분 이자 250,000원을 계상하였다.<br>2. 기말 상품재고액은 35,000,000원이다.<br>3. 이익잉여금처분계산서 처분 확정(예정)일<br>  – 당기분 : 20x2년 2월 27일<br>  – 전기분 : 20x1년 2월 27일 |
|---|---|
| 수행과제 | 1. 수동결산 또는 자동결산 메뉴를 이용하여 결산을 완료하시오.<br>2. 12월 31일을 기준으로 '손익계산서 → 이익잉여금처분계산서 → 재무상태표'를 순서대로 조회 작성하시오.(단, 이익잉여금처분계산서 조회 작성 시 '저장된 데이터 불러오기' → '아니오' 선택 → '전표추가'를 이용하여 '손익대체분개'를 수행할 것) |

**평가문제** | **실무수행평가 (62점)**

입력자료 및 회계정보를 조회하여 [평가문제]의 답안을 입력하시오.

| 번호 | 평가문제 | 배점 |
|---|---|---|
| 11 | **평가문제 [회사등록 조회]**<br>[회사등록] 관련 내용으로 옳지 않은 것은?<br>① 사업장 세무서는 '서대문'이다.<br>② 대표자명은 '이준서'이다.<br>③ 국세환급금이 입금되는 계좌는 '국민은행 서대문지점'이다.<br>④ 담당자메일주소는 'korea@hanmail.net'이다. | 4 |
| 12 | **평가문제 [거래처원장 조회]**<br>1월 말 '137.주.임.종단기채권' 계정의 거래처별 잔액이 옳지 않은 것은?<br>① 00123.정선아  5,000,000원          ② 00234.구재은  3,000,000원<br>③ 00775.이재원  2,000,000원          ④ 07001.백장섭  6,000,000원 | 4 |
| 13 | **평가문제 [거래처원장 조회]**<br>12월 말 '253.미지급금' 계정의 거래처별 잔액이 옳은 것은?<br>① 04008.하늘유통      110,220원      ② 04010.미래서점   175,000원<br>③ 99602.기업카드    2,237,180원      ④ 99610.신한카드   290,000원 | 4 |
| 14 | **평가문제 [거래처원장 조회]**<br>9월 말 국민카드(코드 : 99601)의 '108.외상매출금' 잔액은 얼마인가? | 3 |
| 15 | **평가문제 [총계정원장 조회]**<br>3/4분기(7월 ~ 9월) 중 '401.상품매출'이 가장 많이 발생한 달은 몇 월인가? | 3 |
| 16 | **평가문제 [재무상태표 조회]**<br>12월 말 '현금' 잔액은 얼마인가? | 3 |
| 17 | **평가문제 [재무상태표 조회]**<br>12월 말 '선급금' 잔액은 얼마인가? | 3 |
| 18 | **평가문제 [재무상태표 조회]**<br>12월 말 '유형자산'의 잔액은 얼마인가? | 3 |
| 19 | **평가문제 [재무상태표 조회]**<br>12월 말 '선수금' 잔액은 얼마인가? | 2 |
| 20 | **평가문제 [재무상태표 조회]**<br>12월 말 '이월이익잉여금(미처분이익잉여금)' 잔액은 얼마인가?<br>① 350,899,370원                      ② 411,283,600원<br>③ 491,616,070원                      ④ 548,925,600원 | 2 |

| 번호 | 평가문제 | 배점 |
|---|---|---|
| 21 | **평가문제 [손익계산서 조회]**<br>당기에 발생한 '판매비와관리비'의 계정별 금액이 옳지 않은 것은?<br>① 복리후생비   15,526,400원      ② 접대비(기업업무추진비)      7,680,500원<br>③ 보험료      7,761,000원      ④ 도서인쇄비   508,000원 | 4 |
| 22 | **평가문제 [손익계산서 조회]**<br>당기에 발생한 '영업외비용'의 계정별 금액이 가장 많은 계정과목의 코드번호를 기입하시오. | 2 |
| 23 | **평가문제 [영수증수취명세서 조회]**<br>'영수증수취명세서(2)'의 3만원 초과 거래내역 중 거래금액이 가장 적은 계정과목의 코드번호를 기입하시오. | 3 |
| 24 | **평가문제 [부가가치세신고서 조회]**<br>제2기 예정신고기간 부가가치세신고서의 '과세_신용카드.현금영수증(3란)'의 금액은 얼마인가? | 3 |
| 25 | **평가문제 [부가가치세신고서 조회]**<br>제2기 확정신고기간 부가가치세신고서의 '그밖의공제매입세액(14란)_신용카드매출전표수취/일반(41란)' 금액은 얼마인가? | 4 |
| 26 | **평가문제 [부가가치세신고서 조회]**<br>제2기 확정신고기간 부가가치세신고서의 '공제받지못할매입세액(16란)'의 세액은 얼마인가? | 3 |
| 27 | **평가문제 [세금계산서합계표 조회]**<br>제2기 예정신고기간의 전자 매출세금계산서의 매수는 몇 매인가? | 2 |
| 28 | **평가문제 [계산서합계표 조회]**<br>제2기 예정신고기간의 전자 매입계산서의 공급가액은 얼마인가? | 4 |
| 29 | **평가문제 [예적금현황 조회]**<br>12월 말 은행별(계좌명) 예금 잔액으로 옳은 것은?<br>① 국민은행(당좌)   40,600,000원      ② 국민은행(보통)   225,156,400원<br>③ 기업은행(보통)   31,585,970원      ④ 하나은행(보통)   27,000,000원 | 4 |
| 30 | **평가문제 [받을어음현황 조회]**<br>만기일이 20x1년에 도래하는 '받을어음' 보유금액은 얼마인가? | 2 |
| | **총 점** | 62 |

| 평가문제 | 회계정보분석 (8점) |
|---|---|

회계정보를 조회하여 [회계정보분석] 답안을 입력하시오.

31. 재무상태표 조회 (4점)

유동비율이란 기업의 단기 지급능력을 평가하는 지표이다. 전기 유동비율은 얼마인가?(단, 소숫점 이하는 버림할 것)

$$유동비율(\%) = \frac{유동자산}{유동부채} \times 100$$

① 13%          ② 15%          ③ 613%          ④ 659%

32. 손익계산서 조회 (4점)

이자보상비율은 기업의 채무상환능력을 나타내는 지표이다. 전기분 이자보상비율은 얼마인가?

$$이자보상비율(\%) = \frac{영업이익}{이자비용} \times 100$$

① 1,007%          ② 1,584%          ③ 2,210%          ④ 3,110%

## 실무이론평가

| 1 | 2 | 3 | 4 | 5 | 6 | 7 | 8 | 9 | 10 |
|---|---|---|---|---|---|---|---|---|---|
| ③ | ③ | ④ | ② | ② | ④ | ③ | ④ | ④ | ③ |

**01** <u>재고자산평가방법의 변경은 회계정책의 변경</u>이다.(TAT2급에서 주로 나오는 문제입니다.)

**02** <u>기타포괄손익누계액은 재무상태표 항목</u>이다.

**03** 당기외상매출액 = 당기매출액(1,500,000) - 현금매출액(300,000) = 1,200,000원

외상매출금

| 기초잔액 | 500,000 | 회수액 | 1,100,000 |
|---|---|---|---|
| **외상매출액** | 1,200,000 | **기말잔액** | **600,000** |
| 계 | 1,700,000 | 계 | 1,700,000 |

**04** 유형자산 취득과 관련된 제비용(<u>기계장치 시운전비, 건물취득세 및 중개인수수료, 토지 정리비용</u>)은 원가에 포함하여야 한다. 기계장치 수선유지비는 수익적지출에 해당한다.

**05** 매출원가(선입선출법) = (200개 × 150원) + (100개 × 200원) = 50,000원

매출총이익 = 매출액(75,000) - 매출원가(50,000) = 25,000원

**06** 주식을 <u>액면금액 이상으로 발행할 경우 액면금액을 초과하는 금액은 자본잉여금</u>으로 표시한다.

**07** 매출원가 = 기초상품재고액(800,000) + 당기상품매입액(3,000,000)

          - 기말상품재고액(200,000) = 3,600,000원

매출총이익 = 매출액(6,000,000) - 매출원가(3,600,000) = 2,400,000원

판매비와관리비 = 급여(600,000) + 접대비(기업업무추진비)(80,000) + 세금과공과(50,000)

          = 730,000원

영업이익 = 매출총이익(2,400,000) - 판매비와관리비(730,000) = ,670,000원

**08** ① 폐업의 경우 <u>폐업일이 속하는 달의 다음 달 25일까지 신고</u>하여야 한다.

② 확정신고를 하는 경우 <u>예정신고 시 신고한 과세표준은 제외하고 신고</u>한다.

③ 신고기한까지 <u>과세표준 및 세액을 신고하지 않는 경우 무신고 가산세가 부과</u>된다.

**09** 매출세액 = (18,000,000 + 20,000,000) × 10% = 3,800,000원

매입세액 = 상품매입(12,000,000) × 10% = 1,200,000원

납부세액 = 매출세액(3,800,000) - 매입세액(1,200,000) = 2,600,000원

**10** 운수업의 영업용 차량 매입세액은 공제받을 수 있는 매입세액에 해당한다.

## ■■■■ 실무수행평가

### 실무수행 1. 기초정보관리의 이해

① 사업자등록증에 의한 회사등록 수정

- 사업장 주소

'서울특별시 서대문구 충정로7길 29 - 8 (충정로3가)'에서

'서울특별시 서대문구 충정로7길 12 (충정로2가)'로 수정

- 담당자 메일 주소 : 'korea@hanmail.net'에서 'korea@bill36524.com'으로 수정

② 거래처별초기이월 등록 및 수정

- 137.주.임.종단기채권

00123.정선아　5,000,000원 입력

00234.구재은　3,000,000원 입력

07001.백장섭　4,000,000원 입력

### 실무수행 2. 거래자료 입력

① 3만원초과 거래자료 입력 [일반전표입력] 3월 3일

(차) 수선비(판)　　　　　55,000원　(대) 현금　　　　　　55,000원

[영수증수취명세서 작성]

| | 거래일자 | 상 호 | 성 명 | 사업장 | 사업자등록번호 | 거래금액 | 구분 | 계정코드 | 계정과목 | 적요 |
|---|---|---|---|---|---|---|---|---|---|---|
| ☐ | 20×1-01-09 | (주)강남한정 | 황주원 | 서울특별시 서대문구 충정 | 129-81-15031 | 66,000 | | 813 | 접대비 | 매출거래처 직원 식대 |
| ☐ | 20×1-02-01 | 강우인쇄 | 김강우 | 서울특별시 강남구 강남대 | 112-33-16517 | 88,000 | | 826 | 도서인쇄비 | 직원 명함 인쇄 |
| ☐ | 20×1-03-02 | 소라정비(주) | 이용빈 | 경기도 수원시 팔달구 매산 | 138-81-17106 | 451,000 | | 822 | 차량유지비 | 차량수리비 지급 |
| ☐ | 20×1-03-03 | (주)금화서비 | 이현진 | 서울특별시 강남구 역삼로 | 603-81-16391 | 55,000 | | 820 | 수선비 | |

| 9. 구분 | 3만원 초과 거래분 | | |
|---|---|---|---|
| | 10. 총계 | 11. 명세서제출 제외대상 | 12. 명세서제출 대상(10-11) |
| 13. 건수 | 4 | | 4 |
| 14. 금액 | 660,000 | | 660,000 |

1. 세금계산서, 계산서, 신용카드 등 미사용내역

② 기타 일반거래 [일반전표입력] 3월 7일

(차) 선급금((주)무지개우산)　2,000,000원　(대) 보통예금(국민은행(보통))　2,000,000원

③ 증빙에 의한 전표입력 [일반전표입력] 4월 10일

(차) 접대비(기업업무추진비)(판)   330,000원   (대) 미지급금(신한카드)        330,000원

☞ 세법개정시 접대비의 명칭이 기업업무추진비(2024년부터 적용)로 변경되었습니다. 그러나 세법이 변경됐지만, 회계에서는 별도 언급이 없습니다. Kc-Lep(전산 프로그램)에서는 기업업무추진비로 Smart-A에서는 접대비 라는 계정을 사용합니다.

④ 기타 일반거래 [일반전표입력] 4월 28일

(차) 보험료(판)              270,000원   (대) 보통예금(기업은행(보통))   270,270원
    세금과공과금(판)            270원

⑤ 약속어음의 할인 [일반전표입력] 5월 18일

(차) 당좌예금(국민은행(당좌))   16,335,000원   (대) 받을어음((주)순양유통)   16,500,000원
    매출채권처분손실          165,000원

[받을어음관리]

| 어음상태 | 2 | 할인(전액) | 어음번호 | 00420230320987654321 | | 수취구분 | 1 | 자수 | 발행일 | 20x1-03-20 | 만기일 | 20x1-06-20 |
|---|---|---|---|---|---|---|---|---|---|---|---|---|
| 발행인 | 02334 | (주)순양유통 | | | | 지급은행 | 100 | 국민은행 | | | 지점 | 양천 |
| 배서인 | | | 할인기관 | 98000 | 국민은행(당좌) | 지 | 점 | 서대문 | 할인율(%) | | 어음종류 | 6 전자 |
| 지급거래처 | | | | | | * 수령된 어음을 타거래처에 지급하는 경우에 입력합니다. | | | | | | |

## 실무수행 3. 부가가치세

① 과세매출자료의 전자세금계산서 발행

1. [매입매출전표입력] 7월 7일

| 거래유형 | 품명 | 공급가액 | 부가세 | 거래처 | 전자세금 |
|---|---|---|---|---|---|
| 11.과세 | 3단우산 | 5,000,000 | 500,000 | (주)지성마트 | 전자발행 |
| 분개유형 | (차) 보통예금 | 4,675,000원 | (대) 상품매출 | | 5,000,000원 |
| 3. 혼합 | (하나은행(보통)) | | 부가세예수금 | | 500,000원 |
| | 선수금 | 825,000원 | | | |

2. [전자세금계산서 발행 및 내역관리] 기출문제 77회 참고

② 매입거래 [매입매출전표입력] 8월 4일

| 거래유형 | 품명 | 공급가액 | 부가세 | 거래처 | 전자세금 |
|---|---|---|---|---|---|
| 53.면세 | 매출 텐션업 | 75,000 | | 미래서점 | 전자입력 |
| 분개유형 | (차) 도서인쇄비(판) | 75,000원 | (대) 미지급금 | | 75,000원 |
| 3.혼합 | | | | | |

3 매출거래 [매입매출전표입력] 9월 12일

| 거래유형 | 품명 | 공급가액 | 부가세 | 거래처 | 전자세금 |
|---|---|---|---|---|---|
| 17.카과 | 자전거용 우산 | 2,000,000 | 200,000 | (주)지영아트 | |
| 분개유형 | (차) 외상매출금 | 2,200,000원 | (대) 상품매출 | | 2,000,000원 |
| 4.카드(혼합) | (국민카드) | | 부가세예수금 | | 200,000원 |

4 매입거래 [매입매출전표입력] 10월 2일

| 거래유형 | 품명 | 공급가액 | 부가세 | 거래처 | 전자세금 |
|---|---|---|---|---|---|
| 57.카과 | 텀블러 | 240,000 | 24,000 | (주)수아기프트 | |
| 분개유형 | (차) 복리후생비(판) | 240,000원 | (대) 미지급금 | | 264,000원 |
| 4.카드(혼합) | 부가세대급금 | 24,000원 | (기업카드) | | |

5 매입거래 [매입매출전표입력] 11월 7일

| 거래유형 | 품명 | 공급가액 | 부가세 | 거래처 | 전자세금 |
|---|---|---|---|---|---|
| 54.불공 | 등기대행 수수료 | 900,000 | 90,000 | (주)법무법인 바른 | 전자입력 |
| 불공제 사유 | 0.토지의 자본적 지출관련 | | | | |
| 분개유형 | (차) 토지 | 990,000원 | (대) 현금 | | 990,000원 |
| 1.현금 | | | | | |

6 부가가치세신고서에 의한 회계처리 [일반전표입력] 3월 31일

　　(차) 부가세예수금　　　　　31,568,000원　　(대) 부가세대급금　　　31,435,000원
　　　　　　　　　　　　　　　　　　　　　　　　미지급세금(서대문세무서)　　133,000원

## 실무수행 4. 결산

1 수동결산 및 자동결산

1. 수동결산 [일반전표입력] 12월 31일
　　(차) 이자비용　　　　　　　250,000원　　(대) 미지급비용　　　　　250,000원
2. 자동결산 [결산자료입력] 1월~12월
　　- 기말상품재고액 35,000,000원을 입력한다.
　　- 상단부 전표추가(F3) 를 클릭하면 [일반전표입력] 메뉴에 분개가 생성된다.
　　(차) 상품매출원가　　261,103,000원　　(대) 상품　　　　261,103,000원
　　상품매출원가＝기초상품(70,000,000)＋당기상품매입액(226,103,000) - 기말상품(35,000,000)
　　　　　　　　＝261,103,000원
3. [재무제표 등 작성]
　　- 손익계산서 → 이익잉여금처분계산서(처분일 입력 후 '전표추가' 클릭) → 재무상태표를 조회 작성한다.

**평가문제. 실무수행평가 (62점)**

| 번호 | 평가문제 | 배점 | 답 |
|:---:|---|:---:|---:|
| 11 | 평가문제 [회사등록 조회] | 4 | ④ |
| 12 | 평가문제 [거래처원장 조회] | 4 | ④ |
| 13 | 평가문제 [거래처원장 조회] | 4 | ③ |
| 14 | 평가문제 [거래처원장 조회] | 3 | (2,970,000)원 |
| 15 | 평가문제 [총계정원장 조회] | 3 | (9)월 |
| 16 | 평가문제 [재무상태표 조회] | 3 | (57,651,850)원 |
| 17 | 평가문제 [재무상태표 조회] | 3 | (5,700,000)원 |
| 18 | 평가문제 [재무상태표 조회] | 3 | (408,390,000)원 |
| 19 | 평가문제 [재무상태표 조회] | 2 | (4,450,000)원 |
| 20 | 평가문제 [재무상태표 조회] | 2 | ② |
| 21 | 평가문제 [손익계산서 조회] | 4 | ④ |
| 22 | 평가문제 [손익계산서 조회] | 2 | (931) |
| 23 | 평가문제 [영수증수취명세서 조회] | 3 | (820) |
| 24 | 평가문제 [부가가치세신고서 조회] | 3 | (2,700,000)원 |
| 25 | 평가문제 [부가가치세신고서 조회] | 4 | (690,000)원 |
| 26 | 평가문제 [부가가치세신고서 조회] | 3 | (443,000)원 |
| 27 | 평가문제 [세금계산서합계표 조회] | 2 | (13)매 |
| 28 | 평가문제 [계산서합계표 조회] | 4 | (1,075,000)원 |
| 29 | 평가문제 [예적금현황 조회] | 4 | ② |
| 30 | 평가문제 [받을어음현황 조회] | 2 | (12,100,000)원 |
| | 총 점 | 62 | |

**평가문제. 회계정보분석 (8점)**

31. 재무상태표 조회 (4점)

④ (488,330,000원/74,000,000원)×100≒659%

32. 손익계산서 조회 (4점)

② (39,600,000원/2,500,000원)×100≒1,584%

| 합격율 | 시험년월 |
|---|---|
| 54% | 2023.5 |

### 실무이론평가

**01.** 다음에 해당하는 재무제표는?

> • 발생주의 원칙에 의거 작성한다.
> • 기업실체의 경영성과에 대한 재무정보를 제공한다.
> • 수익 및 비용이 기본요소의 하나이다.

① 재무상태표　　　② 손익계산서　　　③ 현금흐름표　　　④ 자본변동표

**02.** 다음은 (주)한공의 20x1년 3월 상품수불부이다. 재고자산을 선입선출법으로 평가할 경우 3월 말 재고자산은 얼마인가?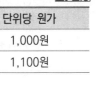

| 일자 | 구분 | 수량 | 단위당 원가 |
|---|---|---|---|
| 3월 1일 | 월초재고 | 100개 | 1,000원 |
| 3월 15일 | 매입 | 200개 | 1,100원 |
| 3월 20일 | 매출 | 200개 | |
| 3월 28일 | 매입 | 100개 | 1,200원 |

① 220,000원　　　② 230,000원　　　③ 240,000원　　　④ 260,000원

**03.** 다음의 거래에 대한 분개로 옳은 것은?

> 매출 거래처의 파산으로 외상매출금 600,000원이 회수불능하게 되다.
> (단, 파산일 전에 설정된 대손충당금 잔액은 200,000원이다)
>
> 가. (차) 대손상각비      400,000원      (대) 외상매출금      600,000원
>        대손충당금      200,000원
>
> 나. (차) 대손상각비      600,000원      (대) 외상매출금      600,000원
>
> 다. (차) 대손충당금      200,000원      (대) 대손충당금환입  200,000원
>
> 라. (차) 대손상각비      400,000원      (대) 외상매출금      600,000원
>        대손충당금환입  200,000원

① 가           ② 나           ③ 다           ④ 라

**04.** 다음 중 감가상각 대상 자산에 해당하는 것은?
① 공장에서 사용 중인 기계장치
② 도착지인도조건으로 매출하여 배송 중에 있는 판매용 가구
③ 토지
④ 건설중인자산

**05.** 다음 대화내용에 따른 거래를 회계처리할 경우 대변 계정과목으로 옳은 것은?

> • 차팀장 : 이대리님, 출장 다녀오신 결과는 어떻게 되었나요?
> • 이대리 : 네, 거래처 반응이 좋아 상품판매계약을 체결하고 계약금 8백만원을 받았습니다.

※ 1차 저작권자의 저작권 침해 소지가 있어 삽화 삽입은 어려우니 양해바랍니다.

① 미수금       ② 매출         ③ 선수금       ④ 선급금

**06.** 다음 자료를 토대로 도·소매업을 영위하고 있는 (주)한공의 영업이익을 계산하면 얼마인가?

| 매출액 | 5,000,000원 | 매출원가 | 2,000,000원 |
| --- | --- | --- | --- |
| 감가상각비 | 800,000원 | 종업원급여 | 620,000원 |
| 이자수익 | 50,000원 | 배당금수익 | 80,000원 |
| 기부금 | 80,000원 | 재해손실 | 50,000원 |

① 1,580,000원   ② 1,630,000원   ③ 1,710,000원   ④ 1,760,000원

**07.** (주)한공의 20x1년 결산 정리사항 반영전 당기순이익은 200,000원이다. 다음 결산정리사항을 반영한 후 당기순이익은 얼마인가?

> • 당기발생분 이자수익 20,000원에 대한 미수수익을 인식하지 아니함.
> • 12월 급여 미지급분 50,000원을 인식하지 아니함.

① 150,000원      ② 170,000원      ③ 180,000원      ④ 220,000원

**08.** 다음 중 부가가치세법상 공급시기에 대한 설명으로 옳지 않은 것은?
① 폐업 전에 공급한 용역의 공급시기가 폐업일 이후에 도래하는 경우 공급시기는 폐업일이다.
② 중계무역방식의 수출에 대한 공급시기는 수출재화의 선(기)적일이다.
③ 임대보증금의 간주임대료에 대한 공급시기는 예정신고기간 또는 과세기간의 종료일이다.
④ 외상판매의 공급시기는 대가를 받기로 한 때이다.

**09.** 다음 중 부가가치세가 과세되지 아니하는 거래를 말한 사람은?

> • 김진수 : 회사 업무용 화물차를 은행에 담보로 제공했어.
> • 정은혜 : 우리 회사는 현물출자를 위해 회사 건물의 소유권을 이전했어.
> • 박규리 : 우리 회사는 거래처에 최신제품을 선물했지.
> • 이동기 : 우리 회사는 협력업체에 소프트웨어를 판매했어.

※ 1차 저작권자의 저작권 침해 소지가 있어 삽화 삽입은 어려우니 양해바랍니다.

① 김진수      ② 정은혜      ③ 박규리      ④ 이동기

**10.** 다음은 도매업을 영위하는 일반과세자인 (주)한공의 20x1년 제1기 부가가치세 확정신고 기간에 발급받은 세금계산서의 매입세액 내역이다. 매입세액 공제액은 얼마인가?

| 일자 | 내 역 | 매입세액 |
|---|---|---|
| 20x1. 4. 7. | 상품 매입 | 1,000,000원 |
| 20x1. 5. 10. | 종업원 회식비 | 500,000원 |
| 20x1. 5. 28. | 거래처 기업업무추진(접대)용품 구입비 | 300,000원 |
| 20x1. 6. 30. | 대표이사 승용차(3,000cc) 수리비 | 300,000원 |

① 1,000,000원      ② 1,300,000원      ③ 1,500,000원      ④ 1,800,000원

〈접대비 명칭 변경 – 세법〉

☞ 세법개정시 접대비의 명칭이 기업업무추진비로 변경되었습니다. 그러나 세법이 변경됐지만, 회계에서는 별도 언급이 없습니다. Kc-Lep(전산 프로그램)에서는 기업업무추진비로 Smart-A에서는 접대비라는 계정을 사용합니다.

## 실무수행평가

(주)메타전자(3620)는 전자제품을 도소매하는 법인으로 회계기간은 제8기(20x1.1.1.~20x1.12.31.)이다. 제시된 자료와 [자료설명]을 참고하여 [수행과제]를 완료하고 [수행과제]의 물음에 답하시오.

## 실무수행1 기초정보관리의 이해

회계관련 기초정보는 입력되어 있다. [자료설명]을 참고하여 [수행과제]를 수행하시오.

① 계정과목 및 적요등록 수정

| 자료설명 | 디자인권의 취득과 매각 거래가 자주 발생하여 무형자산 계정과목으로 등록하여 사용하려고 한다. |
|---|---|
| 수행과제 | '236.면허권'을 '236.디자인권'으로 정정등록하고, 현금적요와 대체적요를 등록하시오.<br>  - 현금적요 : 1.디자인권 취득대금 현금지급<br>  - 대체적요 : 1.디자인권 상각액 |

② 전기분재무제표의 입력수정

# 재 무 상 태 표

제7(당)기 20x0. 12. 31. 현재
제6(전)기 20yo. 12. 31. 현재

(주)메타전자 (단위 : 원)

| 과 목 | 제 7 기 (20x0.12.31.) | | 제 6 기 (20y0.12.31.) | |
|---|---|---|---|---|
| 자 산 | | | | |
| Ⅰ.유 동 자 산 | | 257,458,000 | | 116,640,000 |
| (1) 당 좌 자 산 | | 197,458,000 | | 91,640,000 |
| 현 금 | | 44,964,000 | | 22,800,000 |
| 당 좌 예 금 | | 41,000,000 | | 20,850,000 |
| 보 통 예 금 | | 67,034,000 | | 34,496,000 |
| 단 기 매 매 증 권 | | 12,430,000 | | 3,000,000 |
| 외 상 매 출 금 | 27,000,000 | | 8,200,000 | |
| 대 손 충 당 금 | 270,000 | 26,730,000 | 82,000 | 8,118,000 |
| 받 을 어 음 | | 5,300,000 | | 2,376,000 |
| (2) 재 고 자 산 | | 60,000,000 | | 25,000,000 |
| 상 품 | | 60,000,000 | | 25,000,000 |
| Ⅱ.비 유 동 자 산 | | 121,165,000 | | 50,000,000 |
| (1) 투 자 자 산 | | 18,000,000 | | 0 |
| 장 기 대 여 금 | | 18,000,000 | | 0 |
| (2) 유 형 자 산 | | 93,165,000 | | 7,300,000 |
| 토 지 | | 30,000,000 | | 0 |
| 건 물 | | 40,000,000 | | |
| 차 량 운 반 구 | 35,330,000 | | 16,500,000 | |
| 감 가 상 각 누 계 액 | 15,000,000 | 20,330,000 | 12,300,000 | 4,200,000 |
| 비 품 | 6,000,000 | | 9,400,000 | |
| 감 가 상 각 누 계 액 | 3,165,000 | 2,835,000 | 6,300,000 | 3,100,000 |
| (3) 무 형 자 산 | | 0 | | 0 |
| (4) 기타비유동자산 | | 10,000,000 | | 42,700,000 |
| 임 차 보 증 금 | | 10,000,000 | | 42,700,000 |
| 자 산 총 계 | | 378,623,000 | | 166,640,000 |
| 부 채 | | | | |
| Ⅰ.유 동 부 채 | | 81,844,000 | | 97,072,266 |
| 외 상 매 입 금 | | 48,609,000 | | 47,072,266 |
| 지 급 어 음 | | 7,800,000 | | |
| 미 지 급 금 | | 22,500,000 | | 50,000,000 |
| 예 수 금 | | 2,935,000 | | 0 |
| Ⅱ.비 유 동 부 채 | | 20,000,000 | | 0 |
| 장 기 차 입 금 | | 20,000,000 | | 0 |
| 부 채 총 계 | | 101,844,000 | | 97,072,266 |
| 자 본 | | | | |
| Ⅰ.자 본 금 | | 157,259,000 | | 50,000,000 |
| 자 본 금 | | 157,259,000 | | 50,000,000 |
| Ⅱ.자 본 잉 여 금 | | 0 | | 0 |
| Ⅲ.자 본 조 정 | | 0 | | 0 |
| Ⅳ.기타포괄손익누계액 | | 0 | | 0 |
| Ⅴ.이 익 잉 여 금 | | 119,520,000 | | 19,567,734 |
| 미처분이익잉여금 | | 119,520,000 | | 19,567,734 |
| (당기순이익 96,520,000) | | | | |
| 자 본 총 계 | | 276,779,000 | | 69,567,734 |
| 부 채 와 자 본 총 계 | | 378,623,000 | | 166,640,000 |

| 자료설명 | (주)메타전자의 전기(제7기)분 재무제표는 입력되어 있다. |
|---|---|
| 수행과제 | 입력이 누락되었거나 잘못된 부분을 찾아 수정하시오. |

## 실무수행2   거래자료 입력

실무프로세스 자료이다. [자료설명]을 참고하여 [수행과제]를 수행하시오.

① 계약금 지급

■ 보통예금(우리은행) 거래내역

| 번호 | 거래일 | 내 용 | 찾으신금액 | 맡기신금액 | 잔 액 | 거래점 |
|------|--------|-------|-----------|-----------|-------|--------|
| | | 계좌번호 501 - 111923 - 02 - 123   (주)메타전자 | | | | |
| 1 | 20x1 - 8 - 18 | (주)수정전자 | 200,000 | | *** | *** |

| 자료설명 | (주)수정전자에서 상품 2,000,000원을 매입하기로 하고, 계약금을 우리은행 보통예금 계좌에서 이체하여 지급하였다. |
|----------|---------------------------------------------------------------------------------------------|
| 수행과제 | 거래자료를 입력하시오. |

② 약속어음 발행거래

# 전 자 어 음

**(주)우리전자** 귀하                                                  00420230828123456789

**금**   칠백만원정                                                    <u>7,000,000원</u>

위의 금액을 귀하 또는 귀하의 지시인에게 지급하겠습니다.

지급기일  20x2년 1월 28일           **발행일**  20x1년 8월 28일
지 급 지  국민은행                    **발행지**  서울특별시 강남구 강남대로 254
지급장소  강남지점                    **주  소**  (도곡동, 용문빌딩)
                                      **발행인**  (주)메타전자

| 자료설명 | (주)우리전자의 외상매입금 전액을 전자어음으로 발행하여 지급하였다. |
|----------|--------------------------------------------------------------|
| 수행과제 | 1. 거래자료를 입력하시오.<br>2. 자금관련 정보를 입력하여 지급어음현황에 반영하시오.(등록된 어음을 사용할 것) |

③ 통장사본에 의한 거래입력 및 통장잔액 확인 등

자료 1. 입금전표

### 입 금 전 표

| (주)메타전자 귀하 | • 계좌번호 : 308 - 12 - 374123 | • 거래일자 : 20x1. 8. 30. |
|---|---|---|
| 입금내역 | • 예금이자 :     450,000원<br>• 법인세 :     63,000원<br>• 법인지방소득세 :   6,300원<br>• 차감지급액 :   380,700원 | |

항상 저희은행을 찾아주셔서 감사합니다.
계좌번호 및 거래내역을 확인하시기 바랍니다.
우리은행 서초지점   (전화 : 02 - 1575 - 1449)        취급자 : 이예림

자료 2. 보통예금(신한은행) 거래내역

| 번호 | 거래일 | 내용 | 찾으신금액 | 맡기신금액 | 잔액 | 거래점 |
|---|---|---|---|---|---|---|
| | | 계좌번호 308 - 12 - 374123   (주)메타전자 | | | | |
| 1 | 20x1 - 8 - 30 | 이자입금액 | | 380,700원 | *** | *** |

| 자료설명 | 1. 8월분 이자 입금액에 대한 입금전표이다.<br>2. 이자수령액은 신한은행 보통예금계좌에 입금되었다. |
|---|---|
| 수행과제 | 거래자료를 입력하시오.(단, 원천징수세액은 자산으로 처리할 것) |

④ 증빙에 의한 전표입력

자료 1. 우체국택배 송장

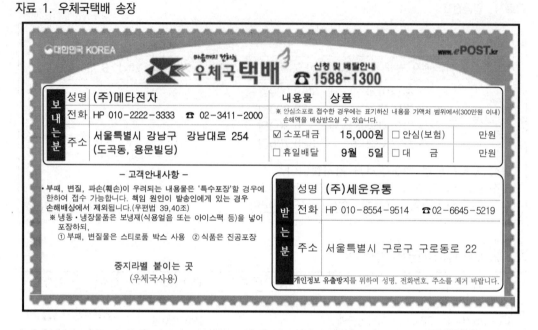

자료 2. 신용카드매출전표

**신 용 카 드 매 출 전 표**

가 맹 점 명    우체국 1588 – 1300
사 업 자 번 호    214 – 81 – 22354
대 표 자 명    이 상 훈
주          소    서울 강남구 강남대로 272

농협카드                        신용승인
거래일시        20x1 – 09 – 05 오전 10:05:36
카드번호        8844 – 2211 – **** – 49**
가맹점번호                 15888585
매입사 : 농협카드(전자서명전표)
품 명 택배

판매금액                  15,000원
합       계               15,000원

| 자료설명 | 자료 1. 판매상품을 발송하고 발급받은 우체국택배 송장이다.<br>자료 2. 택배비를 결제한 신용카드 매출전표이다. |
|---|---|
| 수행과제 | 거래자료를 입력하시오. |

5 증빙에 의한 전표입력

## 자동차보험증권

| 증 권 번 호 | 2621575 | 계 약 일 | | 20x1년 9월 20일 |
|---|---|---|---|---|
| 보 험 기 간 | 20x1 년 9 월 20일 24:00부터 | | 20x2 년 9월 20일 24:00까지 | |
| 보 험 계 약 자 | (주)메타전자 | 주민(사업자)번호 | | 106 - 86 - 09792 |
| 피 보 험 자 | (주)메타전자 | 주민(사업자)번호 | | 106 - 86 - 09792 |

### 보험료 납입사항

| 총보험료 | 85 만원 | 납입보험료 | 85 만원 | 미납입 보험료 | 원 |
|---|---|---|---|---|---|

■ 보통예금(국민은행) 거래내역

| 번호 | 거래일 | 내용 | 찾으신금액 | 맡기신금액 | 잔액 | 거래점 |
|---|---|---|---|---|---|---|
| | | 계좌번호 096 - 24 - 0094 - 123　(주)메타전자 | | | | |
| 1 | 20x1 - 9 - 20 | 메리츠화재 | 850,000원 | | *** | *** |

| 자료설명 | 1. 영업부 업무용 승용차의 자동차보험증권이다.<br>2. 보험료는 국민은행 보통예금 계좌에서 이체하여 지급하였다. |
|---|---|
| 수행과제 | 거래자료를 입력하시오.(단, '자산'으로 회계처리할 것) |

## 실무수행3 │ 부가가치세

부가가치세 신고 관련 자료이다. [자료설명]을 참고하여 [수행과제]를 수행하시오.

① 과세매출자료의 전자세금계산서 발행

### 거래명세서 (공급자 보관용)

| | 등록번호 | 106 – 86 – 09792 | | | | 등록번호 | 106 – 81 – 44120 | | |
|---|---|---|---|---|---|---|---|---|---|
| 공급자 | 상호 | (주)메타전자 | 성명 | 김지능 | 공급받는자 | 상호 | (주)세운유통 | 성명 | 위대한 |
| | 사업장 주소 | 서울특별시 강남구 강남대로 254 (도곡동, 용문빌딩) | | | | 사업장 주소 | 서울 구로구 구로동로 22 | | |
| | 업태 | 도소매업 | 종사업장번호 | | | 업태 | 도소매업 | 종사업장번호 | |
| | 종목 | 전자제품외 | | | | 종목 | 전자제품 | | |

| 거래일자 | 미수금액 | 공급가액 | 세액 | 총 합계금액 |
|---|---|---|---|---|
| 20x1.10.2. | | 8,500,000 | 850,000 | 9,350,000 |

| NO | 월 | 일 | 품목명 | 규격 | 수량 | 단가 | 공급가액 | 세액 | 합계 |
|---|---|---|---|---|---|---|---|---|---|
| 1 | 10 | 2 | 건조기 | | 5 | 1,700,000 | 8,500,000 | 850,000 | 9,350,000 |
| | | | | | | | | | |
| | | | | | | | | | |

| 자료설명 | 1. 상품을 공급하고 발급한 거래명세서이다.<br>2. 대금 중 3,000,000원은 우리은행 보통예금계좌로 입금 받고, 산액은 다음달 10일에 받기로 하였다. |
|---|---|
| 수행과제 | 1. 거래명세서에 의해 매입매출자료를 입력하시오.<br>2. 전자세금계산서 발행 및 내역관리 를 통하여 발급 및 전송하시오.<br>(전자세금계산서 발급 시 결제내역 및 전송일자는 고려하지 말 것) |

② 매입거래

<table>
<tr><td colspan="6" align="center">전자계산서</td><td colspan="2" align="center">(공급받는자 보관용)</td><td colspan="2">승인번호</td></tr>
<tr><td rowspan="7">공급자</td><td colspan="2">등록번호</td><td colspan="4">211 – 75 – 24158</td><td rowspan="7">공급받는자</td><td colspan="2">등록번호</td><td colspan="2">106 – 86 – 09792</td></tr>
<tr><td colspan="2">상호</td><td colspan="2">현대회계학원</td><td>성명<br>(대표자)</td><td>김도훈</td><td colspan="2">상호</td><td>(주)메타전자</td><td>성명<br>(대표자)</td><td>김지능</td></tr>
<tr><td colspan="2">사업장<br>주소</td><td colspan="4">서울특별시 강남구 역삼로 541</td><td colspan="2">사업장<br>주소</td><td colspan="3">서울특별시 강남구 강남대로 254<br>(도곡동, 용문빌딩)</td></tr>
<tr><td colspan="2">업태</td><td colspan="2">서비스</td><td colspan="2">종사업장번호</td><td colspan="2">업태</td><td colspan="2">도소매업</td><td>종사업장번호</td></tr>
<tr><td colspan="2">종목</td><td colspan="4">교육</td><td colspan="2">종목</td><td colspan="3">전자제품외</td></tr>
<tr><td colspan="2">E – Mail</td><td colspan="4">edu@naver.com</td><td colspan="2">E – Mail</td><td colspan="3">meta@bill36524.com</td></tr>
<tr><td colspan="2">작성일자</td><td colspan="2">20x1.10.7.</td><td>공급가액</td><td colspan="2">400,000</td><td colspan="2">비고</td><td></td></tr>
<tr><td>월</td><td>일</td><td colspan="3">품목명</td><td>규격</td><td>수량</td><td>단가</td><td>공급가액</td><td colspan="2">비고</td></tr>
<tr><td>10</td><td>7</td><td colspan="3">원천세 프로그램 교육</td><td></td><td></td><td></td><td>400,000</td><td colspan="2"></td></tr>
<tr><td></td><td></td><td colspan="3"></td><td></td><td></td><td></td><td></td><td colspan="2"></td></tr>
<tr><td></td><td></td><td colspan="3"></td><td></td><td></td><td></td><td></td><td colspan="2"></td></tr>
<tr><td></td><td></td><td colspan="3"></td><td></td><td></td><td></td><td></td><td colspan="2"></td></tr>
<tr><td colspan="2">합계금액</td><td colspan="2">현금</td><td>수표</td><td colspan="2">어음</td><td>외상미수금</td><td rowspan="2">이 금액을</td><td colspan="2">◉ 영수   함<br>○ 청구</td></tr>
<tr><td colspan="2">400,000</td><td colspan="2">400,000</td><td></td><td colspan="2"></td><td></td><td colspan="2"></td></tr>
</table>

| 자료설명 | 업무능력 향상을 위하여 회계팀 사원에게 원천세 프로그램 위탁교육을 실시하고 전자계산서를 발급받았다. |
|---|---|
| 수행과제 | 매입매출자료를 입력하시오.(전자계산서 거래는 '전자입력'으로 입력할 것) |

③ 매입거래

| 20x1년 10월 청구서 | | 자료설명 | 1. 관리부의 전화요금 청구서 이다. |
|---|---|---|---|
| 작성일자 : 20x1.11.07.<br>납부기한 : 20x1.11.25. | | | 2. 작성일자를 기준으로 입력 하고, 납기일에 보통예금통 장에서 자동이체 되는 거 래의 입력은 생략한다. |
| 금 액 | 258,940원 | | |
| 고객명 | (주)메타전자 | | |
| 이용번호 | 02 - 8282 - 8282 | | |
| 명세서번호 | 15751449 | | |
| 이용기간 | 10월1일 ~ 10월31일 | | |
| 10월 이용요금 | 258,940원 | | |
| 공급자등록번호 | 113 - 81 - 11739 | 수행과제 | 작성일자 기준으로 매입매출자 료를 입력하시오.<br>(전자세금계산서 거래는 '전자 입력'으로 입력할 것) |
| 공급받는자 등록번호 | 106 - 86 - 09792 | | |
| 공급가액 | 235,400원 | | |
| 부가가치세(VAT) | 23,540원 | | |
| 10원미만 할인요금 | 0원 | | |
| 입금전용계좌 | 농협은행 | | |
| | 851 - 11 - 073757 | | |
| 이 청구서는 부가가치세법 시행령 53조 제4항에 따라 발행하는 <u>전자세금계산서</u>입니다. | | | |
| (주)케이티 강남지점(전화국)장 | | | |

④ 매입거래

| 카드매출전표 | | 자료설명 | 영업부 직원이 신규 거래처 방 문 후 출장지에서 법인카드로 숙박비를 결제하고 받은 신용카 드 매출전표이다. |
|---|---|---|---|
| 카드종류 : 농협카드 | | | |
| 회원번호 : 8844 - 2211 - **** - 49** | | | |
| 거래일시 : 20x1.11.13. 19:42:36 | | | |
| 거래유형 : 신용승인 | | | |
| 매 출 : 150,000원 | | | |
| 부 가 세 : 15,000원 | | | |
| 합 계 : 165,000원 | | | |
| 결제방법 : 일시불 | | | |
| 승인번호 : 45457575 | | | |
| 은행확인 : 농협은행 | | 수행과제 | 매입매출자료를 입력하시오. |
| 가맹점명 : (주)SR호텔 | | | |
| - 이 하 생 략 - | | | |

⑤ 매입거래

<table>
<tr><td colspan="7" align="center">전자세금계산서</td><td colspan="2">(공급받는자 보관용)</td><td colspan="2">승인번호</td></tr>
<tr><td rowspan="6">공급자</td><td>등록번호</td><td colspan="4">127-05-17529</td><td rowspan="6">공급받는자</td><td>등록번호</td><td colspan="3">106-86-09792</td></tr>
<tr><td>상호</td><td colspan="2">우정골프</td><td>성명<br>(대표자)</td><td>조우정</td><td>상호</td><td>(주)메타전자</td><td>성명<br>(대표자)</td><td>김지능</td></tr>
<tr><td>사업장<br>주소</td><td colspan="4">서울특별시 서대문구 충정로7길 12<br>(충정로2기)</td><td>사업장<br>주소</td><td colspan="3">서울특별시 강남구 강남대로 254<br>(도곡동, 용문빌딩)</td></tr>
<tr><td>업태</td><td colspan="2">도소매업</td><td colspan="2">종사업장번호</td><td>업태</td><td>도소매업</td><td colspan="2">종사업장번호</td></tr>
<tr><td>종목</td><td colspan="4">골프용품외</td><td>종목</td><td colspan="3">전자제품외</td></tr>
<tr><td>E-Mail</td><td colspan="4">golf@nate.com</td><td>E-Mail</td><td colspan="3">meta@bill36524.com</td></tr>
<tr><td colspan="2">작성일자</td><td colspan="2">20x1.11.15.</td><td colspan="2">공급가액</td><td colspan="2">2,000,000</td><td>세액</td><td colspan="2">200,000</td></tr>
<tr><td colspan="2">비고</td><td colspan="9"></td></tr>
<tr><td>월</td><td>일</td><td colspan="2">품목명</td><td>규격</td><td>수량</td><td>단가</td><td>공급가액</td><td>세액</td><td colspan="2">비고</td></tr>
<tr><td>11</td><td>15</td><td colspan="2">골프용품</td><td></td><td></td><td></td><td>2,000,000</td><td>200,000</td><td colspan="2"></td></tr>
<tr><td colspan="12"></td></tr>
<tr><td colspan="2">합계금액</td><td colspan="2">현금</td><td>수표</td><td>어음</td><td colspan="2">외상미수금</td><td colspan="2" rowspan="2">이 금액을 ● 영수<br>○ 청구</td><td rowspan="2">함</td></tr>
<tr><td colspan="2">2,200,000</td><td colspan="2">2,200,000</td><td></td><td></td><td colspan="2"></td></tr>
</table>

| 자료설명 | 대표이사(김지능) 개인 취미생활을 위하여 골프용품을 구입하고, 발급받은 전자세금계산서이다. |
|---|---|
| 수행과제 | 매입매출자료를 입력하시오. |

⑥ 부가가치세신고서 조회 및 입력자료 조회

| 수행과제 | 1. 제1기 부가가치세 확정과세기간의 부가가치세신고서를 조회하시오.<br>2. 전자신고세액공제 10,000원을 반영하여 6월 30일 부가가치세 납부세액(환급세액)에 대한 회계처리를 하시오.<br>(단, 저장된 자료를 이용하여 납부세액은 '미지급세금', 환급세액은 '미수금', 전자신고세액공제는 '잡이익'으로 회계처리하고 거래처코드도 입력할 것) |
|---|---|

## 실무수행4  결산

[결산자료]를 참고하여 결산을 수행하시오.(단, 제시된 자료 이외의 자료는 없다고 가정함.)

① 수동결산 및 자동결산

| | |
|---|---|
| 결산자료 | 1. 단기매매증권의 기말 내역은 다음과 같다.<br><br>테이블↓ |
| | 2. 기말상품재고액은 32,000,000원이다.<br>3. 이익잉여금처분계산서 처분 확정(예정)일<br> – 당기분 : 20x2년 2월 23일<br> – 전기분 : 20x1년 2월 23일 |
| 평가문제 | 1. 수동결산 또는 자동결산 메뉴를 이용하여 결산을 완료하시오.<br>2. 12월 31일을 기준으로 '손익계산서 ➡ 이익잉여금처분계산서 ➡ 재무상태표'를 순서<br>대로 조회 작성하시오.<br>(단, 이익잉여금처분계산서 조회 작성 시 '저장된 데이터 불러오기' ➡ '아니오' 선택'<br>➡ 상단부의 '전표추가'를 이용하여 '손익대체분개'를 수행할 것) |

| 회사명 | 주식수 | 장부(단위당)가액 | 기말평가(단위당)가액 |
|---|---|---|---|
| (주)명품 | 1,000주 | @2,430원 | @2,330원 |
| (주)삼현 | 2,500주 | @4,000원 | @4,200원 |
| 합 계 | 3,500주 | | |

| | 평가문제 | 실무수행평가 (62점) |
|---|---|---|

입력자료 및 회계정보를 조회하여 [평가문제]의 답안을 입력하시오.

| 번호 | 평가문제 | 배점 |
|---|---|---|
| 11 | **평가문제 [계정과목및적요등록 조회]**<br>'236.디자인권' 계정과 관련된 내용으로 옳지 않은 것은?<br>① '비유동자산 중 무형자산'에 해당하는 계정이다.<br>② 표준재무제표항목은 '176.기타산업재산권'이다.<br>③ '디자인권'의 현금적요는 '디자인권 취득대금 현금지급'을 사용하고 있다.<br>④ '디자인권'의 대체적요는 사용하지 않고 있다. | 4 |
| 12 | **평가문제 [거래처원장 조회]**<br>10월 말 '01025.(주)세운유통'의 '108.외상매출금' 잔액은 얼마인가? | 3 |
| 13 | **평가문제 [거래처원장 조회]**<br>11월 말 '134.가지급금' 잔액이 가장 많은 거래처의 코드를 기록하시오. | 3 |
| 14 | **평가문제 [거래처원장 조회]**<br>12월 말 '253.미지급금' 거래처 중 잔액이 옳지 않은 것은?<br>① 07117.(주)엔소프트　15,000,000원　② 07801.(주)케이티　258,940원<br>③ 99605.농협카드　　　4,510,000원　④ 99800.하나카드　1,320,000원 | 2 |
| 15 | **평가문제 [합계잔액시산표 조회]**<br>6월 말 '미지급세금' 잔액은 얼마인가? | 3 |
| 16 | **평가문제 [합계잔액시산표 조회]**<br>8월 말 '선납세금' 잔액은 얼마인가? | 3 |
| 17 | **평가문제 [합계잔액시산표 조회]**<br>8월 말 '외상매입금' 잔액은 얼마인가? | 3 |
| 18 | **평가문제 [합계잔액시산표 조회]**<br>10월 말 '당좌자산'의 계정별 잔액으로 옳지 않은 것은?<br>① 단기대여금　30,000,000원　　　② 선급금　　400,000원<br>③ 선급비용　　　300,000원　　　④ 가지급금　500,000원 | 3 |
| 19 | **평가문제 [일/월계표 조회]**<br>10월 한달 동안 발생한 '상품매출' 금액은 얼마인가? | 3 |
| 20 | **평가문제 [재무상태표 조회]**<br>12월 말 '단기매매증권' 잔액은 얼마인가? | 3 |

| 번호 | 평가문제 | 배점 |
|---|---|---|
| 21 | **평가문제 [재무상태표 조회]**<br>12월 말 '유형자산'의 장부금액(취득원가 – 감가상각누계액)으로 옳지 않은 것은?<br>① 토지　　　　30,000,000원　　　　② 건물　14,000,000원<br>③ 차량운반구　47,930,000원　　　　④ 비품　33,285,000원 | 4 |
| 22 | **평가문제 [재무상태표 조회]**<br>12월 말 '이월이익잉여금(미처분이익잉여금)' 잔액은 얼마인가?<br>① 107,508,870원　　　　　　② 200,508,870원<br>③ 295,108,870원　　　　　　④ 397,508,870원 | 2 |
| 23 | **평가문제 [손익계산서 조회]**<br>당기에 발생한 '상품매출원가'는 얼마인가? | 3 |
| 24 | **평가문제 [손익계산서 조회]**<br>당기에 발생한 '판매비와관리비' 계정별 금액으로 옳지 않은 것은?<br>① 여비교통비　1,484,600원　　　② 통신비　　　1,491,010원<br>③ 운반비　　　639,000원　　　　④ 교육훈련비　400,000원 | 3 |
| 25 | **평가문제 [부가가치세신고서 조회]**<br>제2기 확정신고기간의 부가가치세신고서 '매입세액_합계(15란)'의 금액은 얼마인가? | 4 |
| 26 | **평가문제 [부가가치세신고서 조회]**<br>제2기 확정신고기간의 부가가치세신고서 '매입세액_공제받지못할매입세액(16란)'의 세액은 얼마인가? | 4 |
| 27 | **평가문제 [세금계산서합계표 조회]**<br>제2기 확정신고기간의 전자매출세금계산서 공급가액 합계는 얼마인가? | 3 |
| 28 | **평가문제 [계산서합계표 조회]**<br>제2기 확정신고기간의 전자매입계산서의 공급가액은 얼마인가? | 3 |
| 29 | **평가문제 [예적금현황 조회]**<br>12월 말 은행별(계좌명) 보통예금 잔액으로 옳은 것은?<br>① 국민은행(당좌)　38,800,000원　　② 국민은행(보통)　231,740,000원<br>③ 신한은행(보통)　8,662,700원　　④ 우리은행(보통)　6,834,000원 | 3 |
| 30 | **평가문제 [지급어음현황 조회]**<br>만기일이 20x2년에 도래하는 '지급어음' 금액은 얼마인가? | 3 |
| | **총 점** | 62 |

## 평가문제 | 회계정보분석 (8점)

회계정보를 조회하여 [회계정보분석] 답안을 입력하시오.

31. 손익계산서 조회 (4점)

    주당순이익은 1주당 이익을 얼마나 창출하느냐를 나타내는 지표이다. 전기 주당순이익을 계산하면 얼마인가?

$$주당순이익 = \frac{당기순이익}{주식수} \times 100$$

    ※ 발행주식수 10,000주

    ① 9,000원          ② 9,252원          ③ 9,400원          ④ 9,652원

32. 손익계산서 조회 (4점)

    매출원가율이란 매출액 중 매출원가가 차지하는 비중을 나타내는 비율로 기업의 원가율 혹은 마진율을 측정하는 지표이다. 전기 매출원가율을 계산하면 얼마인가?(단, 소숫점 이하는 버림 할 것)

$$매출원가율(\%) = \frac{매출원가}{매출액} \times 100$$

    ① 38%          ② 58%          ③ 158%          ④ 169%

## 실무이론평가

| 1 | 2 | 3 | 4 | 5 | 6 | 7 | 8 | 9 | 10 |
|---|---|---|---|---|---|---|---|---|----|
| ② | ② | ① | ① | ③ | ① | ② | ④ | ① | ③ |

**01** 손익계산서는 발생주의 원칙에 의거 작성되며 **일정기간 동안의 경영성과를 제공**한다.

**02** 기말재고 = 기초(100개) + 매입(300개) − 매출(200개) = 200개

기말재고(선입선출법) = 3.28(100개×1,200) + 3.15(100개×1,100) = 230,000원

**선입선출법의 기말재고는 최근에 구입한 것으로 구성**된다.

**03** 대손이 발생하면 대손충당금과 우선 상계하고 대손충당금이 부족하면 대손상각비로 당기 비용 처리한다

**04** 건설중인자산, 토지는 감가상각대상자산이 아니며, **도착지인도조건으로 배송 중에 있는 판매용 가구는 재고자산**에 해당한다.

**05** 상품판매 계약을 체결하고 미리 받은 대금은 선수금으로 처리한다.

**06** 판매비와 관리비 = 감가상각비(800,000)원 + 종업원 급여(620,000) = 1,420,000원

영업이익 = 매출액(5,000,000) − 매출원가(2,000,000) − 판관비(1,420,000) = 1,580,000원

**07** 수정 후 당기순이익 = 수정전 당기순이익(200,000) + 미수수익(20,000) − 미지급금(50,000)

= 170,000원

**08** **외상판매의 공급시기는 재화가 인도되거나 이용가능하게 되는 때**이다.

**09** **질권, 저당권 또는 양도담보의 목적으로 동산, 부동산 및 부동산상의 권리를 제공하는 것은 재화의 공급으로 보지 아니한다.**

**10** 매입세액 = 상품(1,000,000) + 회식비(500,000) = 1,500,000원

거래처 **기업업무추진용품 구입비는 기업업무추진비이므로 그 매입세액은 공제되지 아니하며**, 대표이사 승용차의 수리비는 사업과 직접 관련 없는 지출이므로 해당 매입세액은 공제대상이 아니다.

## ▬▬▬▬▬ 실무수행평가

### 실무수행 1. 기초정보관리의 이해

① 계정과목 및 적요등록 수정

    - '236.면허권' 계정과목을 선택하고 Ctrl + F1을 누른 후 '디자인권'으로 수정

    - 현금적요 입력 : 1.디자인권 취득대금 현금지급

      대체적요 입력 : 1.디자인권 상각액

② 전기분재무제표의 입력수정 [전기분 재무상태표]

    - 202.건물 4,000,000원을 40,000,000원으로 수정 입력

    - 213.감가상각누계액 3,165,000원 추가 입력

### 실무수행 2. 거래자료 입력

① 계약금 지급 [일반전표입력] 8월 18일

    (차) 선급금((주)수정전자)       200,000원    (대) 보통예금(우리은행(보통))    200,000원

② 약속어음 발행거래 [일반전표입력] 8월 28일

    (차) 외상매입금((주)우리전자)    7,000,000원    (대) 지급어음((주)우리전자)    7,000,000원

    [지급어음관리]

| 어음상태 | 2 발행 | 어음번호 | 00420230828123456789 | | 어음종류 | 4 전자 | 발행일 | 2023-08-28 |
|---|---|---|---|---|---|---|---|---|
| 만 기 일 | 2024-01-28 | 지급은행 | 98000 | 국민은행(당좌) | 지 점 | 역삼 | | |

③ 통장사본에 의한 거래입력 및 통장잔액 확인 등 [일반전표입력] 8월 30일

    (차) 선납세금              69,300원    (대) 이자수익            450,000원

         보통예금(신한은행(보통))    380,700원

④ 증빙에 의한 전표입력 [일반전표입력] 9월 5일

    (차) 운반비(판)            15,000원    (대) 미지급금(농협카드)      15,000원

⑤ 증빙에 의한 전표입력 [일반전표입력] 9월 20일

    (차) 선급비용            850,000원    (대) 보통예금(국민은행(보통))    850,000원

## 실무수행 3. 부가가치세

① 과세매출자료의 전자세금계산서 발행

1. [매입매출전표입력] 10월 2일

| 거래유형 | 품 명 | 공급가액 | 부가세 | 거래처 | 전자세금 |
|---|---|---|---|---|---|
| 11.과세 | 건조기 | 8,500,000 | 850,000 | (주)세운유통 | 전자발행 |
| 분개유형 | (차) 외상매출금 | 6,350,000원 | (대) 상품매출 | | 8,500,000원 |
| 3.혼합 | 보통예금<br>(우리은행(보통)) | 3,000,000원 | 부가세예수금 | | 850,000원 |

2. [전자세금계산서 발행 및 내역관리] 기출문제 77회 참고

② 매입거래 [매입매출전표입력] 10월 7일

| 거래유형 | 품 명 | 공급가액 | 부가세 | 거래처 | 전자세금 |
|---|---|---|---|---|---|
| 53.면세 | 원천세 프로그램 교육 | 400,000원 | | 현대회계학원 | 전자입력 |
| 분개유형 | (차) 교육훈련비(판) | 400,000원 | (대) 현금 | | 400,000원 |
| 1.현금 | | | | | |

③ 매입거래 [매입매출전표입력] 11월 7일

| 거래유형 | 품 명 | 공급가액 | 부가세 | 거래처 | 전자세금 |
|---|---|---|---|---|---|
| 51.과세 | 10월 전화요금 | 235,400 | 23,540 | (주)케이티 | 전자입력 |
| 분개유형 | (차) 통신비(판) | 235,400원 | (대) 미지급금 | | 258,940원 |
| 3.혼합 | 부가세대급금 | 23,540원 | | | |

④ 매입거래 [매입매출전표입력] 11월 13일

| 거래유형 | 품 명 | 공급가액 | 부가세 | 거래처 | 전자세금 |
|---|---|---|---|---|---|
| 57.카과 | 숙박비 | 150,000원 | 15,000원 | SR호텔 | |
| 분개유형 | (차) 여비교통비(판) | 150,000원 | (대) 미지급금 | | 165,000원 |
| 4.카드 | 부가세대급금 | 15,000원 | (농협카드) | | |

⑤ 매입거래 [매입매출전표입력] 11월 15일

| 거래유형 | 품 명 | 공급가액 | 부가세 | 거래처 | 전자세금 |
|---|---|---|---|---|---|
| 54.불공 | 골프용품 | 2,000,000 | 200,000 | 우정골프 | 전자입력 |
| 불공제사유 | 2. 사업과 관련 없는 지출 | | | | |
| 분개유형 | (차) 가지급금(김지능) | 2,200,000원 | (대) 현금 | | 2,200,000원 |
| 1.현금 | | | | | |

⑥ 부가가치세신고서 조회 및 입력자료 조회 [일반전표입력] 6월 30일

|  |  |  |  |
|---|---|---|---|
| (차) 부가세예수금 | 4,510,000원 | (대) 부가세대급금 | 3,250,000원 |
|  |  | 잡이익 | 10,000원 |
|  |  | 미지급세금(역삼세무서) | 1,250,000원 |

## 실무수행 4. 결산

① 수동결산 및 자동결산

1. 수동결산 [일반전표입력] 12월 31일

(차) 단기매매증권          400,000원    (대) 단기매매증권평가이익        400,000원
- (주)명품 : 1,000주×(2,330원 - 2,430원)=-100,000원 손실
- (주)삼현 : 2,500주×(4,200원 - 4,000원)= <u>500,000원</u> 이익
                                         계 <u>400,000원</u> 이익

2. 자동결산 [결산자료입력] 1월 ~ 12월
   - 기말상품재고액 32,000,000원을 입력한다.
   - 상단부 전표추가(F3) 를 클릭하면 [일반전표입력] 메뉴에 분개가 생성된다.
   (차) 상품매출원가          287,687,000원    (대) 상품          287,687,000원
   상품매출원가 = 기초재고액(60,000,000)+당기매입액(259,687,000) - 기말재고액(32,000,000)
             = 287,687,000원

3. [재무제표 등 작성]
   - 손익계산서 ➡ 이익잉여금처분계산서(처분일 입력 후 '전표추가' 클릭 ➡ 재무상태표를 조회 작성한다.

## 평가문제. 실무수행평가 (62점)

| 번호 | 평가문제 | 배점 | 답 |
|---|---|---|---|
| 11 | **평가문제 [계정과목및적요등록 조회]** | 4 | ④ |
| 12 | **평가문제 [거래처원장 조회]** | 3 | (9,850,000)원 |
| 13 | **평가문제 [거래처원장 조회]** | 3 | (40001) |
| 14 | **평가문제 [거래처원장 조회]** | 2 | ③ |
| 15 | **평가문제 [합계잔액시산표 조회]** | 3 | (1,250,000)원 |
| 16 | **평가문제 [합계잔액시산표 조회]** | 3 | (1,269,300)원 |
| 17 | **평가문제 [합계잔액시산표 조회]** | 3 | (237,344,000)원 |

| 번호 | 평가문제 | 배점 | 답 |
|---|---|---|---|
| 18 | 평가문제 [합계잔액시산표 조회] | 3 | ③ |
| 19 | 평가문제 [일/월계표 조회] | 3 | (44,800,000)원 |
| 20 | 평가문제 [재무상태표 조회] | 3 | (12,830,000)원 |
| 21 | 평가문제 [재무상태표 조회] | 4 | ② |
| 22 | 평가문제 [재무상태표 조회] | 2 | ③ |
| 23 | 평가문제 [손익계산서 조회] | 3 | (287,687,000)원 |
| 24 | 평가문제 [손익계산서 조회] | 3 | ③ |
| 25 | 평가문제 [부가가치세신고서 조회] | 4 | (44,355,400)원 |
| 26 | 평가문제 [부가가치세신고서 조회] | 4 | (500,000)원 |
| 27 | 평가문제 [세금계산서합계표 조회] | 3 | (147,800,000)원 |
| 28 | 평가문제 [계산서합계표 조회] | 3 | (1,400,000)원 |
| 29 | 평가문제 [예적금현황 조회] | 3 | ③ |
| 30 | 평가문제 [지급어음현황 조회] | 3 | (12,000,000)원 |
| 총 점 | | 62 | |

## 평가문제. 회계정보분석 (8점)

31. 손익계산서 조회 (4점)

   ④ 96,520,000원÷10,000주=9,652원

32. 손익계산서 조회 (4점)

   ② (330,000,000원/560,000,000원)×100≒58%

| 합격율 | 시험년월 |
|---|---|
| 53% | 2023.3 |

### 실무이론평가

**01.** 다음 중 재무제표 작성과 표시의 일반원칙으로 옳은 것은?

① 자산과 부채는 원칙적으로 상계하여 표시한다.

② 재무제표의 작성과 표시에 대한 책임은 종업원에게 있다.

③ 중요한 항목은 재무제표의 본문이나 주석에 통합하여 표시한다.

④ 경영진은 재무제표 작성 시 계속기업으로서의 존속가능성을 평가해야 한다.

**02.** 다음은 (주)한공의 주식거래 관련 자료이다. 평가손익으로 옳은 것은?

> • (주)한공은 20x1년 3월 14일 단기투자목적으로 (주)부산의 주식 100주를 주당 20,000원에 취득하였고, 이때 발생된 주식거래수수료는 40,000원이다.
> • 20x1년 말 (주)부산의 공정가치는 주당 17,000원이다.

① 매도가능증권평가손실 340,000원  ② 매도가능증권평가이익 340,000원

③ 단기매매증권평가손실 300,000원  ④ 단기매매증권평가이익 300,000원

**03.** 다음 중 현금및현금성자산에 해당하지 않는 것은?

① 보통예금                    ② 타인발행수표

③ 당좌예금                    ④ 취득당시 만기가 1년 이내인 금융상품

**04.** 다음은 결산일 현재 (주)한공의 수정전시산표의 외상매출금과 대손충당금 잔액이다. (주)한공이 기말 외상매출금의 회수가능액을 970,000원으로 추정하였다면 당기말 재무상태표에 표시될 대손충당금 잔액은 얼마인가?

| | |
|---|---|
| • 외상매출금   1,000,000원 | • 대손충당금   8,000원 |

① 8,000원         ② 22,000원         ③ 30,000원         ④ 38,000원

**05.** 다음은 (주)한공의 기계장치 관리대장의 일부이다. 이를 토대로 계산한 20x1년말 감가상각누계액은 얼마인가?

**기계장치 관리대장**

| 관 리 번 호 | A - 01 | 관 리 책 임 | 생산부장 |
|---|---|---|---|
| 취 득 일 | 20x0년 7월 1일 | 처 분 금 액 | 미처분 |
| 취 득 금 액 | 10,000,000원 | 잔 존 가 치 | 0원 |
| 내 용 연 수 | 10년 | 상 각 방 법 | 정액법 (월할상각) |

① 500,000원         ② 1,000,000원         ③ 1,500,000원         ④ 2,000,000원

**06.** 도소매업을 영위하는 (주)한공의 자료가 다음과 같을 때 판매비와관리비는 얼마인가?

| 급여 | 2,000,000원 | 퇴직급여 | 500,000원 |
|---|---|---|---|
| 복리후생비 | 600,000원 | 대손상각비 | 300,000원 |
| 임차료 | 100,000원 | 이자비용 | 250,000원 |
| 기부금 | 200,000원 | 접대비(기업업무추진비) | 270,000원 |

① 3,770,000원         ② 3,970,000원         ③ 4,020,000원         ④ 4,220,000원

### 〈접대비 명칭 변경 - 세법〉

☞ 세법개정시 접대비의 명칭이 기업업무추진비로 변경되었습니다. 그러나 세법이 변경됐지만, 회계에서는 별도 언급이 없습니다. Kc-Lep(전산 프로그램)에서는 기업업무추진비로 Smart-A에서는 접대비라는 계정을 사용합니다.

**07.** 다음 자료를 이용하여 상품의 2월 매출원가를 계산하면 얼마인가?(재고자산 평가는 총평균법에 의한다.)

상 품 재 고 장

(단위 : 개, 원)

| 날짜 | | 적요 | 인 수 란 | | | 인 도 란 | | |
|---|---|---|---|---|---|---|---|---|
| | | | 수량 | 단가 | 금액 | 수량 | 단가 | 금액 |
| 2 | 1 | 전월이월 | 300 | 100 | 30,000 | | | |
| | 10 | 매 입 | 500 | 200 | 100,000 | | | |
| | 12 | 매 출 | | | | 200 | | |
| | 20 | 매 입 | 200 | 400 | 80,000 | | | |

① 32,500원      ② 42,000원      ③ 168,000원      ④ 177,500원

**08.** 다음 중 부가가치세법상 사업장에 대한 설명으로 옳지 않은 것은?
① 부가가치세는 사업장이 둘 이상인 경우 주사업장에서 총괄하여 신고·납부하는 것이 원칙이다.
② 부동산 임대업의 경우 부동산 등기부상의 소재지가 사업장이다.
③ 제조업의 경우 최종 제품을 완성하는 장소가 사업장이다.
④ 직매장은 사업장에 해당하나 하치장은 사업장에 해당하지 않는다.

**09.** 다음은 일반과세자인 (주)한공의 20x1년 제1기 확정신고기간의 공급 내역이다. 이 자료로 부가가치세 매출세액을 계산하면 얼마인가?(제시된 금액에는 부가가치세가 포함되지 않았고 세금계산서는 적법하게 발급 또는 수취하였다.)

| | |
|---|---|
| • 제품 매출액 | 7,000,000원 |
| • 거래처에 증정한 제품(시가 3,000,000원) | 2,000,000원 |
| • 내국신용장에 의한 매출액 | 3,000,000원 |

① 700,000원      ② 800,000원      ③ 900,000원      ④ 1,000,000원

**10.** 다음 중 세금계산서 발급의무 면제 거래에 해당하지 않는 것은?
① 부동산 간주임대료           ② 택시운송
③ 노점에 의한 재화 공급        ④ 내국신용장에 의하여 공급하는 재화

■■■■■ **실무수행평가**

(주)사계절식품(3600)은 건강식품을 도·소매하는 법인으로 회계기간은 제5기(20x1.1.1.~20x1.12.31.)이다. 제시된 자료와 [자료설명]을 참고하여 [수행과제]를 완료하고 [평가문제]의 물음에 답하시오.

**실무수행1　기초정보관리의 이해**

회계관련 기초정보는 입력되어 있다. [자료설명]을 참고하여 [수행과제]를 수행하시오.

1. 계정과목추가 및 적요등록 수정

| 자료설명 | (주)사계절식품은 매월 초 지점에 소액현금을 지급하고 월말에 증빙에 의한 정산을 하기로 하였다. |
|---|---|
| 수행과제 | '138.전도금' 계정과목을 '138.소액현금'으로 수정하고, 현금적요를 등록하시오.(계정구분 : 3.일반)<br> – 현금적요 : 05. 지점 소액현금 지급<br>　　　　　　 06. 지점 소액현금 회수 |

## 2. 전기분 재무상태표의 입력수정

# 재 무 상 태 표

제4(당)기 20x0.12.31. 현재
제3(전)기 20y0.12.31. 현재

(주)사계절식품 (단위 : 원)

| 과 목 | 제 4 기 (20x0.12.31.) | | 제 3 기 (20y0.12.31.) | |
|---|---|---|---|---|
| 자 산 | | | | |
| Ⅰ. 유 동 자 산 | | 704,476,800 | | 429,340,000 |
| (1) 당 좌 자 산 | | 691,476,800 | | 404,340,000 |
| 현 금 | | 9,000,000 | | 21,000,000 |
| 당 좌 예 금 | | 119,700,000 | | 201,000,000 |
| 보 통 예 금 | | 393,611,800 | | 21,640,000 |
| 정 기 예 적 금 | | 15,000,000 | | 14,000,000 |
| 단 기 매 매 증 권 | | 3,000,000 | | 1,000,000 |
| 외 상 매 출 금 | 135,000,000 | | 130,000,000 | |
| 대 손 충 당 금 | 1,350,000 | 133,650,000 | 300,000 | 129,700,000 |
| 받 을 어 음 | | 15,000,000 | | 16,000,000 |
| 미 수 금 | | 2,515,000 | | 0 |
| (2) 재 고 자 산 | | 13,000,000 | | 25,000,000 |
| 상 품 | | 13,000,000 | | 25,000,000 |
| Ⅱ. 비 유 동 자 산 | | 84,113,200 | | 37,300,000 |
| (1) 투 자 자 산 | | 8,000,000 | | 0 |
| 장 기 대 여 금 | | 8,000,000 | | 0 |
| (2) 유 형 자 산 | | 46,113,200 | | 7,300,000 |
| 차 량 운 반 구 | 56,500,000 | | 16,500,000 | |
| 감 가 상 각 누 계 액 | 21,018,000 | 35,482,000 | 12,300,000 | 4,200,000 |
| 비 품 | 19,400,000 | | 9,400,000 | |
| 감 가 상 각 누 계 액 | 8,768,800 | 10,631,200 | 6,300,000 | 3,100,000 |
| (3) 무 형 자 산 | | 0 | | 0 |
| (4) 기 타 비 유 동 자 산 | | 30,000,000 | | 30,000,000 |
| 임 차 보 증 금 | | 30,000,000 | | 30,000,000 |
| 자 산 총 계 | | 788,590,000 | | 466,640,000 |
| 부 채 | | | | |
| Ⅰ. 유 동 부 채 | | 90,000,000 | | 81,061,266 |
| 외 상 매 입 금 | | 37,670,000 | | 31,061,266 |
| 지 급 어 음 | | 26,900,000 | | 30,000,000 |
| 미 지 급 금 | | 22,500,000 | | 20,000,000 |
| 예 수 금 | | 2,930,000 | | 0 |
| Ⅱ. 비 유 동 부 채 | | 50,000,000 | | 0 |
| 장 기 차 입 금 | | 50,000,000 | | 0 |
| 부 채 총 계 | | 140,000,000 | | 81,061,266 |
| 자 본 | | | | |
| Ⅰ. 자 본 금 | | 600,000,000 | | 350,000,000 |
| 자 본 금 | | 600,000,000 | | 350,000,000 |
| Ⅱ. 자 본 잉 여 금 | | 0 | | 0 |
| Ⅲ. 자 본 조 정 | | 0 | | 0 |
| Ⅳ. 기타포괄손익누계액 | | 0 | | 0 |
| Ⅴ. 이 익 잉 여 금 | | 48,590,000 | | 35,578,734 |
| 미 처 분 이 익 잉 여 금 | | 48,590,000 | | 35,578,734 |
| (당 기 순 이 익) 27,668,000원 | | | | |
| 자 본 총 계 | | 648,590,000 | | 385,578,734 |
| 부 채 와 자 본 총 계 | | 788,590,000 | | 466,640,000 |

| 자료설명 | 전기(제4기)분 재무제표는 입력되어 있으며, 재무제표 검토결과 입력오류를 발견하였다. |
|---|---|
| 수행과제 | 입력이 누락되었거나 잘못된 부분을 찾아 수정하시오. |

## 실무수행2 | 거래자료 입력

실무프로세스 자료이다. [자료설명]을 참고하여 [수행과제]를 수행하시오.

### 1. 기타 일반거래

<table>
<tr>
<td>

**전자수입인지 판매 영수증**

- - - - - - - - - - - - - - - - - - - - - - -

손해배상 등의 청구 시 영수증이 필요합니다.
문자메세지 및 상담문의 전화 : 1588 - 1300

판 매 일 자 : 20x1 - 02 - 11  12:44
판  매  자 : 창구 101 김민중
고유식별번호 : 180830145402877
구  매  자 : (주)사계절식품

- - - - - - - - - - - - - - - - - - - - - - -

고유식별번호           발급금액

판 매 금 액 :            20,000원

위의 금액을 정히 영수합니다.
　　　　20x1 - 02 - 11  12:44
　　　　　서대문 우체국

- - - - - - - - - - - - - - - - - - - - - - -

</td>
<td>

**자료설명**

법원에 법인 등기변경관련 서류 접수를 위한 수입인지를 구입하고 대금은 현금으로 지급하였다.

---

**수행과제**

거래자료를 입력하시오.
(단, '세금과공과금'으로 처리할 것)

</td>
</tr>
</table>

### 2. 약속어음 수취거래

<table>
<tr>
<td colspan="2" align="center">

# 전 자 어 음

</td>
</tr>
<tr>
<td>

**(주)사계절식품** 귀하

</td>
<td align="right">

00420230219123456789

</td>
</tr>
<tr>
<td>

**금**  오백오십만원정

</td>
<td align="right">

<u>5,500,000원</u>

</td>
</tr>
<tr>
<td colspan="2" align="center">

위의 금액을 귀하 또는 귀하의 지시인에게 지급하겠습니다.

</td>
</tr>
<tr>
<td>

지급기일  20x1년 4월 19일
지 급 지  국민은행
지급장소  강남지점

</td>
<td>

발행일  20x1년 2월 19일
발행지  서울특별시 구로구 구로동로 24
주  소  (가리봉동)
발행인  (주)나비식품

</td>
</tr>
</table>

| 자료설명 | [2월 19일] (주)나비식품에 대한 상품 판매 외상대금을 전자어음으로 수취하였다. |
|---|---|
| 수행과제 | 1. 거래자료를 입력하시오.<br>2. 자금관련정보를 입력하여 받을어음 현황에 반영하시오. |

3. 증빙에 의한 거래입력

| 매출전표 | | | | | | | | |
|---|---|---|---|---|---|---|---|---|
| **카드종류** | | **거래일자** | | | | | | |
| 우리카드 | | 20x1.2.23.15:13:42 | | | | | | |
| **카드번호(CARD NO)** | | | | | | | | |
| 5521 – 2058 – **** – 99** | | | | | | | | |
| **승인번호** | | **금액** | 백 | | 천 | | 원 | |
| 99076250 | | AMOUNT | | 9 | 0 | 0 | 0 | 0 |
| **일반** | **할부** | **부가세** | | | 9 | 0 | 0 | 0 |
| 일시불 | | V.A.T | | | | | | |
| | 휘발유 | **봉사료** | | | | | | |
| | | CASHBACK | | | | | | |
| **거래유형** | | **합계** | | 9 | 9 | 0 | 0 | 0 |
| | | TOTAL | | | | | | |

**가맹점명**
우연주유소

| **대표자명** | **사업자번호** |
|---|---|
| 이정원 | 211 – 13 – 34022 |

| **전화번호** | **가맹점번호** |
|---|---|
| 02 – *** – 9846 | 152868484 |

**주소**
서울특별시 서대문구 충정로7길 29 – 10 (충정로3가)

상기의 거래 내역을 확인합니다.    서명 (주)사계절식품

| 자료설명 | 영업부 업무용 승용차(2,000cc)에 주유하고 대금은 신용카드로 결제 하였다. |
|---|---|
| 수행과제 | 거래자료를 입력하시오. |

4. 기타 일반거래

자료 1. 건강보험료 영수증

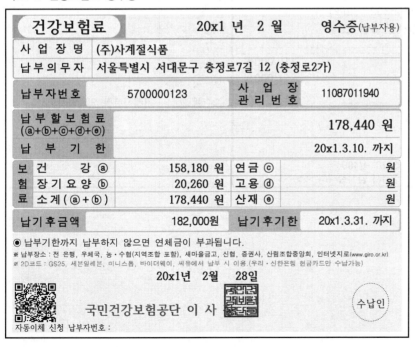

213

### 자료 2. 보통예금(신한은행) 거래내역

| 번호 | 거래일 | 내용 | 찾으신금액 | 맡기신금액 | 잔액 | 거래점 |
|---|---|---|---|---|---|---|
| | | | 계좌번호 096 – 25 – 0096 – 751   (주)사계절식품 | | | |
| 1 | 20x1 – 03 – 10 | 건강보험료 | 178,440 | | *** | *** |

| 자료설명 | 2월 급여지급분에 대한 건강보험료(장기요양보험료 포함)를 납부기한일에 신한은행 보통예금 계좌에서 이체하여 납부하였다. 보험료의 50%는 급여 지급 시 원천징수한 금액이며, 나머지 50%는 회사부담분이다. |
|---|---|
| 수행과제 | 거래자료를 입력하시오.(회사부담분 건강보험료는 '복리후생비'로 처리 할 것) |

### 5. 증빙에 의한 전표입력

| | |
|---|---|
| **\*\* 현금영수증 \*\***<br>**(지출증빙용)**<br><br>사업자등록번호 : 301 – 33 – 16515 이세희<br>사업자명 : 엄마도시락<br>단말기ID : 73453259(tel:02 – 345 – 4546)<br>가맹점주소 : 서울특별시 구로구 경인로35가길 11 – 4<br><br>현금영수증 회원번호<br>**110 – 87 – 01194   (주)사계절식품**<br>승인번호 : 83746302   (PK)<br>거래일시 : 20x1년 3월 25일<br>-----------------------<br>공급금액 110,000원<br>부가세금액 11,000원<br>총합계 121,000원<br>-----------------------<br>휴대전화, 카드번호 등록<br>http://현금영수증.kr<br>국세청문의(126)<br>38036925 – GCA10106 – 3870 – U490<br><<<<<이용해 주셔서 감사합니다.>>>>> | **자료설명** 매출거래처 체육대회에 제공할 도시락을 구입하고 대금은 현금으로 지급하였다.<br><br>**수행과제** 거래자료를 입력하시오. |

## 실무수행3 | 부가가치세

부가가치세 신고 관련 자료이다. [자료설명]을 참고하여 [수행과제]를 수행하시오.

### 1. 과세매출자료의 전자세금계산서발행

### 거 래 명 세 서 (공급자 보관용)

| 공급자 | 등록번호 | 110 - 87 - 01194 | | | 공급받는자 | 등록번호 | 211 - 86 - 14336 | | |
|---|---|---|---|---|---|---|---|---|---|
| | 상호 | (주)사계절식품 | 성명 | 오현민 | | 상호 | (주)한라무역 | 성명 | 김현희 |
| | 사업장주소 | 서울특별시 서대문구 충정로7길 12 (충정로2가) | | | | 사업장주소 | 대전광역시 둔산동 둔산대로 41 | | |
| | 업태 | 도소매업 | 종사업장번호 | | | 업태 | 도소매 | 종사업장번호 | |
| | 종목 | 건강식품 외 | | | | 종목 | 잡화 | | |

| 거래일자 | 미수금액 | 공급가액 | 세액 | 총 합계금액 |
|---|---|---|---|---|
| 20x1.1.2. | | 1,500,000 | 150,000 | 1,650,000 |

| NO | 월 | 일 | 품목명 | 규격 | 수량 | 단가 | 공급가액 | 세액 | 합계 |
|---|---|---|---|---|---|---|---|---|---|
| 1 | 1 | 2 | 비타민 | | 50 | 30,000 | 1,500,000 | 150,000 | |
| | | | | | | | | | |
| | | | | | | | | | |

| 비 고 | 전미수액 | 당일거래총액 | 입금액 | 미수액 | 인수자 |
|---|---|---|---|---|---|
| | | 1,650,000 | | 1,650,000 | |

| 자료설명 | 상품을 판매하고 발급한 거래명세서이며, 대금은 월말에 받기로 하였다. |
|---|---|
| 수행과제 | 1. 거래명세서에 의해 매입매출자료를 입력하시오.<br>2. 전자세금계산서 발행 및 내역관리 를 통하여 발급 및 전송하시오.<br>　(전자세금계산서 발급 시 결제내역 및 전송일자는 고려하지 말 것) |

## 2. 매출거래

| 수정전자세금계산서 (공급자 보관용) | | | | | 승인번호 | | 2023010321 | |
|---|---|---|---|---|---|---|---|---|

| 공급자 | 등록번호 | 110-87-01194 | | | 공급받는자 | 등록번호 | 121-81-36236 | |
|---|---|---|---|---|---|---|---|---|
| | 상호 | (주)사계절식품 | 성명(대표자) | 오현민 | | 상호 | (주)시유어게인 | 성명(대표자) 박시유 |
| | 사업장주소 | 서울특별시 서대문구 충정로7길 12 (충정로2가) | | | | 사업장주소 | 서울특별시 서대문구 가좌로 19 | |
| | 업태 | 도소매업 | 종사업장번호 | | | 업태 | 서비스 | 종사업장번호 |
| | 종목 | 건강식품 외 | | | | 종목 | 외식 | |
| | E-Mail | goodfood@bill36524.com | | | | E-Mail | again@bill36524.com | |

| 작성일자 | 20x1.2.10. | 공급가액 | -500,000 | 세 액 | -50,000 |
|---|---|---|---|---|---|
| 비고 | | | | | |

| 월 | 일 | 품목명 | 규격 | 수량 | 단가 | 공급가액 | 세액 | 비고 |
|---|---|---|---|---|---|---|---|---|
| 2 | 10 | 홍삼 엑기스 | | -10 | 50,000 | -500,000 | -50,000 | |

| 합계금액 | 현금 | 수표 | 어음 | 외상미수금 | 이 금액을 | ○ 영수 ◉ 청구 | 함 |
|---|---|---|---|---|---|---|---|
| -550,000 | | | | -550,000 | | | |

| 자료설명 | [2월 10일]<br>1. 1월 30일에 판매한 상품 중 일부가 불량으로 반품되어 수정전자세금계산서를 발급하였다.<br>2. 거래대금은 전액 외상매출금과 상계처리하기로 하였다. |
|---|---|
| 수행과제 | 매입매출자료를 입력하시오.<br>(전자세금계산서의 발급 및 전송업무는 생략하고 '전자입력'으로 입력할 것) |

## 3. 매입거래

**카드매출전표**

카드종류 : 우리카드
회원번호 : 5521-2058-****-99*1
거래일시 : 20x1.7.7. 19:42:36
거래유형 : 신용승인
매    출 : 100,000원
부 가 세 :  10,000원
합    계 : 110,000원
결제방법 : 일시불
승인번호 : 4522555
가맹점명 : (주)제주호텔(162-81-34151)
- 이 하 생 략 -

| 자료설명 | 영업부 과장이 신상품 홍보를 위해 출장지에서 숙박비를 결제하고 받은 신용카드매출전표이다. |
|---|---|
| 수행과제 | 매입매출자료를 입력하시오. |

## 4. 매출거래

| 전자계산서 | | | | (공급자 보관용) | | 승인번호 | | |
|---|---|---|---|---|---|---|---|---|

<table>
<tr><td rowspan="7">공급자</td><td>등록번호</td><td colspan="3">110-87-01194</td><td rowspan="7">공급받는지</td><td>등록번호</td><td colspan="3">211-86-08979</td></tr>
<tr><td>상호</td><td>(주)사계절식품</td><td>성명<br>(대표자)</td><td>오현민</td><td>상호</td><td>(주)바다사랑</td><td>성명<br>(대표자)</td><td>강바다</td></tr>
<tr><td>사업장<br>주소</td><td colspan="3">서울특별시 서대문구 충정로7길 12<br>(충정로2가)</td><td>사업장<br>주소</td><td colspan="3">서울특별시 강남구 강남대로 262</td></tr>
<tr><td>업태</td><td>도소매업</td><td colspan="2">종사업장번호</td><td>업태</td><td>도소매업</td><td colspan="2">종사업장번호</td></tr>
<tr><td>종목</td><td>건강식품 외</td><td></td><td></td><td>종목</td><td>건강식품 외</td><td></td><td></td></tr>
<tr><td>E-Mail</td><td colspan="3">goodfood@bill36524.com</td><td>E-Mail</td><td colspan="3">sea@bill36524.com</td></tr>
</table>

| 작성일자 | 20x1.7.10. | 공급가액 | 3,000,000 | 비 고 | |
|---|---|---|---|---|---|

| 월 | 일 | 품목명 | 규격 | 수량 | 단가 | 공급가액 | 비고 |
|---|---|---|---|---|---|---|---|
| 7 | 10 | 도서 백세시대 | | 200 | 15,000 | 3,000,000 | |
| | | | | | | | |
| | | | | | | | |
| | | | | | | | |

| 합계금액 | 현금 | 수표 | 어음 | 외상미수금 | 이 금액을 | ○ 영수<br>○ 청구 함 |
|---|---|---|---|---|---|---|
| 3,000,000 | | | | | | |

| 자료설명 | 면세 상품을 판매하고 대금은 기업은행 보통예금 계좌로 입금 받았다.<br>(단, 본 거래에 한하여 과세사업과 면세사업을 겸영한다고 가정할 것) |
|---|---|
| 수행과제 | 매입매출자료를 입력하시오.(전자계산서 거래는 '전자입력'으로 입력할 것) |

## 5. 매입거래

```
       20x1년 6월 청구분  도시가스요금 지로영수증(고객용)
```

| 고객번호 | 3154892 | | | | | | | 납부마감일 | 20x1.07.31. |
|---|---|---|---|---|---|---|---|---|---|
| 지로번호 | 4 | 0 | 0 | 0 | 5 | 2 | 8 | 미납금액 | 0 원 |
| 고지금액 | 167,750 원 | | | | | | | | 0 원 |

주소/성명   서울특별시 서대문구 충정로7길 12 (충정로2가)
(주)사계절식품

| 사용기간 | | 20x1.6.1. ~ 20x1.6.30. | 기 본 요 금 | 25,000 원 |
|---|---|---|---|---|
| 당월사용량 | 금월지침 | 7,526 m³ | 사 용 요 금 | 127,500 원 |
| | 전월지침 | 6,429 m³ | 계 량 기 교 체 비 용 | 원 |
| | 사용량 | 1,097 m³ | 공 급 가 액 | 152,500 원 |
| 사용량비교 | 전월 | 1,020 m³ | 부 가 세 | 15,250 원 |
| | 전년동월 | 1,105 m³ | 가 산 금 | 원 |
| 계량기번호 | | A0231 | 정 산 금 액 | 원 |
| 검침원명 | | 양현종 | 고 지 금 액 | 167,750 원 |
| | | | 공급받는자 등록번호 | 110-87-01194 |
| | | | 공급자 등록번호 | 101-81-25259 |

작성일자   20x1년 7월 12일
입금전용계좌

※ 본 영수증은 부가가치세법 제32조 1항에 따라 발행하는
전자세금계산서입니다.

한국도시가스(주)

| 자료설명 | 1. 회사의 6월분 도시가스요금 영수증이다.<br>2. 회사는 작성일자를 기준으로 회계처리하고, 납부마감일에 납부하고 있다.(납부마감일 회계처리는 생략할 것) |
|---|---|
| 수행과제 | 매입매출자료를 입력하시오. ('과세매입'으로 처리하고, 전자세금계산서 거래는 '전자입력'으로 입력할 것) |

## 6. 부가가치세신고서에 의한 회계처리

### ■ 보통예금(기업은행) 거래내역

| 번호 | 거래일 | 내용 | 찾으신금액 | 맡기신금액 | 잔액 | 거래점 |
|---|---|---|---|---|---|---|
| | | 계좌번호 204-24-0648-1007   (주)사계절식품 | | | | |
| 1 | 20x1-07-25 | 서대문세무서 | 2,461,000 | | *** | *** |

| 자료설명 | 제1기 부가가치세 확정신고 납부세액을 기업은행 보통예금 계좌에서 이체하여 납부하였다. |
|---|---|
| 수행과제 | 6월 30일에 입력된 일반전표를 참고하여 납부세액에 대한 회계처리를 하시오.<br>(저장된 부가가치세신고서를 이용하고 거래처코드를 입력할 것) |

## 실무수행4 | 결산

[결산자료]를 참고하여 결산을 수행하시오.(단, 제시된 자료 이외의 자료는 없다고 가정함.)

### 1. 수동결산 및 자동결산

| 자료설명 | 1. 기말 상품재고액은 32,000,000원이다.<br>2. [당기감가상각비 내역] |
|---|---|

<table>
<tr><th>구 분</th><th>계정과목</th><th>금 액</th></tr>
<tr><td rowspan="2">유형자산</td><td>차량운반구</td><td>18,620,000원</td></tr>
<tr><td>비　품</td><td>1,250,000원</td></tr>
<tr><td colspan="2">합　계</td><td>19,870,000원</td></tr>
</table>

| 자료설명 | 3. 이익잉여금처분계산서 처분 확정(예정)일<br>　－당기분 : 20x2년 2월 23일<br>　－전기분 : 20x1년 2월 23일 |
|---|---|
| 수행과제 | 1. 수동결산 또는 자동결산 메뉴를 이용하여 결산을 완료하시오.<br>2. 12월 31일을 기준으로 '손익계산서 ➡ 이익잉여금처분계산서 ➡ 재무상태표'를 순서대로 조회 작성하시오.<br>　(단, 이익잉여금처분계산서 조회 작성 시 '저장된 데이터 불러오기' ➡ '아니오' 선택'<br>　➡ 상단부의 '전표추가'를 이용하여 '손익대체분개'를 수행할 것) |

**평가문제**  **실무수행평가 (62점)**

입력자료 및 회계정보를 조회하여 [평가문제]의 답안을 입력하시오.

| 번호 | 평가문제 | 배점 |
|---|---|---|
| 11 | **평가문제 [계정과목및적요등록 조회]**<br>'138.소액현금' 계정과목의 '현금적요' 내용으로 옳지 않은 것은?<br>① 01.업무전도금 지급     ② 03.업무전도금 소액현금 지급<br>③ 05.지점 소액현금 지급     ④ 06.지점 소액현금 회수 | 4 |
| 12 | **평가문제 [일/월계표 조회]**<br>상반기(1월~6월) 동안 발생한 '판매관리비' 중 계정별 금액이 옳은 것은?<br>① 세금과공과금   294,000원    ② 복리후생비  12,519,400원<br>③ 접대비(기업업무추진비) 1,695,500원   ④ 차량유지비   3,728,400원 | 4 |
| 13 | **평가문제 [일/월계표 조회]**<br>7월에 발생한 '여비교통비' 금액은 얼마인가? | 2 |
| 14 | **평가문제 [일/월계표 조회]**<br>3/4분기(7월~9월) 동안 발생한 '상품매출' 금액은 얼마인가? | 3 |
| 15 | **평가문제 [계정별원장 조회]**<br>2월 말 '108.외상매출금' 잔액은 얼마인가? | 3 |
| 16 | **평가문제 [합계잔액시산표 조회]**<br>3월 말 '예수금' 잔액은 얼마인가? | 3 |
| 17 | **평가문제 [합계잔액시산표 조회]**<br>9월 말 '부가세대급금' 잔액은 얼마인가? | 3 |
| 18 | **평가문제 [거래처원장 조회]**<br>7월 말 기업은행 '103.보통예금' 잔액은 얼마인가? | 4 |
| 19 | **평가문제 [거래처원장 조회]**<br>12월 말 '253.미지급금' 잔액이 있는 거래처 중 금액이 가장 작은 거래처 코드번호를 입력하시오. | 3 |
| 20 | **평가문제 [현금출납장 조회]**<br>3월 말 '현금' 잔액은 얼마인가?<br>① 12,898,340원        ② 45,707,000원<br>③ 58,908,000원        ④ 91,848,060원 | 3 |
| 21 | **평가문제 [매입매출장 조회]**<br>제2기 예정신고기간의 매입 유형 '카드과세(57.카과)' 합계금액은 얼마인가? | 2 |

| 번호 | 평가문제 | 배점 |
|---|---|---|
| 22 | **평가문제 [재무상태표 조회]**<br>1월 말 계정과목별 금액으로 옳지 않은 것은?<br>① 예수금　2,831,600원　　　② 미지급금　2,500,000원<br>③ 미수금　2,515,000원　　　④ 받을어음　16,500,000원 | 4 |
| 23 | **평가문제 [재무상태표 조회]**<br>12월 말 '유형자산'의 장부금액(취득원가 – 감가상각누계액)은 얼마인가? | 4 |
| 24 | **평가문제 [재무상태표 조회]**<br>12월 말 '이월이익잉여금(미처분이익잉여금)' 잔액은 얼마인가?<br>① 463,854,395원　　　② 580,890,780원<br>③ 619,383,709원　　　④ 714,765,096원 | 2 |
| 25 | **평가문제 [손익계산서 조회]**<br>당기에 발생한 '상품매출원가' 금액은 얼마인가? | 2 |
| 26 | **평가문제 [손익계산서 조회]**<br>전기대비 '수도광열비'의 증감액은 얼마인가? | 4 |
| 27 | **평가문제 [부가가치세신고서 조회]**<br>제2기 예정신고기간 부가가치세신고서의 '세금계산서수취부분_일반매입(10번란)'의 세액은 얼마인가? | 4 |
| 28 | **평가문제 [세금계산서합계표 조회]**<br>제1기 예정신고기간의 전자매출세금계산서의 공급가액은 얼마인가? | 3 |
| 29 | **평가문제 [예적금현황 조회]**<br>4월 말 은행별 예금 잔액으로 옳은 것은?<br>① 국민은행(당좌)　42,250,000원　　　② 농협은행(보통)　4,573,000원<br>③ 신한은행(보통)　76,855,560원　　　④ 기업은행(보통)　31,203,000원 | 3 |
| 30 | **평가문제 [받을어음현황 조회]**<br>'받을어음(조회구분 : 1.일별, 1.만기일 20x1.1.1.~20x2.12.31.)'의 보유금액은 얼마인가? | 2 |
| | **총 점** | 62 |

**평가문제** | **회계정보분석 (8점)**

회계정보를 조회하여 [회계정보분석] 답안을 입력하시오.

**31. 손익계산서 조회 (4점)**

매출원가율이란 매출액 중 매출원가가 차지하는 비중을 나타내는 비율로 기업의 원가율 혹은 마진율을 측정하는 지표이다. 전기 매출원가율을 계산하면 얼마인가?(단, 소숫점 이하는 버림 할 것)

$$\text{매출원가율(\%)} = \frac{\text{매출원가}}{\text{매출액}} \times 100$$

① 25%          ② 53%          ③ 62%          ④ 83%

**32. 손익계산서 조회 (4점)**

매출액순이익률이란 매출액에 대한 당기순이익의 비율을 보여주는 지표이다.  전기 매출액순이익률을 계산하면 얼마인가?(단, 소숫점 이하는 버림 할 것)

$$\text{매출액순이익률(\%)} = \frac{\text{당기순이익}}{\text{매출액}} \times 100$$

①  14%          ②  24%          ③ 330%          ④ 713%

Financial Accounting Technician
회계정보처리 자격시험 1급

**60회**

## 실무이론평가

| 1 | 2 | 3 | 4 | 5 | 6 | 7 | 8 | 9 | 10 |
|---|---|---|---|---|---|---|---|---|----|
| ④ | ③ | ④ | ③ | ③ | ① | ② | ① | ④ | ④ |

**01** ① 자산과 부채는 **원칙적으로 상계하여 표시하지 않는다.**

② **재무제표의 작성과 표시에 대한 책임은 경영진**에게 있다.

③ 중요한 항목은 **재무제표의 본문이나 주석에 그 내용을 잘 나타낼 수 있도록 구분하여 표시**한다.

**02** 단기투자목적의 주식은 단기매매증권으로 분류하고, 관련 수수료는 당기비용으로 처리한다.

단기매매증권평가손익 = [기말공정가액(17,000) - 취득원가(20,000)] × 100주 = △300,000원(손실)

**03** **취득당시 만기가 3개월 이내인 금융상품은 현금및현금성자산**에 해당한다.

**04** 대손충당금 기말 잔액 = 외상매출금 총액(1,000,000) - 회수가능추정액(97,000) = 30,000원

**05** 감가상각비 = [취득가액(10,000,000) - 잔존가치(0)] ÷ 10년 = 1,000,000원/년

20x1년 감가상각누계액 = 감가상각비(1,000,000) × 1.5년(전기6개월+당기) = 1,500,000원

**06** 판매비와관리비 = 2,000,000원 + 500,000원 + 600,000원 + 300,000원 + 100,000원 + 270,000원

                = 3,770,000원

이자비용과 기부금은 영업외비용이다.

**07**

| | | 상 | | 품(총평균법) | | | |
|---|---|---|---|---|---|---|---|
| 기초 | 300개 | @100 | 30,000 | 매출원가 | *200개* | *@210* | *42,000* |
| 매입 | 500개 | @200 | 100,000 | | | | |
| | 200개 | @400 | 80,000 | 기말 | | | |
| 계 | *1,000개* | *@210* | 210,000 | 계 | | | |

**08** 부가가치세는 **사업장별로 신고·납부하는 것이 원칙**이며, 주사업장 총괄납부를 신청한 경우는 주된 사업장에서 총괄하여 납부할 수 있다.

**09** 매출세액 = (7,000,000원 + 3,000,000원) × 10% + 3,000,000원 × 0% = 1,000,000원

**10** **내국신용장에 의하여 공급하는 재화는 (영세율)세금계산서 발급거래**에 속한다.

223

# ▒▒▒▒ 실무수행평가

## 실무수행 1. 기초정보관리의 이해

1. 계정과목추가 및 적요등록 수정
    - 계정과목 : 'Ctrl+F1'을 클릭한 후 수정
    - 적요내용 등록

2. 전기분 재무상태표의 입력수정
    - 120.미수금    2,515,000원 추가 입력
    - 253.미지급금  2,500,000원 → 22,500,000원으로 수정

## 실무수행 2. 거래자료 입력

1. 기타 일반거래 [일반전표입력] 2월 11일

    (차) 세금과공과금(판)           20,000원    (대) 현금                    20,000원

2. 약속어음 수취거래 [일반전표입력] 2월 19일

    (차) 받을어음((주)나비식품)    5,500,000원    (대) 외상매출금((주)나비식품)   5,500,000원
[받을어음 관리]

| ● 받을어음 관리 | | | | | | | | 삭제(F5) |
|---|---|---|---|---|---|---|---|---|
| 어음상태 | 1 보관 | 어음종류 | 6 전자 | 어음번호 | 00420230219123456789 | | 수취구분 | 1 자수 |
| 발행인 | 05007 | (주)나비식품 | | 발행일 | 20×1-02-19 | 만기일 | 20×1-04-19 | 배서인 |
| 지급은행 | 100 | 국민은행 | 지점 강남 | 할인기관 | | 지점 | 할인율(%) | |
| 지급거래처 | | | | | * 수령된 어음을 타거래처에 지급하는 경우에 입력합니다. | | | |

3. 증빙에 의한 거래입력 [일반전표입력] 2월 23일

    (차) 차량유지비(판)             99,000원    (대) 미지급금(우리카드)        99,000원

4. 기타 일반거래 [일반전표입력] 3월 10일

    (차) 복리후생비(판)            89,220원    (대) 보통예금              178,440원
        예수금                 89,220원         (신한은행(보통))

5. 증빙에 의한 전표입력 [일반전표입력] 3월 25일

    (차) 접대비(기업업무추진비)(판)  121,000원    (대) 현금                  121,000원

## 실무수행 3. 부가가치세

### 1. 과세매출자료의 전자세금계산서발행

(1) [매입매출전표입력] 1월 2일

| 거래유형 | 품명 | 공급가액 | 부가세 | 거래처 | 전자세금 |
|---|---|---|---|---|---|
| 11.과세 | 비타민 | 1,500,000 | 150,000 | (주)한라무역 | 전자발행 |
| 분개유형 | (차) 외상매출금 | 1,650,000원 | (대) 상품매출 | | 1,500,000원 |
| 2.외상 | | | 부가세예수금 | | 150,000원 |

(2) [전자세금계산서 발행 및 내역관리] 기출문제 77회 참고

### 2. 매출거래 [매입매출전표입력] 2월 10일

| 거래유형 | 품명 | 공급가액 | 부가세 | 거래처 | 전자세금 |
|---|---|---|---|---|---|
| 11.과세 | 홍삼 엑기스 | −500,000원 | −50,000원 | (주)시유어게인 | 전자입력 |
| 분개유형 | (차) 외상매출금 | −550,000원 | (대) 상품매출 | | −500,000원 |
| 2.외상 | | | 부가세예수금 | | −50,000원 |

### 3. 매입거래 [매입매출전표입력] 7월 7일

| 거래유형 | 품명 | 공급가액 | 부가세 | 거래처 | 전자세금 |
|---|---|---|---|---|---|
| 57.카과 | 숙박비 | 100,000 | 10,000 | (주)제주호텔 | |
| 분개유형 | (차) 여비교통비(판) | 100,000원 | (대) 미지급금 | | 110,000원 |
| 4.카드(혼합) | 부가세대급금 | 10,000원 | (우리카드) | | |

### 4. 매출거래 [매입매출전표입력] 7월 10일

| 거래유형 | 품명 | 공급가액 | 부가세 | 거래처 | 전자세금 |
|---|---|---|---|---|---|
| 13.면세 | 도서 백세시대 | 3,000,000 | | (주)바다사랑 | 전자입력 |
| 분개유형 | (차) 보통예금 | 3,000,000원 | (대) 상품매출 | | 3,000,000원 |
| 3.혼합 | (기업은행(보통)) | | | | |

### 5. 매입거래 [매입매출전표입력] 7월 12일

| 거래유형 | 품명 | 공급가액 | 부가세 | 거래처 | 전자세금 |
|---|---|---|---|---|---|
| 51.과세 | 도시가스요금 | 152,500 | 15,250 | 한국도시가스(주) | 전자입력 |
| 분개유형 | (차) 수도광열비(판) | 152,500원 | (대) 미지급금 | | 167,750원 |
| 3.혼합 | 부가세대급금 | 15,250원 | | | |

6. 부가가치세신고서에 의한 회계처리

[일반전표입력] 7월 25일

    (차) 미지급세금(서대문세무서)    2,461,000원    (대) 보통예금(기업은행(보통))    2,461,000원

[일반전표입력] 6월 30일 조회

    (차) 부가세예수금    10,632,400원    (대) 부가세대급금    8,161,400원

                                                        잡이익    10,000원

                                            미지급세금(서대문세무서)    2,461,000원

## 실무수행 4. 결산

1. 수동결산 및 자동결산

(1) 수동결산 및 자동결산

[결산자료입력] 1월 ~ 12월

  - 기말상품재고액 32,000,000원을 입력한다.

  - 감가상각비의 차량운반구 18,620,000원, 비품 1,250,000원을 입력한다.

  - 상단부 전표추가(F3) 를 클릭하면 [일반전표입력] 메뉴에 분개가 생성된다.

    (차) 상품매출원가    173,848,500원    (대) 상품    173,848,500원

[기초재고액 13,000,000원+당기매입액 192,848,500원 - 기말재고액 32,000,000원]

  = 상품매출원가 173,848,500원

    (차) 감가상각비(판)    19,870,000원    (대) 감가상각누계액(209)    18,620,000원

                                            감가상각누계액(213)    1,250,000원

(2) [재무제표 등 작성]

  - 손익계산서 ➡ 이익잉여금처분계산서(**처분일 입력 후 '전표추가' 클릭 ➡ 재무상태표를 조회 작성**한다.

## 평가문제. 실무수행평가 (62점)

| 번호 | 평가문제 | 배점 | 답 |
|---|---|---|---|
| 11 | 평가문제 [계정과목및적요등록 조회] | 4 | ② |
| 12 | 평가문제 [일/월계표 조회] | 4 | ③ |
| 13 | 평가문제 [일/월계표 조회] | 2 | 125,000 |
| 14 | 평가문제 [일/월계표 조회] | 3 | 725,414,546 |
| 15 | 평가문제 [계정별원장 조회] | 3 | 160,330,000 |
| 16 | 평가문제 [합계잔액시산표 조회] | 3 | 3,702,380 |
| 17 | 평가문제 [합계잔액시산표 조회] | 3 | 6,310,250 |
| 18 | 평가문제 [거래처원장 조회] | 4 | 100,572,000 |
| 19 | 평가문제 [거래처원장 조회] | 3 | 99602 |
| 20 | 평가문제 [현금출납장 조회] | 3 | ② |
| 21 | 평가문제 [매입매출장 조회] | 2 | 110,000 |
| 22 | 평가문제 [재무상태표 조회] | 4 | ② |
| 23 | 평가문제 [재무상태표 조회] | 4 | 75,543,200 |
| 24 | 평가문제 [재무상태표 조회] | 2 | ④ |
| 25 | 평가문제 [손익계산서 조회] | 2 | 173,848,500 |
| 26 | 평가문제 [손익계산서 조회] | 4 | 4,339,520 |
| 27 | 평가문제 [부가가치세신고서 조회] | 4 | 2,940,250 |
| 28 | 평가문제 [세금계산서합계표 조회] | 3 | 91,280,000 |
| 29 | 평가문제 [예적금현황 조회] | 3 | ③ |
| 30 | 평가문제 [받을어음현황 조회] | 2 | 33,000,000 |
| | 총 점 | 62 | |

## 평가문제. 회계정보분석 (8점)

31. 손익계산서 조회 (4점)

   ① (49,900,000원/197,500,000원)×100≒25%

32. 손익계산서 조회 (4점)

   ① (27,668,000원/197,500,000원)×100≒14%

기출문제

Financial Accounting Technician
회계정보처리 자격시험 1급

59회

| 합격율 | 시험년월 |
|---|---|
| 57% | 2023.2 |

## 실무이론평가

**01.** 다음 중 재무제표의 작성에 대한 설명으로 옳지 않은 것은?

① 비용은 관련된 수익이 인식되는 기간에 인식하는 것을 원칙으로 한다.

② 자산은 유동자산과 비유동자산으로 분류한다.

③ 기타포괄손익누계액은 손익계산서 항목이다.

④ 현금흐름표는 영업활동, 투자활동 및 재무활동으로 인한 현금흐름으로 구분하여 표시한다.

**02.** 다음 중 손익계산서상의 영업이익에 영향을 미치는 계정과목으로 옳지 않은 것은? (도매업을 가정한다.)

① 보험료                          ② 임차료

③ 이자비용                       ④ 접대비(기업업무추진비)

**03.** 다음은 (주)한공의 상품 관련 자료이다. 매출총이익은 얼마인가?

| • 기초상품재고액  1,000,000원 | • 당기매입액  4,000,000원 |
|---|---|
| • 기말상품재고액    500,000원 | • 매출총이익률  10% |

① 450,000원          ② 500,000원          ③ 4,500,000원          ④ 5,000,000원

**04.** 다음 지출액 중 비용으로 처리할 금액은 얼마인가?

• 연구단계에서 지출한 금액은 500,000원이다.

• 제품 개발단계에서 지출한 금액 300,000원이다. 이 중 100,000원은 자산인식요건을 충족시키지 못하였다.

① 500,000원          ② 600,000원          ③ 700,000원          ④ 800,000원

**05.** 다음 중 유형자산의 취득 후 지출에 대한 설명으로 옳지 않은 것은?

① 수익적지출을 자본적지출로 처리하면 해당 회계연도의 순이익이 과소계상된다.

② 자본적지출을 수익적지출로 처리하면 비용이 과대계상된다.

③ 수익적지출을 자본적지출로 처리하면 자산총계가 과대계상된다.

④ 자본적지출을 수익적지출로 처리하면 자본총계가 과소계상된다.

**06.** 다음 중 가수금으로 회계처리했던 200,000원이 상품매출 주문에 대한 계약금으로 판명된 경우 회계처리로 옳은 것은?

① (차) 가수금  200,000원       (대) 선수금  200,000원

② (차) 가수금  200,000원       (대) 미수금  200,000원

③ (차) 선수금  200,000원       (대) 가수금  200,000원

④ (차) 미수금  200,000원       (대) 가수금  200,000원

**07.** 다음은 (주)한공의 소모품 관련 자료이다. 결산 시 회계처리로 옳은 것은?

(소모품은 20x1년에 처음 구입하였으며, 구입 시 전액 비용처리하였다.)

- 20x1년  3월  1일 소모품 200,000원을 현금구입하였다.
- 20x1년 12월 31일 소모품 미사용액은 50,000원이었다.

① (차) 소모품     150,000원       (대) 소모품비   150,000원

② (차) 소모품      50,000원       (대) 소모품비    50,000원

③ (차) 소모품비   150,000원       (대) 소모품     150,000원

④ (차) 소모품비    50,000원       (대) 소모품      50,000원

**08.** 다음 중 부가가치세법상 과세기간과 납세지에 대한 설명으로 옳은 것은?

① 간이과세자의 제1기 예정신고기간은 1월 1일부터 3월 31일까지이다.

② 일반과세자의 과세기간은 1월 1일부터 12월 31일까지이다.

③ 부동산임대업의 사업장은 사업에 관한 업무를 총괄하는 장소이다.

④ 사업자가 사업장을 두지 아니하면 사업자의 주소 또는 거소를 사업장으로 한다.

**09.** 다음 중 부가가치세법상 세금계산서에 대하여 바르게 설명하고 있는 사람은 누구인가?

> • 은영 : 세금계산서의 작성연월일은 꼭 기재하지 않아도 돼.
> • 정준 : 면세사업자도 세금계산서를 발급할 수 있어.
> • 정민 : 세금계산서는 재화 또는 용역의 공급시기에 발급하는 것이 원칙이야.
> • 민우 : 재화를 직접 수출하는 경우에도 세금계산서는 발급해야 돼.

※ 1차 저작권자의 저작권 침해 소지가 있어 삽화 삽입은 어려우니 양해바랍니다.

① 은영                ② 정준                ③ 정민                ④ 민우

**10.** 다음은 일반과세자인 (주)한공의 20x1년 제2기 확정신고기간(20x1. 10. 1. ~ 20x1. 12. 31.)의 공급 내역이다. 이 자료를 토대로 부가가치세 매출세액을 계산하면 얼마인가?

| | |
|---|---|
| • 제품 매출액 | 7,000,000원 |
| • 거래처에 증정한 제품(시가 2,000,000원) | 1,000,000원 |
| • 내국신용장에 의한 공급가액 | 3,000,000원 |

① 700,000원          ② 800,000원          ③ 900,000원          ④ 1,200,000원

---

■■■■ **실무수행평가**

(주)빙그레식품(3590)은 건강식품을 도·소매하는 법인으로 회계기간은 제5기(20x1.1.1.~20x1.12.31.)이다. 제시된 자료와 [자료설명]을 참고하여 [수행과제]를 완료하고 [평가문제]의 물음에 답하시오.

**실무수행1 | 기초정보관리의 이해**

회계관련 기초정보는 입력되어 있다. [자료설명]을 참고하여 [수행과제]를 수행하시오.

1. 회사등록 수정

| 자료설명 | (주)빙그레식품은 [회사등록] 메뉴에 국세환급금 계좌를 신규 등록하기로 하였다. |
|---|---|
| 수행과제 | 국세환급금계좌 등록을 수행하시오.<br>(은행명 : 하나은행, 지점명 : 서대문, 계좌번호 : 1202 – 1126 – 321) |

## 2. 전기분 재무상태표의 입력수정

### 재 무 상 태 표

제4(당)기 20x0.12.31. 현재
제3(전)기 20yo.12.31. 현재

(주)빙그레식품 (단위 : 원)

| 과 목 | 제 4 기 (20x0.12.31.) | | 제 3 기 (20yo.12.31.) | |
|---|---|---|---|---|
| 자 산 | | | | |
| Ⅰ. 유 동 자 산 | | 704,476,800 | | 429,340,000 |
| (1) 당 좌 자 산 | | 691,476,800 | | 404,340,000 |
| 현 금 | | 9,000,000 | | 21,000,000 |
| 당 좌 예 금 | | 119,700,000 | | 201,000,000 |
| 보 통 예 금 | | 393,611,800 | | 21,640,000 |
| 정 기 예 적 금 | | 15,000,000 | | 14,000,000 |
| 단 기 매 매 증 권 | | 3,000,000 | | 1,000,000 |
| 외 상 매 출 금 | 135,000,000 | | 130,000,000 | |
| 대 손 충 당 금 | 1,350,000 | 133,650,000 | 300,000 | 129,700,000 |
| 받 을 어 음 | | 15,000,000 | | 16,000,000 |
| 미 수 금 | | 2,515,000 | | 0 |
| (2) 재 고 자 산 | | 13,000,000 | | 25,000,000 |
| 상 품 | | 13,000,000 | | 25,000,000 |
| Ⅱ. 비 유 동 자 산 | | 84,113,200 | | 37,300,000 |
| (1) 투 자 자 산 | | 8,000,000 | | 0 |
| 장 기 대 여 금 | | 8,000,000 | | 0 |
| (2) 유 형 자 산 | | 46,113,200 | | 7,300,000 |
| 토 지 | | 10,000,000 | | 0 |
| 차 량 운 반 구 | 46,500,000 | | 16,500,000 | |
| 감 가 상 각 누 계 액 | 21,018,000 | 25,482,000 | 12,300,000 | 4,200,000 |
| 비 품 | 19,400,000 | | 9,400,000 | |
| 감 가 상 각 누 계 액 | 8,768,800 | 10,631,200 | 6,300,000 | 3,100,000 |
| (3) 무 형 자 산 | | 0 | | 0 |
| (4) 기 타 비 유 동 자 산 | | 30,000,000 | | 30,000,000 |
| 임 차 보 증 금 | | 30,000,000 | | 30,000,000 |
| 자 산 총 계 | | 788,590,000 | | 466,640,000 |
| 부 채 | | | | |
| Ⅰ. 유 동 부 채 | | 90,000,000 | | 81,061,266 |
| 외 상 매 입 금 | | 37,670,000 | | 31,061,266 |
| 지 급 어 음 | | 26,900,000 | | 30,000,000 |
| 미 지 급 금 | | 22,500,000 | | 20,000,000 |
| 예 수 금 | | 2,930,000 | | 0 |
| Ⅱ. 비 유 동 부 채 | | 50,000,000 | | 0 |
| 장 기 차 입 금 | | 50,000,000 | | 0 |
| 부 채 총 계 | | 140,000,000 | | 81,061,266 |
| 자 본 | | | | |
| Ⅰ. 자 본 금 | | 600,000,000 | | 350,000,000 |
| 자 본 금 | | 600,000,000 | | 350,000,000 |
| Ⅱ. 자 본 잉 여 금 | | 0 | | 0 |
| Ⅲ. 자 본 조 정 | | 0 | | 0 |
| Ⅳ. 기 타 포 괄 손 익 누 계 액 | | 0 | | 0 |
| Ⅴ. 이 익 잉 여 금 | | 48,590,000 | | 35,578,734 |
| 미 처 분 이 익 잉 여 금 | | 48,590,000 | | 35,578,734 |
| (당 기 순 이 익)<br>27,668,000원 | | | | |
| 자 본 총 계 | | 648,590,000 | | 385,578,734 |
| 부 채 와 자 본 총 계 | | 788,590,000 | | 466,640,000 |

| 자료설명 | 전기(제4기)분 재무제표는 입력되어 있으며, 재무제표 검토결과 입력오류를 발견하였다. |
|---|---|
| 수행과제 | 입력이 누락되었거나 잘못된 부분을 찾아 수정하시오. |

231

---

| 실무수행2 | 거래자료 입력 |
|---|---|

실무프로세스 자료이다. [자료설명]을 참고하여 [수행과제]를 수행하시오.

### 1. 증빙에 의한 전표입력

| | |
|---|---|
| **\*\* 현금영수증 \*\***<br>**(지출증빙용)**<br><br>사업자등록번호   : 117-18-12323<br>사업자명         : 은평주차장<br>단말기ID         : 12123232(tel: 02-313-0009)<br>가맹점주소       : 서울특별시 서대문구 성산로 315 (연희동)<br>현금영수증 회원번호<br>110-87-01194     (주)빙그레식품<br>승인번호         : 92380001   (PK)<br>**거래일시**       : 20x1년 1월 7일 16시28분21초<br>- - - - - - - - - - - - - - - - - - - - - - - - - - - - - -<br>공급금액                          100,000원<br>부가가치세                         10,000원<br>총합계                           110,000원<br>- - - - - - - - - - - - - - - - - - - - - - - - - - - - - -<br>휴대전화, 카드번호 등록<br>http://현금영수증.kr<br>국세청문의(126)<br>38036925-GCA10106-3870-U490<br>　　　<<<<<이용해 주셔서 감사합니다.>>>>> | **자료설명**<br>영업부 업무용 승용차(1,998cc)의 주차를 위하여 은평주차장에 1개월분 주차비를 현금으로 지급하고 수취한 현금영수증이다.<br><br>**수행과제**<br>거래자료를 입력하시오.<br>(단, '차량유지비'로 처리할 것) |

### 2. 전자어음의 할인

# 전 자 어 음

(주)빙그레식품 귀하　　　　　　　　　　08120220110123456781

**금** 일천일백만원정　　　　　　　　　　　<u>11,000,000원</u>

위의 금액을 귀하 또는 귀하의 지시인에게 지급하겠습니다.

지급기일  20x1년 4월 10일　　　발행일  20x1년 1월 10일
지 급 지  하나은행　　　　　　　발행지  서울특별시 금천구 독산로 324
지급장소  강남지점　　　　　　　주 소  (독산동)
　　　　　　　　　　　　　　　　발행인  (주)장수식품

| 자료설명 | [2월 11일]<br>(주)장수식품에서 상품매출 대금으로 수취한 전자어음을 만기일 이전에 하나은행 서대문지점에서 할인받고, 할인료 190,000원을 제외한 잔액은 하나은행 보통예금 계좌로 입금받았다. |
|---|---|
| 수행과제 | 1. 거래자료를 입력하시오.(단, 매각거래로 처리할 것)<br>2. 자금관련정보를 입력하여 받을어음현황에 반영하시오. |

## 3. 통장사본에 의한 거래입력

자료 1. 카드 이용대금 명세서(카드번호 : 4123 – 5555 – 4780 – 5263)

| **2월 이용대금 명세서** | 작성기준일 : 20x1.2.28.<br>결제일 : 20x1.3.9. / 실제출금일 : 20x1.3.9.    결제계좌 : 신한은행 |
|---|---|

| 입금하실 금액<br>1,335,000원 | 이달의 할인혜택<br>0 원 | 포인트 및 마일리지<br>포인트리 13,350원 |
|---|---|---|
| | 할인 서비스    0 원<br>무이자 혜택금액 0 원 | |

하나카드

자료 2. 보통예금(신한은행) 거래내역

| 번호 | 거래일 | 내용 | 찾으신금액 | 맡기신금액 | 잔액 | 거래점 |
|---|---|---|---|---|---|---|
| | | 계좌번호 096 – 25 – 0096 – 751   (주)빙그레식품 | | | | |
| 1 | 20x1 – 3 – 9 | 하나카드 | 1,335,000 | | *** | *** |

| 자료설명 | 2월분 하나카드 이용대금이 신한은행 보통예금 계좌에서 자동이체 되었음을 확인하였다. |
|---|---|
| 수행과제 | 거래자료를 입력하시오. |

4. 증빙에 의한 전표입력

## 자동차보험증권

동부화재보험(주)　　　　　　20x1년 4월 1일　　　　자보업무팀에서 작성하여 발행한 것임.

| 계 약 번 호 | 20x1 - 318764 | 계 약 일 | 20x1년 4월 1일 |
| --- | --- | --- | --- |
| 기명피보험자 | (주)빙그레식품 | 기명피보험자코드 | |
| 계 약 자 | (주)빙그레식품 | 계 약 자 코 드 | |

| 보험 가입 자동차 | | 보험료 납입사항 | | |
| --- | --- | --- | --- | --- |
| 차 량 번 호<br>( 차 대 번 호 ) | 241수9750 | 납입하신<br>보 험 료 | 의무보험 | *** 원 |
| 차 명 | 승용차 | | 임의보험 | *** 원 |
| 차 량 가 액 | 3,000 만원　부속품가액　50 만원 | 연간적용보험료 | | 1,200,000 원 |
| 의 무 보 험 | 20x1 년 4 월 1 일 00:00 부터 20x2 년 3 월 31 일 24:00 | | | |
| 임의보험기간 | 20x1 년 4 월 1 일 00:00 부터 20x2 년 3 월 31 일 24:00 | | | |

■ 보통예금(농협은행) 거래내역

| 번호 | 거래일 | 내용 | 찾으신금액 | 맡기신금액 | 잔액 | 거래점 |
| --- | --- | --- | --- | --- | --- | --- |
| | | 계좌번호 851 - 11 - 073757　(주)빙그레식품 | | | | |
| 1 | 20x1 - 4 - 1 | 동부화재보험(주) | 1,200,000 | | *** | *** |

| 자료설명 | [4월 1일] 영업부 업무용 승용차에 대한 보험을 계약하고, 농협은행 보통예금 계좌에서 이체하여 지급하였다. |
| --- | --- |
| 수행과제 | 거래자료를 입력하시오.('비용'으로 처리할 것) |

5. 유·무형자산의 구입

자료 1. 취득세 납부서 겸 영수증

<h1>취득세 납부서 겸 영수증</h1>

(납세자)
(보관용)

| 납세<br>번호 | 과세기관 | 검 | 회계 | 과목 | 세목 | 년도 | 월 | 기분 | 과세번호 | 검 |
|---|---|---|---|---|---|---|---|---|---|---|
| | 750 | 2 | 10 | 101 | 001 | 20x1 | 05 | 02 | 000005 | 1 |

{등기후 납부시 가산세 부과}

납 세 자  (주)빙그레식품
주     소  서울특별시 서대문구 가좌로 16-11(연희동)

과 세 원 인   유상취득
과 세 대 상   토지-서울특별시 서대문구 충정로7길31(충정로2가)

| 세 ( 과 ) 목 | 납 부 세 액 |
|---|---|
| 취 득 세 액 | 3,200,000원 |
| 농 어 촌 특 별 세 | 160,000원 |
| 지 방 교 육 세 | 320,000원 |
| 합 계 세 액 | 3,680,000원 |

| 과 세 표 준 액 | |
|---|---|
| | 80,000,000원 |
| 전 자 납 부 번 호 | |

위의 금액을 영수합니다.
20x1년  5월  4일

수납인

자료 2. 보통예금(기업은행) 거래내역

| 번호 | 거래일 | 내용 | 찾으신금액 | 맡기신금액 | 잔액 | 거래점 |
|---|---|---|---|---|---|---|
| | | 계좌번호 204-24-0648-1007   (주)빙그레식품 | | | | |
| 1 | 20x1-5-4 | 취득세 등 | 3,680,000 | | *** | *** |

| 자료설명 | 본사 신규 창고를 건설하기 위해 구입한 토지의 취득세 등을 기업은행 보통예금 계좌에서 이체하여 납부하였다. |
|---|---|
| 수행과제 | 거래자료를 입력하시오. |

## 실무수행3 | 부가가치세

부가가치세 신고 관련 자료이다. [자료설명]을 참고하여 [수행과제]를 수행하시오.

### 1. 과세매출자료의 전자세금계산서 발급

| 거 래 명 세 서 | | | | | | | | (공급자 보관용) | | | |
|---|---|---|---|---|---|---|---|---|---|---|---|

| 공급자 | 등록번호 | 110-87-01194 | | | 공급받는자 | 등록번호 | 117-81-11236 | | |
|---|---|---|---|---|---|---|---|---|---|
| | 상호 | (주)빙그레식품 | 성명 | 이강우 | | 상호 | (주)서울식품 | 성명 | 이윤진 |
| | 사업장주소 | 서울특별시 서대문구 가좌로 16-11 (연희동) | | | | 사업장주소 | 서울특별시 강남구 역삼로 246 | | |
| | 업태 | 도소매업 | 종사업장번호 | | | 업태 | 도소매업 | 종사업장번호 | |
| | 종목 | 건강식품 | | | | 종목 | 건강식품 | | |

| 거래일자 | 미수금액 | 공급가액 | 세액 | 총 합계금액 |
|---|---|---|---|---|
| 20x1.7.14. | | 4,500,000 | 450,000 | 4,950,000 |

| NO | 월 | 일 | 품목명 | 규격 | 수량 | 단가 | 공급가액 | 세액 | 합계 |
|---|---|---|---|---|---|---|---|---|---|
| 1 | 7 | 14 | 홍삼즙 | | 20 | 225,000 | 4,500,000 | 450,000 | 4,950,000 |
| | | | | | | | | | |
| | | | | | | | | | |

| 자료설명 | 1. 상품을 공급하고 전자세금계산서를 발급 및 전송하였다.<br>2. 상품 판매 대금은 전액 말일에 받기로 하였다. |
|---|---|
| 수행과제 | 1. 거래명세서에 의해 매입매출자료를 입력하시오.<br>2. '전자세금계산서 발행 및 내역관리'를 통하여 발급 및 전송하시오.<br>(전자세금계산서 발급 시 결제내역 및 전송일자는 고려하지 말 것) |

2. 매입거래

| 계 산 서 | | | | (공급받는자 보관용) | | 승인번호 | | |
|---|---|---|---|---|---|---|---|---|

| 공급자 | 등록번호 | 108-91-31256 | | | 공급받는자 | 등록번호 | 110-87-01194 | |
|---|---|---|---|---|---|---|---|---|
| | 상호 | 태양수산 | 성명(대표자) | 김한성 | | 상호 | (주)빙그레식품 | 성명(대표자) 이강우 |
| | 사업장주소 | 서울특별시 강남구 논현로 6 | | | | 사업장주소 | 서울특별시 서대문구 가좌로 16-11 (연희동) | |
| | 업태 | 도소매업 | 종사업장번호 | | | 업태 | 도소매업 | 종사업장번호 |
| | 종목 | 수산물 | | | | 종목 | 건강식품 | |
| | E-Mail | woo0701@naver.com | | | | E-Mail | gangwoo@bill36524.com | |

| 작성일자 | 20x1.9.14. | 공급가액 | 200,000 | 비 고 | |
|---|---|---|---|---|---|

| 월 | 일 | 품목명 | 규격 | 수량 | 단가 | 공급가액 | 비고 |
|---|---|---|---|---|---|---|---|
| 9 | 14 | 북어포 | | | | 200,000 | |
| | | | | | | | |
| | | | | | | | |
| | | | | | | | |

| 합계금액 | 현금 | 수표 | 어음 | 외상미수금 | 이 금액을 | ○ 영수 함 ● 청구 |
|---|---|---|---|---|---|---|
| 200,000 | | | | 200,000 | | |

| 자료설명 | 매출거래처인 (주)혜원푸드의 사업장 이전 기념행사에 보낼 수산물을 구입하고 발급받은 계산서이며, 대금은 외상으로 하였다. |
|---|---|
| 수행과제 | 매입매출자료를 입력하시오. |

237

### 3. 매출거래

| 전자세금계산서 | | | | | | (공급자 보관용) | | 승인번호 | | |
|---|---|---|---|---|---|---|---|---|---|---|

| 공급자 | 등록번호 | 110-87-01194 | | | | 공급받는자 | 등록번호 | 112-02-34108 | | |
|---|---|---|---|---|---|---|---|---|---|---|
| | 상호 | (주)빙그레식품 | 성명 | 이강우 | | | 상호 | 마음서적 | 성명 (대표자) | 이지원 |
| | 사업장 주소 | 서울특별시 서대문구 가좌로 16-11 (연희동) | | | | | 사업장 주소 | 서울특별시 서대문구 충정로7길 28 | | |
| | 업태 | 도소매업 | | 종사업장번호 | | | 업태 | 도소매업 | | 종사업장번호 |
| | 종목 | 건강식품 | | | | | 종목 | 서적 | | |
| | E-Mail | gangwoo@bill36524.com | | | | | E-Mail | jiwon@naver.com | | |

| 작성일자 | 20x1.9.30. | 공급가액 | 1,500,000 | 세 액 | 150,000 |
|---|---|---|---|---|---|
| 비고 | | | | | |

| 월 | 일 | 품목명 | 규격 | 수량 | 단가 | 공급가액 | 세액 | 비고 |
|---|---|---|---|---|---|---|---|---|
| 9 | 30 | 9월 임대료 | | | | 1,500,000 | 150,000 | |

| 합계금액 | 현금 | 수표 | 어음 | 외상미수금 | 이 금액을 | ○ 영수 ◉ 청구 | 함 |
|---|---|---|---|---|---|---|---|
| 1,650,000 | | | | 1,650,000 | | | |

| 자료설명 | 당사의 사무실 일부를 일시적으로 임대하고 발급한 전자세금계산서이며, 당월 임대료(영업외수익)는 다음달 10일에 받기로 하였다. |
|---|---|
| 수행과제 | 매입매출자료를 입력하시오.<br>(전자세금계산서의 발급 및 전송업무는 생략하고 '전자입력'으로 입력할 것) |

### 4. 매입거래

#### 신용카드매출전표

```
가 맹 점 명   맛나식당 (02)3412-4451
사업자번호   120-34-11112
대 표 자 명   유현민
주      소   서울특별시 구로구 디지털로 217 (구로동)

국 민 카 드                        신용승인
거 래 일 시      20x1-11-1  20:08:04
카 드 번 호      4123-5555-****-52**
가맹점번호                      45451124
매 입 사             하나카드(전자서명전표)
품      명                    한정식 7인

공 급 가 액                    210,000원
부 가 가 치 세                  21,000원
합      계                    231,000원
```

| 자료설명 | 영업부 직원의 회식 후 법인카드로 결제하고 수령한 신용카드 매출전표이다. |
|---|---|
| 수행과제 | 매입매출자료를 입력하시오. |

## 5. 매입거래

| 전자세금계산서 | | (공급받는자 보관용) | | | 승인번호 | | |
|---|---|---|---|---|---|---|---|

<table>
<tr><td rowspan="7">공급자</td><td>등록번호</td><td colspan="3">122-85-12351</td><td rowspan="7">공급받는자</td><td>등록번호</td><td colspan="3">110-87-01194</td></tr>
<tr><td>상호</td><td>스타전자</td><td>성명<br>(대표자)</td><td>이유리</td><td>상호</td><td>(주)빙그레식품</td><td>성명<br>(대표자)</td><td>이강우</td></tr>
<tr><td>사업장<br>주소</td><td colspan="3">서울특별시 강남구 양재대로 340</td><td>사업장<br>주소</td><td colspan="3">서울특별시 서대문구 가좌로 16-11 (연희동)</td></tr>
<tr><td>업태</td><td>도소매업</td><td colspan="2">종사업장번호</td><td>업태</td><td>도소매업</td><td colspan="2">종사업장번호</td></tr>
<tr><td>종목</td><td>가전제품</td><td colspan="2"></td><td>종목</td><td>건강식품</td><td colspan="2"></td></tr>
<tr><td>E-Mail</td><td colspan="3">star@naver.com</td><td>E-Mail</td><td colspan="3">gangwoo@bill36524.com</td></tr>
</table>

| 작성일자 | 20x1.12.1. | 공급가액 | 600,000 | 세액 | 60,000 |
|---|---|---|---|---|---|
| 비고 | | | | | |

| 월 | 일 | 품목명 | 규격 | 수량 | 단가 | 공급가액 | 세액 | 비고 |
|---|---|---|---|---|---|---|---|---|
| 12 | 1 | 공기청정기 | | 1 | 600,000 | 600,000 | 60,000 | |

| 합계금액 | 현금 | 수표 | 어음 | 외상미수금 | 이 금액을 | ● 영수<br>○ 청구 | 함 |
|---|---|---|---|---|---|---|---|
| 660,000 | 660,000 | | | | | | |

| 자료설명 | 총무부 사무실에서 사용할 공기청정기를 현금으로 구입하였다. |
|---|---|
| 수행과제 | 매입매출자료를 입력하시오.<br>('자산'으로 처리하고 고정자산등록은 생략하며, 전자세금계산서 거래는 '전자입력'으로 입력할 것) |

## 6. 부가가치세신고서에 의한 회계처리

### ■ 보통예금(신한은행) 거래내역

| 번호 | 거래일 | 내용 | 찾으신금액 | 맡기신금액 | 잔액 | 거래점 |
|---|---|---|---|---|---|---|
| | | 계좌번호 096-25-0096-751 (주)빙그레식품 | | | | |
| 1 | 20x1-7-25 | 서대문세무서 | 12,461,000 | | *** | *** |

| 자료설명 | 제1기 확정 부가가치세를 신한은행 보통예금에서 이체하여 납부하였다. |
|---|---|
| 수행과제 | 6월 30일 일반전표를 참고하여 납부세액에 대한 회계처리를 하시오.<br>(단, '거래처코드'를 입력할 것) |

## 실무수행4 결산

[결산자료]를 참고하여 결산을 수행하시오.(단, 제시된 자료 이외의 자료는 없다고 가정함.)

### 1. 수동결산 및 자동결산

| 자료설명 | 1. 기말 미사용 소모품의 내역은 다음과 같다. 회사는 소모품 구입 시 자산으로 처리하고 있다. |
|---|---|

| 품목명 | 단위 | 수량 | 단가 | 총액 |
|---|---|---|---|---|
| 용지 | Box | 20 | 12,000원 | 240,000원 |
| 문구류 | Set | 50 | 15,000원 | 750,000원 |
| 계 | | | | 990,000원 |

자료설명:
2. 기말상품재고액은 26,000,000원이다.
3. 이익잉여금처분계산서 처분 확정(예정)일
 - 당기분: 20x2년 2월 23일
 - 전기분: 20x1년 2월 23일

수행과제:
1. 수동결산 또는 자동결산 메뉴를 이용하여 결산을 완료하시오.
2. 12월 31일을 기준으로 '손익계산서 → 이익잉여금처분계산서 → 재무상태표'를 순서대로 조회 작성하시오.(단, **이익잉여금처분계산서 조회 작성 시 '저장된 데이터 불러오기' → '아니오' 선택 → '전표추가'를 이용하여 '손익대체분개'를 수행**할 것)

## 평가문제 실무수행평가 (62점)

입력자료 및 회계정보를 조회하여 [평가문제]의 답안을 입력하시오.

| 번호 | 평가문제 | 배점 |
|---|---|---|
| 11 | **평가문제 [회사등록 조회]**<br>'(주)빙그레식품'의 회사 관련된 내용으로 옳지 않은 것은?<br>① 대표자는 '이강우'이다.<br>② 법인등록번호는 '110111 – 0634752'이다.<br>③ 관할세무서는 '강남세무서'이다.<br>④ 국세환급금은 하나은행 서대문지점으로 입금될 예정이다. | 4 |
| 12 | **평가문제 [일/월계표조회]**<br>2월에 발생한 '영업외비용'에 해당하는 계정과목의 코드번호를 입력하시오. | 2 |
| 13 | **평가문제 [일/월계표조회]**<br>1월에 발생한 '차량유지비'는 얼마인가? | 2 |

| 번호 | 평가문제 | 배점 |
|---|---|---|
| 14 | **평가문제 [합계잔액시산표 조회]**<br>7월 말 '외상매출금' 차변 잔액은 얼마인가? | 2 |
| 15 | **평가문제 [합계잔액시산표 조회]**<br>9월 말 '미수금' 잔액은 얼마인가? | 3 |
| 16 | **평가문제 [합계잔액시산표 조회]**<br>11월 말 '미지급금' 잔액은 얼마인가? | 3 |
| 17 | **평가문제 [거래처원장 조회]**<br>6월 말 현재 '261.미지급세금'이 발생한 거래처코드를 입력하시오. | 4 |
| 18 | **평가문제 [재무상태표 조회]**<br>12월 말 '현금' 잔액은 얼마인가? | 2 |
| 19 | **평가문제 [재무상태표 조회]**<br>12월 말 '유형자산' 금액은 얼마인가? | 4 |
| 20 | **평가문제 [재무상태표 조회]**<br>2월 말 재무상태표 계정과목과 잔액이 올바르지 않은 것은?<br>① 정기예적금  15,000,000원    ② 단기매매증권  3,000,000원<br>③ 토지        10,000,000원    ④ 장기차입금    5,000,000원 | 3 |
| 21 | **평가문제 [재무상태표 조회]**<br>12월 말 '이월이익잉여금(미처분이익잉여금)' 잔액은 얼마인가?<br>① 355,127,506원        ② 455,127,506원<br>③ 487,712,019원        ④ 525,957,659원 | 2 |
| 22 | **평가문제 [손익계산서 조회]**<br>당기에 발생한 '판매비와관리비' 중 그 금액이 옳지 않은 것은?<br>① 복리후생비  17,602,200원    ② 접대비(기업업무추진비)    7,309,500원<br>③ 보험료      9,166,000원    ④ 소모품비    990,000원 | 3 |
| 23 | **평가문제 [손익계산서 조회]**<br>당기에 발생한 '상품매출원가'는 얼마인가? | 4 |
| 24 | **평가문제 [전자세금계산서 발행 및 내역관리 조회]**<br>제2기 예정 신고기간의 '전자발행' 전송 건수는 몇 건인가? | 3 |
| 25 | **평가문제 [부가가치세신고서 조회]**<br>제2기 확정 신고기간 '세금계산서수취부분_고정자산매입(11란)'의 세액은 얼마인가? | 4 |
| 26 | **평가문제 [부가가치세신고서 조회]**<br>제2기 확정 신고기간 '그밖의공제매입세액(14란)'의 공급가액은 얼마인가? | 4 |
| 27 | **평가문제 [세금계산서합계표 조회]**<br>제2기 예정 신고기간의 매출세금계산서(유형 : '전자') 매수는? | 3 |

**241**

| 번호 | 평가문제 | 배점 |
|---|---|---|
| 28 | **평가문제 [계산서합계표 조회]**<br>제2기 예정 신고기간 매입계산서(유형 : '전자 외')의 공급가액은? | 3 |
| 29 | **평가문제 [예적금현황 조회]**<br>12월 말 은행별(계좌명) 보통예금 잔액으로 옳은 것은?<br>① 농협은행(보통)  6,434,000원    ② 신한은행(보통)  124,931,000원<br>③ 하나은행(보통)  11,810,000원    ④ 기업은행(보통)  81,203,000원 | 4 |
| 30 | **평가문제 [받을어음현황 조회]**<br>거래처별(20x1.1.1. ~ 20x1.12.31.) 받을어음 잔액이 옳지 않은 것은?<br>① (주)장수식품  11,000,000원    ② 최고식품(주)  5,500,000원<br>③ (주)청정원식품 9,300,000원    ④ (주)타조식품 11,000,000원 | 3 |
| | **총점** | 62 |

## 평가문제 │ 회계정보분석 (8점)

회계정보를 조회하여 [회계정보분석] 답안을 입력하시오.

31. 손익계산서 조회 (4점)

세전순이익률은 기업 경영활동 성과를 총괄적으로 표시하는 대표적인 비율이다. (주)빙그레식품의 전기
매출액세전순이익률을 계산하면 얼마인가?(단, 소숫점 이하는 버림 할 것)

$$세전순이익률(\%) = \frac{법인세차감전순이익}{매출액} \times 100$$

① 16%          ② 27%          ③ 54%          ④ 64%

32. 손익계산서 조회 (4점)

영업이익률은 기업의 주된 영업활동에 의한 성과를 판단하기 위한 비율이다. (주)빙그레식품의 전기 매출
액영업이익률을 계산하면 얼마인가?(단, 소숫점 이하는 버림 할 것)

$$영업이익률(\%) = \frac{영업이익}{매출액} \times 100$$

① 11%          ② 13%          ③ 15%          ④ 17%

# 해답해설

Financial Accounting Technician
회계정보처리 자격시험 1급

## ■■■■ 실무이론평가

| 1 | 2 | 3 | 4 | 5 | 6 | 7 | 8 | 9 | 10 |
|---|---|---|---|---|---|---|---|---|----|
| ③ | ③ | ② | ② | ① | ① | ② | ④ | ③ | ③ |

**01** **기타포괄손익누계액은 재무상태표 항목**이다.

**02** 이자비용은 영업외비용에 해당한다.

**03**

| 상 품 | | | |
|---|---|---|---|
| 기초상품 | 1,000,000 | *매출원가* | 4,500,000 |
| 총매입액 | 4,000,000 | 기말상품 | 500,000 |
| 계 | 5,000,000 | 계 | 5,000,000 |

매출원가율 = 1 - 매출총이익율(10%) = 90%

매출액 = 매출원가(4,500,000) ÷ 매출원가율(0.9) = 5,000,000원

매출총이익 = 매출액(5,000,000) - 매출원가(4,500,000) = 500,000원

**04** 연구비(500,000) + 경상개발비(100,000) = 600,000원

**05** **자산과 이익은 비례관계이다. 자산이 과대되면 이익이 과대계상**된다.

수익적지출을 자본적지출로 처리(자산)하면 해당 회계연도의 순이익이 과대계상된다.

**06** 매출 전에 수취한 계약금은 선수금으로 처리한다.

**07** 20x1년 3월 1일 (차) 소모품비     200,000원     (대) 현금     200,000원

20x1년12월31일 (차) 소모품     50,000원     (대) 소모품비     50,000원

**08** ① **간이과세자는 원칙적으로 예정신고의무가 없다**.

② 일반과세자의 과세기간은 제1기는 1월 1일부터 6월 30일까지, 제2기는 7월 1일부터 12월 31일까지이다.

③ 부동산임대업의 사업장은 **부동산의 등기부상 소재지**이다.

**09** ① 세금계산서 작성연월일은 필요적 기재사항이다.

② **면세사업자는 세금계산서를 발급할 수 없다**.

④ **직접 수출하는 재화에 대해서는 세금계산서 발급의무가 면제**된다.

**10** 매출세액 = (7,000,000원 + 2,000,000원) × 10% + 3,000,000원 × 0% = 900,000원

243

## ▨▨▨▨▨ 실무수행평가

### 실무수행 1. 기초정보관리의 이해

1. 회사등록 수정

　　－국세환급금계좌 입력

| 18. 국 세 환 급 금 계 좌 | 081 | ? | 하나은행 | 지점 | 서대문 | 계좌번호 | 1202-1126-321 | 환급은행 |

2. 전기분 재무상태표의 입력수정

　　－201.토지 10,000,000원 추가 입력

　　－293.장기차입금 50,000,000원 추가 입력

### 실무수행 2. 거래자료 입력

1. 증빙에 의한 전표입력 [일반전표입력] 1월 7일

　　(차) 차량유지비(판)　　　　　　110,000원　　(대) 현금　　　　　　　　　　　110,000원

2. 전자어음의 할인 [일반전표입력] 2월 11일

　　(차) 매출채권처분손실　　　　　190,000원　　(대) 받을어음((주)장수식품)　11,000,000원
　　　　보통예금(하나은행(보통)　10,810,000원

[받을어음현황]

　　－어음상태(2.할인)를 확인한 후 어음번호 조회하여 할인기관 입력

| ● 받을어음 관리 | | | | | | | | | | 삭제(F5) |
|---|---|---|---|---|---|---|---|---|---|---|
| 어음상태 | 2 | 할인(전액) | 어음번호 | 08120220110123456781 | 수취구분 | 1 자수 | 발 행 일 | 20×1-01-10 | 만 기 일 | 20×1-04-10 |
| 발 행 인 | 00105 | (주)장수식품 | | | 지급은행 | 900 하나은행 | | | 지 점 | 강남 |
| 배 서 인 | | | 할 인 기 관 | 98005 하나은행(보통) | 지 점 | 서대문 | 할 인 율 (%) | | 어음종류 | 6 전자 |
| 지급거래처 | | | | | * 수령된 어음을 타거래처에 지급하는 경우에 입력합니다. | | | | | |

3. 통장사본에 의한 거래입력 [일반전표입력] 3월 9일

　　(차) 미지급금(하나카드)　　　1,335,000원　　(대) 보통예금(신한은행(보통))　1,335,000원

4. 증빙에 의한 전표입력 [일반전표입력] 4월 1일

　　(차) 보험료(판)　　　　　　1,200,000원　　(대) 보통예금(농협은행(보통))　1,200,000원

5. 유·무형자산의 구입 [일반전표입력] 5월 4일

　　(차) 토지　　　　　　　　3,680,000원　　(대) 보통예금(기업은행(보통))　3,680,000원

## 실무수행 3. 부가가치세

### 1. 과세매출자료의 전자세금계산서 발급

(1) [매입매출전표입력] 7월 14일

| 거래유형 | 품명 | 공급가액 | 부가세 | 거래처 | 전자세금 |
|---|---|---|---|---|---|
| 11.과세 | 홍삼즙 | 4,500,000 | 450,000 | (주)서울식품 | 전자발행 |
| 분개유형 | (차) 외상매출금 | 4,950,000원 | (대) 상품매출 | | 4,500,000원 |
| 2.외상 | | | 부가세예수금 | | 450,000원 |

(2) [전자세금계산서 발행 및 내역관리] 기출문제 77회 참고

### 2. 매입거래 [매입매출전표입력] 9월 14일

| 거래유형 | 품명 | 공급가액 | 부가세 | 거래처 | 전자세금 |
|---|---|---|---|---|---|
| 53.면세 | 북어포 | 200,000 | | 태양수산 | |
| 분개유형 | (차) 접대비 | 200,000원 | (대) 미지급금 | | 200,000원 |
| 3.혼합 | (기업업무추진비)(판) | | | | |

### 3. 매출거래 [매입매출전표입력] 9월 30일

| 거래유형 | 품명 | 공급가액 | 부가세 | 거래처 | 전자세금 |
|---|---|---|---|---|---|
| 11.과세 | 9월 임대료 | 1,500,000 | 150,000 | 마음서적 | 전자입력 |
| 분개유형 | (차) 미수금 | 1,650,000원 | (대) 임대료(904) | | 1,500,000원 |
| 3. 혼합 | | | 부가세예수금 | | 150,000원 |

### 4. 매입거래 [매입매출전표입력] 11월 1일

| 거래유형 | 품명 | 공급가액 | 부가세 | 거래처 | 전자세금 |
|---|---|---|---|---|---|
| 57.카과 | 영업부 직원 회식 | 210,000 | 21,000 | 맛나식당 | |
| 분개유형 | (차) 복리후생비(판) | 210,000원 | (대) 미지급금 | | 231,000원 |
| 4.카드(혼합) | 부가세대급금 | 21,000원 | (하나카드) | | |

### 5. 매입거래 [매입매출전표입력] 12월 1일

| 거래유형 | 품명 | 공급가액 | 부가세 | 거래처 | 전자세금 |
|---|---|---|---|---|---|
| 51.과세 | 공기청정기 | 600,000 | 60,000 | 스타전자 | 전자입력 |
| 분개유형 | (차) 비품 | 600,000원 | (대) 현금 | | 660,000원 |
| 1.현금(혼합) | 부가세대급금 | 60,000원 | | | |

6. 부가가치세신고서에 의한 회계처리

[일반전표입력] 7월 25일

    (차) 미지급세금(서대문세무서)　12,461,000원　(대) 보통예금(신한은행(보통))　12,461,000원

\* [일반전표입력] 6월 30일 조회

    (차) 부가세예수금　20,632,400원　(대) 부가세대급금　8,161,400원

                                                 잡이익　10,000원

                                   미지급세금(서대문세무서)　12,461,000원

## 실무수행 4. 결산

### 1. 수동결산 및 자동결산

(1) 수동결산 및 자동결산

[일반전표입력] 12월 31일

    (차) 소모품비(판)　5,010,000원　(대) 소모품　5,010,000원

[결산자료입력] 1월 ~ 12월

  - 기말상품재고액 26,000,000원을 입력한다.

  - 상단부 전표추가(F3) 를 클릭하면 [일반전표입력] 메뉴에 분개가 생성된다.

    (차) 상품매출원가　179,848,500원　(대) 상품　179,848,500원

  - 기초상품재고액 13,000,000원+당기상품매입액 192,848,500원-기말상품재고액 26,000,000원

    =상품매출원가 179,848,500원

(2) [재무제표 등 작성]

  - 손익계산서 → 이익잉여금처분계산서(처분일 입력 후 '전표추가' 클릭 → 재무상태표를 조회 작성한다.

## 평가문제. 실무수행평가 (62점)

| 번호 | 평가문제 | 배점 | 답 |
|---|---|---|---|
| 11 | 평가문제 [회사등록 조회] | 4 | ③ |
| 12 | 평가문제 [일/월계표조회] | 2 | 936 |
| 13 | 평가문제 [일/월계표조회] | 2 | 912,100 |
| 14 | 평가문제 [합계잔액시산표 조회] | 2 | 196,716,000 |
| 15 | 평가문제 [합계잔액시산표 조회] | 3 | 4,495,000 |
| 16 | 평가문제 [합계잔액시산표 조회] | 3 | 70,488,750 |
| 17 | 평가문제 [거래처원장 조회] | 4 | 00600 |
| 18 | 평가문제 [재무상태표 조회] | 2 | 175,863,540 |
| 19 | 평가문제 [재무상태표 조회] | 4 | 378,470,813 |

| 번호 | 평가문제 | 배점 | 답 |
|---|---|---|---|
| 20 | **평가문제 [재무상태표 조회]** | 3 | ④ |
| 21 | **평가문제 [재무상태표 조회]** | 2 | ④ |
| 22 | **평가문제 [손익계산서 조회]** | 3 | ④ |
| 23 | **평가문제 [손익계산서 조회]** | 4 | 179,848,500 |
| 24 | **평가문제 [전자세금계산서 발행 및 내역관리 조회]** | 3 | 2 |
| 25 | **평가문제 [부가가치세신고서 조회]** | 4 | 60,000 |
| 26 | **평가문제 [부가가치세신고서 조회]** | 4 | 510,000 |
| 27 | **평가문제 [세금계산서합계표 조회]** | 3 | 14 |
| 28 | **평가문제 [계산서합계표 조회]** | 3 | 320,000 |
| 29 | **평가문제 [예적금현황 조회]** | 4 | ③ |
| 30 | **평가문제 [받을어음현황 조회]** | 3 | ① |
| | **총 점** | 62 | |

## 평가문제. 회계정보분석 (8점)

31. 손익계산서 조회 (4점)

　　① (33,180,000원/197,500,000원)×100≒16%

32. 손익계산서 조회 (4점)

　　③ (30,980,000원/197,500,000원)×100≒15%

| 합격율 | 시험년월 |
|--------|----------|
| 49% | 2022.10 |

## 실무이론평가

**01.** 다음 중 손익계산서에 대한 설명으로 옳지 <u>않은</u> 것은?

① 일정기간 동안 기업실체의 경영성과에 대한 정보를 제공한다.

② 기업의 미래현금흐름과 수익창출능력 등의 예측에 유용한 정보를 제공한다.

③ 판매비와관리비는 상품, 용역 등의 판매활동과 기업의 관리활동에서 발생하는 비용으로 매출원가에 속하지 아니하는 모든 영업비용을 포함한다.

④ 수익과 비용은 각각 순액으로 보고하는 것을 원칙으로 한다.

**02.** 다음은 (주)한공의 20x1년 10월 상품 재고장이다. (주)한공이 재고자산평가시 선입선출법을 적용할 경우에 10월말 재고자산은 얼마인가?

| 일자 | 구분 | 수량 | 단가 |
|------|------|------|------|
| 10월 1일 | 월초 재고 | 150개 | 1,200원 |
| 10월 11일 | 매입 | 300개 | 1,400원 |
| 10월 21일 | 매출 | 250개 | |
| 10월 29일 | 매입 | 200개 | 1,300원 |

① 520,000원  ② 540,000원  ③ 560,000원  ④ 580,000원

**03.** 다음 중 단기매매증권에 관한 설명으로 옳지 <u>않은</u> 것은?

① 단기매매증권은 단기 매매차익 실현을 목적으로 취득하며, 시장성 유무와는 무관하다.

② 단기매매증권의 취득과 관련된 부대비용은 당기비용으로 인식한다.

③ 단기매매증권은 기말에 공정가치로 평가한다.

④ 단기매매증권평가손익은 당기손익으로 인식한다.

248

**04.** 다음 중 (주)한공의 재무상태표에 대한 설명으로 옳지 <u>않은</u> 것은?

<table>
<tr><td colspan="4" align="center">**재무상태표**</td></tr>
<tr><td>(주)한공</td><td align="center">20x1년 12월 31일 현재</td><td colspan="2" align="right">(단위 : 원)</td></tr>
<tr><td>현 금 및 현 금 성 자 산</td><td align="right">50,000</td><td>매　입　채　무</td><td align="right">300,000</td></tr>
<tr><td>매　　출　　채　　권</td><td align="right">700,000</td><td>장　기　차　입　금</td><td align="right">1,000,000</td></tr>
<tr><td>상　　　　　　　　품</td><td align="right">400,000</td><td>퇴 직 급 여 충 당 부 채</td><td align="right">200,000</td></tr>
<tr><td>투　　자　　부　　동　　산</td><td align="right">100,000</td><td>자　　　　본　　　　금</td><td align="right">200,000</td></tr>
<tr><td>건　　　　　　　　물</td><td align="right">500,000</td><td>이　　익　　잉　　여　　금</td><td align="right">50,000</td></tr>
<tr><td></td><td align="right">1,750,000</td><td></td><td align="right">1,750,000</td></tr>
</table>

① 유동자산은 750,000원이다.

② 투자자산은 100,000원이다.

③ 비유동부채는 1,200,000원이다.

④ 자본은 250,000원이다.

**05.** 다음은 도매업을 영위하는 (주)한공의 비용 계정과목에 관한 설명이다. (가)와 (나)에 해당하는 계정과목으로 옳은 것은?

> • 매출채권의 대손에 대비하여 대손충당금을 설정할 때 반영하는 비용 계정과목은 (가)이다.
> • 단기대여금의 대손에 대비하여 대손충당금을 설정할 때 반영하는 비용 계정과목은 (나)이다.

| | (가) | (나) |
|---|---|---|
| ① | 대손상각비 | 대손상각비 |
| ② | 대손상각비 | 기타의대손상각비 |
| ③ | 기타의대손상각비 | 대손상각비 |
| ④ | 기타의대손상각비 | 기타의대손상각비 |

**06.** 다음은 (주)한공의 기계장치 관련 자료이다. 20x1년 6월 30일에 기록될 유형자산처분손익은 얼마인가?

> • 20x0년 12월 31일 : 취득원가 5,000,000원, 감가상각누계액 2,000,000원
> • 20x1년　6월 30일 : 2,300,000원에 처분함.
> • 정액법 상각(내용연수 5년, 잔존가치 없음, 월할상각)

① 유형자산처분손실 200,000원　　　　② 유형자산처분이익 200,000원

③ 유형자산처분손실 300,000원　　　　④ 유형자산처분이익 300,000원

**07.** 다음은 (주)한공의 보험료 지급과 관련된 자료이다. 기말에 (주)한공이 수행할 결산정리분개로 옳은 것은?(단, 보험료는 월할 계산함.)

> 20x1년 10월 1일 보험계약 체결 후 1년분 보험료 1,200,000원을 지급하고, 보험료 지급시점에 다음과 같이 회계처리하였다.
> (차) 보험료      1,200,000원      (대) 현금      1,200,000원

① (차) 선급비용  300,000원      (대) 보험료    300,000원
② (차) 보험료    300,000원      (대) 선급비용  300,000원
③ (차) 선급비용  900,000원      (대) 보험료    900,000원
④ (차) 보험료    900,000원      (대) 선급비용  900,000원

**08.** 다음 중 부가가치세법상 사업자등록에 대하여 잘못 설명한 사람은?

> • 현지 : 국가와 지방자치단체는 부가가치세법상 사업자에 해당되지 않아 사업자 등록 의무가 없어.
> • 미수 : 일시적, 우발적으로 재화 또는 용역을 공급하는 자는 사업자 등록 의무가 없어.
> • 효정 : 사업자의 사망으로 상속이 개시된 경우에는 폐업으로 보지 않고 사업자등록의 정정사유로 보는 거야.
> • 은주 : 관활세무서장은 사업자가 사업자등록신청을 하지 않은 경우 직권등록을 할 수 있어.

※ 1차 저작권자의 저작권 침해 소지가 있어 삽화 삽입은 어려우니 양해바랍니다.

① 현지          ② 미수          ③ 효정          ④ 은주

**09.** 다음 중 부가가치세 공급시기로 옳지 <u>않은</u> 것은?
① 현금판매 : 재화가 인도되는 때
② 외상판매 : 현금을 수취하는 때
③ 장기할부판매 : 대가의 각 부분을 받기로 한 때
④ 내국물품의 국외반출 : 수출재화의 선(기)적일

**10.** 다음 자료를 토대로 도매업을 영위하는 (주)한공의 공제받을 수 있는 매입세액을 계산하면 얼마인가?
(단, 세금계산서는 적법하게 수령하였다.)

> • 상품 운반용 트럭 구입 관련 매입세액 : 5,000,000원
> • 본사 건물의 자본적 지출과 관련된 매입세액 : 4,000,000원
> • 거래처 기업업무추진(접대)과 관련된 매입세액 : 3,000,000원

① 5,000,000원      ② 7,000,000원      ③ 9,000,000원      ④ 12,000,000원

![실무수행평가] **실무수행평가**

(주)케이마이크(3560)는 마이크를 도·소매하는 법인으로 회계기간은 제6기(20x1.1.1.~20x1.12.31.)이다. 제시된 자료와 [자료설명]을 참고하여 [수행과제]를 완료하고 [평가문제]의 물음에 답하시오.

---

**실무수행1** | **기초정보관리의 이해**

회계관련 기초정보는 입력되어 있다. [자료설명]을 참고하여 [수행과제]를 수행하시오.

## 1. 계정과목 추가 및 적요등록 수정

| 자료설명 | (주)케이마이크는 수출상품을 일반상품과 구분하여 관리하기 위해 재고자산 코드범위에 계정과목과 적요를 등록하려고 한다. |
|---|---|
| 수행과제 | 1. '173.회사설정계정과목' 계정을 '173.수출상품' 계정으로 수정하시오.<br>2. '구분 : 1.일반재고', '표준코드 : 045.상품'으로 수정하시오.<br>3. 적요를 추가 등록하시오.<br>　- 현금적요 1. 수출상품 매입대금 현금 지급<br>　- 현금적요 2. 수출상품 제비용 현금 지급 |

2. 전기분 손익계산서의 입력수정

# 손 익 계 산 서

제5(당)기 20x0년 1월 1일부터 20x0년 12월 31일까지
제4(전)기 20y0년 1월 1일부터 20y0년 12월 31일까지

(주)케이마이크                                                                                    (단위 : 원)

| 과 목 | 제5(당)기 | | 제4(전)기 | |
|---|---|---|---|---|
| | 금 액 | | 금 액 | |
| Ⅰ. 매 출 액 | | 560,000,000 | | 280,000,000 |
| 상 품 매 출 | 560,000,000 | | 280,000,000 | |
| Ⅱ. 매 출 원 가 | | 320,000,000 | | 160,000,000 |
| 상 품 매 출 원 가 | | 320,000,000 | | 160,000,000 |
| 기 초 상 품 재 고 액 | 30,000,000 | | 5,000,000 | |
| 당 기 상 품 매 입 액 | 380,000,000 | | 185,000,000 | |
| 기 말 상 품 재 고 액 | 90,000,000 | | 30,000,000 | |
| Ⅲ. 매 출 총 이 익 | | 240,000,000 | | 120,000,000 |
| Ⅳ. 판 매 비 와 관 리 비 | | 132,980,000 | | 58,230,000 |
| 급 여 | 82,300,000 | | 30,800,000 | |
| 복 리 후 생 비 | 10,100,000 | | 2,100,000 | |
| 여 비 교 통 비 | 3,500,000 | | 1,500,000 | |
| 접대비(기업업무추진비) | 5,200,000 | | 2,400,000 | |
| 통 신 비 | 2,800,000 | | 3,200,000 | |
| 세 금 과 공 과 금 | 2,300,000 | | 2,800,000 | |
| 감 가 상 각 비 | 5,900,000 | | 4,000,000 | |
| 보 험 료 | 1,840,000 | | 700,000 | |
| 차 량 유 지 비 | 8,540,000 | | 2,530,000 | |
| 경 상 연 구 개 발 비 | 4,900,000 | | 5,400,000 | |
| 포 장 비 | 800,000 | | 2,300,000 | |
| 소 모 품 비 | 4,800,000 | | 500,000 | |
| Ⅴ. 영 업 이 익 | | 107,020,000 | | 61,770,000 |
| Ⅵ. 영 업 외 수 익 | | 3,200,000 | | 2,100,000 |
| 이 자 수 익 | 3,200,000 | | 2,100,000 | |
| Ⅶ. 영 업 외 비 용 | | 4,800,000 | | 2,400,000 |
| 이 자 비 용 | 4,800,000 | | 2,400,000 | |
| Ⅷ. 법인세차감전순이익 | | 105,420,000 | | 61,470,000 |
| Ⅸ. 법 인 세 등 | | 5,000,000 | | 2,000,000 |
| 법 인 세 등 | 5,000,000 | | 2,000,000 | |
| Ⅹ. 당 기 순 이 익 | | 100,420,000 | | 59,470,000 |

| 자료설명 | (주)케이마이크의 전기(제5기)분 재무제표는 입력되어 있다. |
|---|---|
| 수행과제 | 1. [전기분 손익계산서]의 입력이 누락되었거나 잘못된 부분을 찾아 수정하시오.<br>2. [전기분 이익잉여금처분계산서]의 처분 확정일(20x1년 2월 23일)을 입력하시오. |

## 실무수행2  거래자료 입력

실무프로세스 자료이다. [자료설명]을 참고하여 [수행과제]를 수행하시오.

### 1. 증빙에 의한 전표입력

| 태양치킨(서대문점) | | | |
|---|---|---|---|

포장 영수증 NO : 0022-1
사업자번호 : 112-08-51230
주소 : 서울특별시 서대문구 충정로7길 30
성명 : 김대식
전화 : 02-383-7800
일자 : 20x1-02-17  14:32:14

| 품명 | 단가 | 수량 | 금액 |
|---|---|---|---|
| 반반치킨 | 23,000 | 2 | 46,000 |
| 부가가치세 | | | 4,600 |
| 소계 | | | 50,600 |

카드번호 : 4432-90**-****-****
유효기간 : **/**
카 드 명 : 국민카드
가맹점NO : 00045254500
결제금액 : 50,600
할부개월 : 일시불
승인번호 : 30087000

정성을 다하겠습니다.
결제취소시 반드시 영수증을 지참해 주시기 바랍니다.
계산자 : 관리자
- 고 객 용 -

| | |
|---|---|
| 자료설명 | 본사 영업부 이용빈 부장이 매출 거래처의 간식비를 결제한 법인카드 매출전표이다. |
| 수행과제 | 거래자료를 입력하시오.<br>(적요선택 : '01.거래처 접대비(기업업무추진비)/신용카드(법인)'로 선택하여 입력할 것) |

## 2. 기타 일반거래
자료 1. 건강보험료 영수증

| 건강보험료 | 20x1 년　2 월 | | 영수증(납부자용) |
|---|---|---|---|
| 사 업 장 명 | (주)케이마이크 | | |
| 사 용 자 | 서울특별시 강남구 강남대로 252(도곡동) | | |
| 납부자번호 | 5700000123 | 사 업 장 관 리 번 호 | 22081032170 |
| 납 부 할 보 험 료 (ⓐ+ⓑ+ⓒ+ⓓ+ⓔ) | | | 128,000 원 |
| 납 부 기 한 | | | 20x1.3.10. 까지 |
| 보 건 강 ⓐ | 120,000 원 | 연 금 ⓒ | 원 |
| 험 장기요양 ⓑ | 8,000 원 | 고 용 ⓓ | 원 |
| 료 소 계(ⓐ+ⓑ) | 128,000 원 | 산 재 ⓔ | 원 |
| 납기후금액 | 131,840원 | 납기후기한 | 20x1.3.31.까지 |

◉ 납부기한까지 납부하지 않으면 연체금이 부과됩니다.
※ 납부장소 : 전 은행, 우체국, 농·수협(지역조합 포함), 새마을금고, 신협, 증권사, 산림조합중앙회, 인터넷지로(www.giro.or.kr)
※ 2D코드 : GS25, 세븐일레븐, 미니스톱, 바이더웨이, 씨유에서 납부 시 이용.(우리·신한은행 현금카드인 수납가능)

20x1년 3월 10일

국민건강보험공단 이 사

수납인

자동이체 신청 납부자번호 :

자료 2. 보통예금(국민은행) 거래내역

| 번호 | 거래일 | 내용 | 찾으신금액 | 맡기신금액 | 잔액 | 거래점 |
|---|---|---|---|---|---|---|
| | | 계좌번호 096-25-0096-751　(주)게이마이크 | | | | |
| 1 | 20x1-3-10 | 건강보험료 | 128,000 | | *** | *** |

| 자료설명 | 2월 급여 지급분에 대한 건강보험료(장기요양보험료 포함)를 납부기한일에 국민은행 보통예금 계좌에서 이체하여 납부하였다. 보험료의 50%는 급여 지급 시 원천징수한 금액이며, 나머지 50%는 회사부담분이다. 당사는 회사부담분을 '복리후생비'로 처리하고 있다. |
|---|---|
| 수행과제 | 거래자료를 입력하시오. |

## 3. 통장사본에 의한 거래입력

■ 보통예금(신한은행) 거래내역

| 번호 | 거래일 | 내용 | 찾으신금액 | 맡기신금액 | 잔액 | 거래점 |
|---|---|---|---|---|---|---|
| | | | 계좌번호 112-088-654321　(주)케이마이크 | | | |
| 1 | 20x1-4-27 | 원금이자상환 | 17,340,000 | | *** | *** |

| 자료설명 | 1. 대한은행의 단기차입금 원금 17,000,000원과 이자 340,000원을 신한은행 보통예금 계좌에서 이체하여 지급하였다.<br>2. 이자비용에 대한 원천징수는 고려하지 않는다. |
|---|---|
| 수행과제 | 거래자료를 입력하시오. |

## 4. 약속어음의 배서양도

**전 자 어 음**

**(주)케이마이크** 귀하　　　　　　　00420220520123456789

금　오백오십만원정　　　　　　　　**5,500,000원**

위의 금액을 귀하 또는 귀하의 지시인에게 지급하겠습니다.

지급기일　20x1년 7월 20일　　발행일　20x1년 5월 20일
지 급 지　국민은행　　　　　　발행지　경기도 수원시 팔달구 매산로 1-8
지급장소　수원지점　　　　　　주 소　(매산로1가)
　　　　　　　　　　　　　　　발행인　(주)대한전자

| 자료설명 | [5월 25일]<br>(주)대한전자에 상품을 매출하고 받은 전자어음을 (주)정성무역의 외상매입금 결제를 위해 배서양도하였다. |
|---|---|
| 수행과제 | 1. 거래자료를 입력하시오.<br>2. 자금관련정보를 입력하여 받을어음현황에 반영하시오. |

5. 통장사본에 의한 거래입력

자료 1. 카드 이용대금 명세서(카드번호 : 3424 – 3152 – 7474 – 4885)

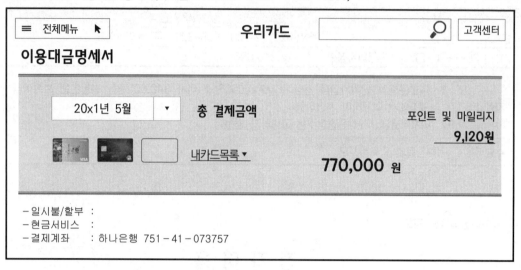

자료 2. 보통예금(하나은행) 거래내역

| 번호 | 거래일 | 내용 | 찾으신금액 | 맡기신금액 | 잔액 | 거래점 |
|---|---|---|---|---|---|---|
|  |  | 계좌번호 751 – 41 – 073757   (주)케이마이크 |  |  |  |  |
| 1 | 20x1 – 6 – 17 | 우리카드 | 770,000 |  | *** | *** |

| 자료설명 | 5월분 우리카드 이용대금이 하나은행 보통예금 계좌에서 자동이체되었다. |
|---|---|
| 수행과제 | 거래자료를 입력하시오. |

256

## 실무수행3  부가가치세

부가가치세 신고 관련 자료이다. [자료설명]을 참고하여 [수행과제]를 수행하시오.

### 1. 과세매출자료의 전자세금계산서 발행

**거래명세서** (공급자 보관용)

| 공급자 | | |
|---|---|---|
| 등록번호 | 220-81-03217 | |
| 상호 | (주)케이마이크 | 성명 김선우 |
| 사업장주소 | 서울특별시 강남구 강남대로 252 (도곡동) | |
| 업태 | 도소매업 | 종사업장번호 |
| 종목 | 마이크 | |

| 공급받는자 | | |
|---|---|---|
| 등록번호 | 110-81-02129 | |
| 상호 | (주)행복유통 | 성명 박진형 |
| 사업장주소 | 서울특별시 서대문구 성산로 500 | |
| 업태 | 도소매업 | 종사업장번호 |
| 종목 | 생활용품 | |

| 거래일자 | 미수금액 | 공급가액 | 세액 | 총 합계금액 |
|---|---|---|---|---|
| 20x1.7.21. | | 4,200,000 | 420,000 | 4,620,000 |

| NO | 월 | 일 | 품목명 | 규격 | 수량 | 단가 | 공급가액 | 세액 | 합계 |
|---|---|---|---|---|---|---|---|---|---|
| 1 | 7 | 21 | 블루투스 마이크 | | 50 | 84,000 | 4,200,000 | 420,000 | 4,620,000 |
| | | | | | | | | | |
| | | | | | | | | | |

| 비고 | 전미수액 | 당일거래총액 | 입금액 | 선수액 | 인수자 |
|---|---|---|---|---|---|
| | | 4,620,000 | 4,200,000 | 420,000 | 박민규 |

### ■ 보통예금(농협은행) 거래내역

| 번호 | 거래일 | 내용 | 찾으신금액 | 맡기신금액 | 잔액 | 거래점 |
|---|---|---|---|---|---|---|
| | | 계좌번호 204-24-0648-100  (주)케이마이크 | | | | |
| 7 | 20x1-7-21 | (주)행복유통 | | 4,200,000 | *** | |

| 자료설명 | 1. 상품을 판매하고 전자세금계산서를 발급 및 전송하였다.<br>2. 상품매출 대금 중 420,000원은 7월 19일 계약금으로 받았으며, 잔액은 농협은행 보통예금계좌로 입금받았다. |
|---|---|
| 수행과제 | 1. 거래명세서에 의해 매입매출자료를 입력하시오.<br>2. 전자세금계산서 발행 및 내역관리 를 통하여 발급 및 전송하시오.<br>(전자세금계산서 발급 시 결제내역 및 전송일자는 고려하지 말 것) |

## 2. 매출거래

| 전자계산서 | | | | (공급자 보관용) | | 승인번호 | | |
|---|---|---|---|---|---|---|---|---|

| | 등록번호 | 220 - 81 - 03217 | | | | 등록번호 | 209 - 81 - 10220 | | |
|---|---|---|---|---|---|---|---|---|---|
| 공급자 | 상호 | (주)케이마이크 | 성명(대표자) | 김선우 | 공급받는자 | 상호 | (주)모두다마트 | 성명(대표자) | 이영식 |
| | 사업장주소 | 서울특별시 강남구 강남대로 252 (도곡동) | | | | 사업장주소 | 서울특별시 서대문구 충정로7길 19-7 | | |
| | 업태 | 도소매업 | 종사업장번호 | | | 업태 | 도소매업 | 종사업장번호 | |
| | 종목 | 마이크 | | | | 종목 | 잡화외 | | |
| | E - Mail | sunwoo@bill36524.com | | | | E - Mail | all@naver.com | | |

| 작성일자 | 20x1.8.24. | 공급가액 | 1,100,000 | 비 고 | |
|---|---|---|---|---|---|

| 월 | 일 | 품목명 | 규격 | 수량 | 단가 | 공급가액 | 비고 |
|---|---|---|---|---|---|---|---|
| 8 | 24 | 상품 | | 100 | 11,000 | 1,100,000 | |

| 합계금액 | 현금 | 수표 | 어음 | 외상미수금 | 이 금액을 | ○ 영수 함 |
|---|---|---|---|---|---|---|
| 1,100,000 | | | | 1,100,000 | | ◉ 청구 |

| 자료설명 | 면세상품을 판매하고 발급한 전자계산서이다.<br>(단, 본 거래에 한하여 과세사업과 면세사업을 겸영한다고 가정한다.) |
|---|---|
| 수행과제 | 매입매출자료를 입력하시오.(전자계산서 거래는 '전자입력'으로 입력할 것) |

## 3. 매입거래

```
            카드매출전표
------------------------------
카드종류 : 삼성카드
회원번호 : 8449 - 2210 - **** - 32**
거래일시 : 20x1.09.15. 19:42:36
거래유형 : 신용승인
매   출 : 90,000원
부 가 세 :  9,000원
합   계 : 99,000원
결제방법 : 일시불
승인번호 : 45457575
은행확인 : 국민은행
------------------------------
------------------------------
가맹점명 : (주)다도해호텔
       - 이 하 생 략 -
```

| 자료설명 | 영업부 직원이 신규 거래처 방문 후 출장지에서 법인(삼성)카드로 숙박비를 결제하고 받은 신용카드매출전표이다. |
|---|---|
| 수행과제 | 매입매출자료를 입력하시오. |

4. 매출거래

| 수정전자세금계산서 | | | | | (공급자 보관용) | | | | 승인번호 | | |
|---|---|---|---|---|---|---|---|---|---|---|---|
| 공급자 | 등록번호 | 220-81-03217 | | | | 공급받는자 | 등록번호 | 305-81-22359 | | | |
| | 상호 | (주)케이마이크 | 성명(대표자) | 김선우 | | | 상호 | (주)영우물류 | 성명(대표자) | 김영우 | |
| | 사업장주소 | 서울특별시 강남구 강남대로 252 (도곡동) | | | | | 사업장주소 | 경기도 용인시 기흥구 강남동로 912 | | | |
| | 업태 | 도소매업 | | 종사업장번호 | | | 업태 | 도소매업 | | 종사업장번호 | |
| | 종목 | 마이크 | | | | | 종목 | 생활용품 | | | |
| | E-Mail | sunwoo@bill36524.com | | | | | E-Mail | youngwoo@bill36524.com | | | |
| 작성일자 | | 20x1.10.21. | | 공급가액 | | -200,000 | | 세액 | | -20,000 | |
| 비고 | | | | | | | | | | | |

| 월 | 일 | 품목명 | 규격 | 수량 | 단가 | 공급가액 | 세액 | 비고 |
|---|---|---|---|---|---|---|---|---|
| 10 | 21 | 노래방 마이크 | | -2 | 100,000 | -200,000 | -20,000 | |

| 합계금액 | 현금 | 수표 | 어음 | 외상미수금 | 이 금액을 | 영수 | 함 |
|---|---|---|---|---|---|---|---|
| -220,000 | | | | -220,000 | | 청구 | |

**자료설명** [10월 21일] 10월 17일 (주)영우물류에 외상으로 판매한 상품 중 일부의 파손으로 반품되어 수정전자세금계산서를 발급하였다. 대금은 외상매출금과 상계처리하기로 하였다.

**수행과제** 매입매출자료를 입력하시오.
(전자세금계산서의 발급 및 전송업무는 생략하고 '전자입력'으로 입력할 것)

5. 매입거래

| 전자세금계산서 | | | | | (공급받는자 보관용) | | | | 승인번호 | | |
|---|---|---|---|---|---|---|---|---|---|---|---|
| 공급자 | 등록번호 | 211-81-10539 | | | | 공급받는자 | 등록번호 | 220-81-03217 | | | |
| | 상호 | (주)코아소프트 | 성명(대표자) | 이인식 | | | 상호 | (주)케이마이크 | 성명(대표자) | 김선우 | |
| | 사업장주소 | 서울특별시 서대문구 독립문로8길 120 | | | | | 사업장주소 | 서울특별시 강남구 강남대로 252 (도곡동) | | | |
| | 업태 | 서비스업 | | 종사업장번호 | | | 업태 | 도소매업 | | 종사업장번호 | |
| | 종목 | 소프트웨어 | | | | | 종목 | 마이크 | | | |
| | E-Mail | insik@bill36524.com | | | | | E-Mail | sunwoo@bill36524.com | | | |
| 작성일자 | | 20x1.11.7. | | 공급가액 | | 1,600,000 | | 세액 | | 160,000 | |
| 비고 | | | | | | | | | | | |

| 월 | 일 | 품목명 | 규격 | 수량 | 단가 | 공급가액 | 세액 | 비고 |
|---|---|---|---|---|---|---|---|---|
| 11 | 7 | 소프트웨어 | | | | 1,600,000 | 160,000 | |

| 합계금액 | 현금 | 수표 | 어음 | 외상미수금 | 이 금액을 | 영수 | 함 |
|---|---|---|---|---|---|---|---|
| 1,760,000 | | | | 1,760,000 | | 청구 | |

| 자료설명 | 업무와 관련된 '소프트웨어'를 구입하고 전자세금계산서를 수취하였으며, 대금은 전액 11월 말일에 지급하기로 하였다. |
|---|---|
| 수행과제 | 매입매출자료를 입력하시오.<br>(단, '고정자산등록'은 생략하고, 전자세금계산서 거래는 '전자입력'으로 입력할 것) |

### 6. 부가가치세신고서에 의한 회계처리

| 수행과제 | 제1기 확정신고기간의 부가가치세신고서를 조회하여, 6월 30일 부가가치세 납부세액 또는 환급세액에 대한 회계처리를 하시오.(단, 부가가치세신고서에 전자신고세액공제 10,000원은 반영되어 있으며, 납부할 세액은 '미지급세금', 환급받을 세액은 '미수금'으로 회계처리하고, 거래처 입력은 생략할 것) |
|---|---|

## 실무수행4 결산

[결산자료]를 참고하여 결산을 수행하시오.(단, 제시된 자료 이외의 자료는 없다고 가정함.)

### 1. 수동결산 및 자동결산

| 자료설명 | 1. 9월 1일 (주)서울화재보험에 본사 건물에 대한 화재보험을 가입하고 전액 비용으로 회계처리 하였다. 회사는 기말에 미경과분에 대하여 자산으로 계상(월할)하고자 한다.<br>2. 기말 상품재고액은 23,000,000원이다.<br>3. 이익잉여금처분계산서 처분 확정(예정)일<br>　- 당기분 : 20x2년 2월 23일<br>　- 전기분 : 20x1년 2월 23일 |
|---|---|
| 수행과제 | 1. 수동결산 또는 자동결산 메뉴를 이용하여 결산을 완료하시오.<br>2. 12월 31일을 기준으로 '손익계산서 → 이익잉여금처분계산서 → 재무상태표'를 순서대로 조회 작성하시오.(단, 이익잉여금처분계산서 조회 작성 시 '저장된 데이터 불러오기' → '아니오' 선택 → '전표추가'를 이용하여 '손익대체분개'를 수행할 것) |

| 평가문제 | **실무수행평가 (62점)** |
|---|---|

입력자료 및 회계정보를 조회하여 [평가문제]의 답안을 입력하시오.

| 번호 | 평가문제 | 배점 |
|---|---|---|
| 11 | **평가문제 [계정과목및적요등록 조회]**<br>'173.수출상품' 계정과 관련된 내용으로 옳지 않은 것은?<br>① '수출상품'의 구분은 '일반재고'이다.<br>② 표준코드는 '055.저장품'이다.<br>③ '수출상품'의 현금적요는 2개를 사용하고 있다.<br>④ '수출상품'의 대체적요는 사용하지 않고 있다. | 4 |
| 12 | **평가문제 [적요별원장 조회]**<br>2월에 발생한 '813.접대비(기업업무추진비)'의 적요코드(2자리)를 입력하시오. | 2 |
| 13 | **평가문제 [거래처원장 조회]**<br>9월 말 삼성카드(코드 : 99603)의 '미지급금' 잔액은 얼마인가? | 2 |
| 14 | **평가문제 [거래처원장 조회]**<br>11월 말 현재 '253.미지급금' 거래처 중 잔액이 옳지 않은 것은?<br>① 33000.(주)코아소프트 1,760,000원    ② 99601.국민카드      50,600원<br>③ 99602.우리카드          955,000원    ④ 99603.삼성카드 1,677,500원 | 4 |
| 15 | **평가문제 [합계잔액시산표 조회]**<br>5월 말 '유동부채' 잔액은 얼마인가? | 3 |
| 16 | **평가문제 [합계잔액시산표 조회]**<br>6월 말 '미지급세금' 잔액은 얼마인가? | 4 |
| 17 | **평가문제 [합계잔액시산표 조회]**<br>8월 말 '외상매출금' 잔액은 얼마인가? | 3 |
| 18 | **평가문제 [합계잔액시산표 조회]**<br>11월 말 '무형자산' 중 잔액이 큰 계정과목의 코드번호를 입력하시오. | 3 |
| 19 | **평가문제 [재무상태표 조회]**<br>12월 말 '선급비용' 잔액은 얼마인가? | 3 |
| 20 | **평가문제 [재무상태표 조회]**<br>12월 말 '이월이익잉여금(미처분이익잉여금)' 잔액은 얼마인가?<br>① 450,127,500원            ② 550,127,506원<br>③ 691,754,156원            ④ 865,721,156원 | 2 |

| 번호 | 평가문제 | 배점 |
|---|---|---|
| 21 | **평가문제 [손익계산서 조회]**<br>당기의 '판매비와관리비' 중 전기와 대비하여 그 내용이 옳지 않은 것은?<br>① 복리후생비　　7,202,200원 증가　　② 여비교통비　　　　2,075,400원 감소<br>③ 보험료　　　　2,046,000원 증가　　④ 경상연구개발비　　4,900,000원 감소 | 3 |
| 22 | **평가문제 [손익계산서 조회]**<br>당기에 발생한 '영업외비용'은 얼마인가? | 2 |
| 23 | **평가문제 [손익계산서 조회]**<br>당기에 발생한 '상품매출원가'는 얼마인가? | 3 |
| 24 | **평가문제 [손익계산서 조회]**<br>전기에 비하여 감소한 '영업외수익' 금액은 얼마인가? | 4 |
| 25 | **평가문제 [부가가치세신고서 조회]**<br>제2기 예정신고기간 부가가치세신고서 '과세표준및매출세액_합계(9란)'의 과세표준 금액은 얼마인가? | 4 |
| 26 | **평가문제 [부가가치세신고서 조회]**<br>제2기 예정신고기간 부가가치세신고서의 '매입세액_합계(15란)'의 세액은 얼마인가? | 3 |
| 27 | **평가문제 [세금계산서합계표 조회]**<br>제2기 확정신고기간의 전자매출세금계산서 중 '(주)영우물류'의 공급가액은 얼마인가? | 4 |
| 28 | **평가문제 [계산서합계표 조회]**<br>제2기 예정신고기간의 전자매출계산서의 공급가액은 얼마인가? | 2 |
| 29 | **평가문제 [예적금현황 조회]**<br>12월 말 은행별(계좌명) 보통예금 잔액으로 옳은 것은?<br>① 신한은행(보통) 519,563,000원　　② 국민은행(보통) 31,905,000원<br>③ 농협은행(보통)　4,620,000원　　④ 하나은행(보통) 10,000,000원 | 4 |
| 30 | **평가문제 [받을어음현황 조회]**<br>당기의 '받을어음' 배서양도 금액은 얼마인가? | 3 |
| **총 점** | | **62** |

262

## 평가문제 | 회계정보분석 (8점)

회계정보를 조회하여 [회계정보분석] 답안을 입력하시오.

**31. 재무상태표 조회 (4점)**

자기자본비율이란 자산 중에서 자본이 차지하는 비중을 나타내는 대표적인 자본구조 분석 지표이다. (주)케이마이크의 전기 자기자본비율을 계산하면 얼마인가?(단, 소숫점 이하는 버림 할 것)

$$자기자본비율(\%) = \frac{자기자본(자본)총계}{자산총계} \times 100$$

① 19%　　　② 27%　　　③ 54%　　　④ 65%

**32. 재무상태표 조회 (4점)**

당좌비율이란 유동부채에 대한 당좌자산의 비율로 재고자산을 제외시킴으로써 단기채무에 대한 기업의 지급능력을 파악하는데 유동비율 보다 더욱 정확한 지표로 사용되고 있다. (주)케이마이크의 전기 당좌비율을 계산하면 얼마인가?(단, 소숫점 이하는 버림 할 것)

$$당좌비율(\%) = \frac{당좌자산}{유동부채} \times 100$$

① 120%　　　② 185%　　　③ 300%　　　④ 403%

## 실무이론평가

| 1 | 2 | 3 | 4 | 5 | 6 | 7 | 8 | 9 | 10 |
|---|---|---|---|---|---|---|---|---|----|
| ④ | ② | ① | ① | ② | ① | ③ | ① | ② | ③ |

**01** <u>수익과 비용은 각각 총액으로 보고하는 것을 원칙</u>으로 한다.

**02** 기말재고수량(선입선출법) = 월초(150) + 매입(300 + 200) − 매출(250) = 400개

기말재고(선) = 200개(10.11) × 1,400원 + 200개(10.29) × 1,300원 = 540,000원

**03** 단기매매증권은 **시장성이 있고, 단기 매매차익 실현을 목적으로 취득**해야 한다.

**04** 유동자산 = 현금및현금성자산(50,000) + 매출채권(700,000) + 상품(400,000) = 1,150,000원이다.

**05** 매출채권의 대손에 대비하여 대손충당금을 설정할 때 반영하는 비용 계정과목은 '대손상각비'이다. 단기대여금의 대손에 대비하여 대손충당금을 설정할 때 반영하는 비용 계정과목은 '기타의대손상각비'이다.

**06** 20x1년 감가상각비(정액법) = (5,000,000원 × 1년/5년) × 6개월/12개월 = 500,000원

처분시점 장부가액 = 취득가액(5,000,000) − 감가상각누계액(2,500,000) = 2,500,000원

처분손익 = 처분가액(2,300,000) − 장부가액(2,500,000) = − 200,000원(손실)

**07** (차) 선급비용　　　　　　　　　900,000원　　(대) 보험료　　　　　　　　　900,000원

　　☞선급비용(20x2년분) = 1,200,000원 × 9개월/12개월 = 900,000원

**08** <u>국가와 지방자치단체는 부가가치세법상 사업자에 해당</u>한다.

**09** 외상판매 : 재화가 인도되는 때

**10** 상품 운반용 트럭 구입(5,000,000) + 건물의 자본적 지출(4,000,000) = 9,000,000원

**거래처 기업업무추진(접대)과 관련된 매입세액은 불공제 대상**이다.

## 실무수행평가

### 실무수행 1. 기초정보관리의 이해

1. 계정과목 추가 및 적요등록 수정

　　− '173.회사설정계정과목' → '173.수출상품' 으로 수정

　　− 구분 및 표준코드 입력　　　　　　　　− 현금적요 추가 입력

2. 전기분 손익계산서의 입력수정

(1) [전기분 손익계산서]

　　- 401.상품매출 566,000,000원을 560,000,000원으로 수정입력

　　- 823.경상연구개발비 4,900,000원 추가입력

　　- 998.법인세등 500,000원을 5,000,000원으로 수정입력

　　- 당기순이익 100,420,000원 확인

(2) [전기분 이익잉여금처분계산서]

　　- 처분확정일 20x1년 2월 23일 입력


## 실무수행 2. 거래자료 입력

1. 증빙에 의한 전표입력 [일반전표입력] 2월 17일

　　(차) 접대비(기업업무추진비)(판)　　50,600원　　(대) 미지급금 (국민카드)　　50,600원

　　　　(적요01.거래처 접대비/신용카드(법인))

2. 기타 일반거래 [일반전표입력] 3월 10일

　　(차) 복리후생비(판)　　64,000원　　(대) 보통예금(국민은행(보통))　　128,000원

　　　　예수금　　64,000원

3. 통장사본에 의한 거래입력[일반전표입력] 4월 27일

　　(차) 단기차입금(대한은행(차입금))　17,000,000원　　(대) 보통예금(신한은행(보통))　17,340,000원

　　　　이자비용　　340,000원

4. 약속어음의 배서양도 [일반전표입력] 5월 25일

　　(차) 외상매입금((주)정성무역)　5,500,000원　　(대) 받을어음((주)대한전자)　5,500,000원

[받을어음관리]

| 받을어음 관리 | | | | | | | | | | | 삭제(F5) |
|---|---|---|---|---|---|---|---|---|---|---|---|
| 어음상태 | 3 배서 | 어음번호 | 00420220520123456789 | 수취구분 | 1 자수 | 발행일 | 20x1-05-20 | 만기일 | 20x1-07-20 | | |
| 발행인 | 00111 | (주)대한전자 | | 지급은행 | 100 국민은행 | | | 지 점 | 수원 | | |
| 배서인 | | 할인기관 | | 지 점 | | 할인율(%) | | 어음종류 | 6 전자 | | |
| 지급거래처 | 00104 | (주)정성무역 | | | | *수령된 어음을 타거래처에 지급하는 경우에 입력합니다. | | | | | |

5. 통장사본에 의한 거래입력 [일반전표입력] 6월 17일

　　(차) 미지급금(우리카드)　770,000원　　(대) 보통예금(하나은행(보통))　770,000원

## 실무수행 3. 부가가치세

### 1. 과세매출자료의 전자세금계산서 발행

(1) [매입매출전표입력] 7월 21일

| 거래유형 | 품명 | 공급가액 | 부가세 | 거래처 | 전자세금 |
|---|---|---|---|---|---|
| 11.과세 | 블루투스 마이크 | 4,200,000 | 420,000 | (주)행복유통 | 전자발행 |
| 분개유형 | (차) 선수금 | 420,000원 | (대) 상품매출 | | 4,200,000원 |
| 3. 혼합 | 보통예금(농협은행(보통)) | 4,200,000원 | 부가세예수금 | | 420,000원 |

(2) [전자세금계산서 발행 및 내역관리] 기출문제 77회 참고

### 2. 매출거래 [매입매출전표입력] 8월 24일

| 거래유형 | 품명 | 공급가액 | 부가세 | 거래처 | 전자세금 |
|---|---|---|---|---|---|
| 13.면세 | 상품 | 1,100,000원 | | (주)모두다마트 | 전자입력 |
| 분개유형 | (차) 외상매출금 | 1,100,000원 | (대) 상품매출 | | 1,100,000원 |
| 2.외상(혼합) | | | | | |

### 3. 매입거래 [매입매출전표입력] 9월 15일

| 거래유형 | 품 명 | 공급가액 | 부가세 | 거래처 | 전자세금 |
|---|---|---|---|---|---|
| 57.카과 | 숙박비 | 90,000원 | 9,000원 | (주)다도해호텔 | |
| 분개유형 | (차) 여비교통비(판) | 90,000원 | (대) 미지급금 | | 99,000원 |
| 카드(혼합) | 부가세대급금 | 9,000원 | (삼성카드) | | |

### 4. 매출거래 [매입매출전표입력] 10월 21일

| 거래유형 | 품명 | 공급가액 | 부가세 | 거래처 | 전자세금 |
|---|---|---|---|---|---|
| 11.과세 | 노래방 마이크 | -200,000 | -20,000 | (주)영우물류 | 전자입력 |
| 분개유형 | (차) 외상매출금 | -220,000원 | (대) 상품매출 | | -200,000원 |
| 2.외상 | | | 부가세예수금 | | -20,000원 |

### 5. 매입거래 [매입매출전표입력] 11월 7일

| 거래유형 | 품명 | 공급가액 | 부가세 | 거래처 | 전자세금 |
|---|---|---|---|---|---|
| 51.과세 | 소프트웨어 | 1,600,000 | 160,000 | (주)코아소프트 | 전자입력 |
| 분개유형 | (차) 소프트웨어 | 1,600,000원 | (대) 미지급금 | | 1,760,000원 |
| 3.혼합 | 부가세대급금 | 160,000원 | | | |

6. 부가가치세신고서에 의한 회계처리 [일반전표입력] 6월 30일

| | | | |
|---|---|---|---|
| (차) 부가세예수금 | 10,766,000원 | (대) 부가세대급금 | 7,465,000원 |
| | | 잡이익 | 10,000원 |
| | | 미지급세금 | 3,291,000원 |

## 실무수행 4. 결산

### 1. 수동결산 및 자동결산

(1) 수동결산 및 자동결산

[일반전표입력] 12월 31일

| | | | |
|---|---|---|---|
| (차) 선급비용 | 960,000원 | (대) 보험료(판) | 960,000원 |

☞미경과분 보험료(8개월) : 1,440,000원×8/12=960,000원

[결산자료입력] 1월~12월

○ 기말상품재고액 23,000,000원을 입력한다.

○ 상단부 전표추가(F3) 를 클릭하면 [일반전표입력] 메뉴에 분개가 생성된다.

| | | | |
|---|---|---|---|
| (차) 상품매출원가 | 255,809,727원 | (대) 상품 | 255,809,727원 |

○ 상품매출원가 = 기초상품재고액 (90,000,000)+당기상품매입액(188,809,727)

　　　　　　 - 기말상품재고액(23,000,000) = 255,809,727원

(2) [재무제표 등 작성]

　- 손익계산서 → 이익잉여금처분계산서(처분일 입력 후 '전표추가' 클릭 → 재무상태표를 조회 작성한다.

## 평가문제. 실무수행평가 (62점)

| 번호 | 평가문제 | 배점 | 답 |
|---|---|---|---|
| 11 | 평가문제 [계정과목및적요등록 조회] | 4 | ② |
| 12 | 평가문제 [적요별원장 조회] | 2 | 01 |
| 13 | 평가문제 [거래처원장 조회] | 2 | 1,677,500 |
| 14 | 평가문제 [거래처원장 조회] | 4 | ③ |
| 15 | 평가문제 [합계잔액시산표 조회] | 3 | 214,784,240 |
| 16 | 평가문제 [합계잔액시산표 조회] | 4 | 3,291,000 |
| 17 | 평가문제 [합계잔액시산표 조회] | 3 | 140,051,000 |
| 18 | 평가문제 [합계잔액시산표 조회] | 3 | 240 |
| 19 | 평가문제 [재무상태표 조회] | 3 | 4,920,000 |
| 20 | 평가문제 [재무상태표 조회] | 2 | ③ |

| 번호 | 평가문제 | 배점 | 답 |
|---|---|---|---|
| 21 | 평가문제 [손익계산서 조회] | 3 | ① |
| 22 | 평가문제 [손익계산서 조회] | 2 | 10,001,000 |
| 23 | 평가문제 [손익계산서 조회] | 3 | 255,809,727 |
| 24 | 평가문제 [손익계산서 조회] | 4 | 3,190,000 |
| 25 | 평가문제 [부가가치세신고서 조회] | 4 | 771,220,000 |
| 26 | 평가문제 [부가가치세신고서 조회] | 3 | 4,631,273 |
| 27 | 평가문제 [세금계산서합계표 조회] | 4 | 1,800,000 |
| 28 | 평가문제 [계산서합계표 조회] | 2 | 1,770,000 |
| 29 | 평가문제 [예적금현황 조회] | 4 | ① |
| 30 | 평가문제 [받을어음현황 조회] | 3 | 5,500,000 |
| 총 점 | | 62 | |

**평가문제. 회계정보분석 (8점)**

31. 재무상태표 조회 (4점)

④ (272,807,000원/416,125,000원)×100≒65%

32. 재무상태표 조회 (4점)

③ (244,325,000원/81,318,000원)×100≒300%

회계정보처리 자격시험 1급

**55회**

| 합격율 | 시험년월 |
|-------|---------|
| 44% | 2022.9 |

## ■■■■ 실무이론평가

**01.** 다음이 설명하고 있는 회계정보의 질적특성으로 옳은 것은?

> 회계정보는 정보이용자가 기업실체의 과거, 현재 또는 미래 사건의 결과에 대한 예측을 하는 데 도움이 되거나 또는 그 사건의 결과에 대한 정보이용자의 당초 기대치(예측치)를 확인 또는 수정할 수 있게 함으로써 의사결정에 차이를 가져올 수 있어야 한다.

① 신뢰성                    ② 목적적합성
③ 비교가능성                ④ 효익과 비용의 균형

**02.** 다음 중 유동부채가 발생하는 거래에 해당하는 것은?
① 급여 지급 시 근로소득세를 원천징수하였다.
② 상품을 주문하고 계약금을 현금으로 지급하였다.
③ 상품을 외상으로 판매하였다.
④ 기말에 퇴직급여충당부채를 추가로 설정하였다.

**03.** 도매업을 영위하고 있는 (주)한공은 20x1년 3월 10일 (주)서울의 파산으로 단기대여금 2,000,000원의 회수가 불가능하게 되었다. 이 거래로 인하여 (주)한공이 손익계산서에 계상해야 하는 계정과목과 금액은 얼마인가?(단, 3월 10일 이전에 설정된 단기대여금에 대한 대손충당금 잔액은 800,000원이다.)
① 대손상각비   1,200,000원           ② 기타의대손상각비   1,200,000원
③ 대손상각비   2,000,000원           ④ 기타의대손상각비   2,000,000원

**04.** 다음은 무형자산에 대한 대화내용이다. <u>잘못</u> 설명하고 있는 사람은?

- 김한국 : 무형자산은 물리적형체가 없고 식별이 불가능해.
- 이공인 : 미래경제적 효익은 매출이나 원가절감으로 나타나지.
- 정사회 : 일반적으로 법적 권리로부터 나오지.
- 박회계 : 내부적으로 창출한 브랜드, 고객 목록 등은 무형자산으로 인식하지 않아.

※ 1차 저작권자의 저작권 침해 소지가 있어 삽화 삽입은 어려우니 양해바랍니다.

① 김한국                                ② 이공인
③ 정사회                                ④ 박회계

**05.** 다음 자료에 의한 회계처리 시 차변 계정과목과 금액으로 옳은 것은?

(주)한공은 유가증권시장에 상장되어 있는 (주)국제의 주식 1,000주를 1주당 6,000원(1주당 액면금액 5,000원)에 취득하고, 거래수수료 100,000원을 지급하였다.(회사는 주식을 장기보유목적으로 취득하였다.)

| | 계정과목 | 금 액 |
|---|---|---|
| ① | 단기매매증권 | 5,000,000원 |
| ② | 매도가능증권 | 5,100,000원 |
| ③ | 단기매매증권 | 6,000,000원 |
| ④ | 매도가능증권 | 6,100,000원 |

**06.** 다음 자료를 토대로 기말상품재고액을 계산하면 얼마인가?

| | | | |
|---|---|---|---|
| • 매출액 | 5,000,000원 | • 기초상품재고액 | 500,000원 |
| • 매입액 | 4,000,000원 | • 매출총이익 | 800,000원 |

① 200,000원                          ② 300,000원
③ 500,000원                          ④ 700,000원

**07.** 다음 기사를 통해 알 수 있는 사실로 묶인 것은?(주식발행 전 주식발행초과금과 주식할인발행차금 잔액은 없는 것으로 가정한다.)

> (주)한공은 사업다각화를 위해 태양광산업에 진출할 것을 결정하고, 이사회결의에 따라 보통주 500주를 주당 12,000원(액면금액 10,000원)에 현금 발행하여 자금을 마련하였다.
>
> – 이하 생략 –
>
> (20x1년 5월 11일, 대한경제신문)

> ㉠ (주)한공의 자본잉여금이 증가한다.
> ㉡ (주)한공의 자산이 증가한다.
> ㉢ (주)한공의 부채가 증가한다.
> ㉣ (주)한공의 이익잉여금이 증가한다.

① ㉠, ㉡          ② ㉡, ㉢

③ ㉢, ㉣          ④ ㉠, ㉣

**08.** 다음 중 일반과세자의 세금계산서(또는 전자세금계산서)에 대하여 틀린 설명을 하는 사람은?

> • 김과장 : 소매업자에게 공급하는 경우 세금계산서를 발급해야 해.
> • 이대리 : 간이과세자에게 공급하는 경우 세금계산서를 발급해야 해.
> • 박사원 : 면세사업자에게 공급하는 경우 세금계산서를 발급해야 해.
> • 한주임 : 직수출하는 경우 영세율세금계산서를 발급해야 해.

※ 1차 저작권자의 저작권 침해 소지가 있어 삽화 삽입은 어려우니 양해바랍니다.

① 김과장          ② 이대리

③ 박사원          ④ 한주임

**09.** 다음 중 부가가치세 공급시기로 옳지 않은 것은?

① 현금판매 : 재화가 인도되는 때

② 외상판매 : 현금을 수취하는 때

③ 장기할부판매 : 대가의 각 부분을 받기로 한 때

④ 내국물품의 국외반출 : 수출재화의 선(기)적일

**10.** 다음 자료를 토대로 도매업을 영위하는 (주)한공의 공제받을 수 있는 매입세액을 계산하면 얼마인가?
(단, 세금계산서는 적법하게 수령하였다.)

> • 상품 운반용 트럭 구입 관련 매입세액 : 5,000,000원
> • 본사 건물의 자본적 지출과 관련된 매입세액 : 4,000,000원
> • 거래처 기업업무추진(접대)과 관련된 매입세액 : 3,000,000원

① 4,000,000원
② 5,000,000원
③ 9,000,000원
④ 12,000,000원


![실무수행평가]

(주)새벽식품(3550)은 빵류 및 과자류를 도·소매하는 법인으로 회계기간은 제5기(20x1.1.1.~20x1.12.31.)이다. 제시된 자료와 [자료설명]을 참고하여 [수행과제]를 완료하고 [평가문제]의 물음에 답하시오.


## 실무수행1 | 기초정보관리의 이해

회계관련 기초정보는 입력되어 있다. [자료설명]을 참고하여 [수행과제]를 수행하시오.

**1. 거래처별 초기이월**
지급어음 명세서

| 거래처명 | 적 요 | 금 액 | 비 고 |
|---|---|---|---|
| (주)시유제과 | 상품대금<br>어음지급 | 8,000,000원 | 어음수령일 : 20x0.12.30.<br>어 음 종 류 : 전자어음<br>만 기 일 : 20x1.3.30.<br>발 행 일 자 : 20x0.12.30.<br>어 음 번 호 : 00420211230123456789<br>금 융 기 관 : 국민은행(당좌) |

| 자료설명 | (주)새벽식품의 전기분 재무제표는 이월 받아 등록되어 있다. |
|---|---|
| 수행과제 | 지급어음에 대한 거래처별 초기이월사항을 입력하시오. (단, 등록된 어음을 사용할 것) |

## 2. 전기분 손익계산서의 입력수정

# 손 익 계 산 서

제4(당)기 20x0년 1월 1일부터 20x0년 12월 31일까지
제3(전)기 20y0년 1월 1일부터 20y0년 12월 31일까지

(주)새벽식품                                    (단위 : 원)

| 과 목 | 제4(당)기 | | 제3(전)기 | |
|---|---|---|---|---|
| | 금 액 | | 금 액 | |
| Ⅰ. 매 출 액 | | 290,000,000 | | 177,000,000 |
| 상 품 매 출 | 290,000,000 | | 177,000,000 | |
| Ⅱ. 매 출 원 가 | | 150,000,000 | | 107,740,000 |
| 상 품 매 출 원 가 | | 150,000,000 | | 107,740,000 |
| 기 초 상 품 재 고 액 | 10,000,000 | | 19,920,000 | |
| 당 기 상 품 매 입 액 | 165,000,000 | | 97,820,000 | |
| 기 말 상 품 재 고 액 | 25,000,000 | | 10,000,000 | |
| Ⅲ. 매 출 총 이 익 | | 140,000,000 | | 69,260,000 |
| Ⅳ. 판 매 비 와 관 리 비 | | 43,310,000 | | 21,745,000 |
| 급 여 | 16,000,000 | | 12,000,000 | |
| 복 리 후 생 비 | 2,100,000 | | 950,000 | |
| 여 비 교 통 비 | 1,500,000 | | 650,000 | |
| 접대비(기업업무추진비) | 2,000,000 | | 700,000 | |
| 통 신 비 | 3,600,000 | | 450,000 | |
| 수 도 광 열 비 | 2,300,000 | | 375,000 | |
| 세 금 과 공 과 금 | 4,100,000 | | 120,000 | |
| 감 가 상 각 비 | 3,240,000 | | 700,000 | |
| 수 선 비 | 1,570,000 | | 1,200,000 | |
| 차 량 유 지 비 | 3,400,000 | | 3,600,000 | |
| 운 반 비 | 1,300,000 | | 500,000 | |
| 소 모 품 비 | 2,200,000 | | 500,000 | |
| Ⅴ. 영 업 이 익 | | 96,690,000 | | 47,515,000 |
| Ⅵ. 영 업 외 수 익 | | 3,400,000 | | 2,100,000 |
| 이 자 수 익 | 3,400,000 | | 2,100,000 | |
| Ⅶ. 영 업 외 비 용 | | 4,700,000 | | 800,000 |
| 이 자 비 용 | 4,700,000 | | 800,000 | |
| Ⅷ. 법인세차감전순이익 | | 95,390,000 | | 48,815,000 |
| Ⅸ. 법 인 세 등 | | 2,600,000 | | 750,000 |
| 법 인 세 등 | 2,600,000 | | 750,000 | |
| Ⅹ. 당 기 순 이 익 | | 92,790,000 | | 48,065,000 |

| 자료설명 | 전기(제4기)분 재무제표는 입력되어 있으며, 재무제표 검토결과 입력오류를 발견하였다. |
|---|---|
| 수행과제 | 입력이 누락되었거나 잘못된 부분을 찾아 수정하시오. |

| 실무수행2 | 거래자료 입력 |
|---|---|

실무프로세스 자료이다. [자료설명]을 참고하여 [수행과제]를 수행하시오.

## 1. 기타 일반거래

| 산출내역 | | |
|---|---|---|

| 산출내역 | | 20x1 년　01 월(정기분) | 면허세 | 납세자 보관용 영수증 |
|---|---|---|---|---|
| **납기내** 20x1.1.31.까지<br>60,000원 | 납 세 자 | (주)새벽식품 | | • 이 영수증은 과세명세로도 사용 가능합니다. |
| 면허세　　60,000원 | 주　소 | 서울특별시 서대문구 충정로7길 12<br>(충정로2가) | | • 세금 미납시에는 재산압류 등<br>체납처분을 받게 됩니다. |
| **납기후** 20x1.2.28.까지<br>(3% 가산)　　1,800원 | 납세번호 | 기관번호　　　　세목　　　　납세년월기 | | ▼인터넷 납부시 입력번호<br>과세번호 |
| 면허세　　61,800원 | 면허종목 | 자동차분 | 납기내 | 60,000 원 |
| <납부장소> | 면허(등록)종목 | 25타 7466 | 20x1.1.31. 까지 | |
| 시중은행 본·지점(한국은행 제외),<br>농·수협(중앙회 포함), 우체국 | 상　호 | (주)새벽식품 | | |
| | 물건소재지 | 서울 서대문구 충정로7길 12 | 납기후 | 61,800 원 |
| **전용계좌로도 편리하게 납부** | 체납세액 | 체납표기 제외대상입니다. | 20x1. 2.28. 까지(3%가산) | |
| 은행 | 위의 금액을 납부하시기 바랍니다.<br>　20x1 년　1 월　10 일 | | 위의 금액을 영수합니다.<br>20x1 년　1월　28일 | |
| 은행 | | | | 수납인 |
| 은행 | 서 대 문 구 | 청장 | • 수납인과 취급자인이 없으면 이 영수증은 무효입니다.<br>• 공무원은 현금을 수납하지 않습니다. | 20x1.01.28.<br>수납인 |
| *세금 미납시에는 재산압류 등<br>체납처분을 받게 됩니다. | | | | |

| 자료설명 | [1월 28일]<br>업무용 승용차에 대한 면허세를 현금으로 납부하였다. |
|---|---|
| 수행과제 | 거래자료를 입력하시오. |

2. 3만원초과 거래에 대한 영수증수취명세서 작성

| **영 수 증** (공급받는자용) | | | |
|---|---|---|---|
| NO (주)새벽식품 귀하 | | | |

| 공급자 | 사업자<br>등록번호 | 120-34-11112 | | |
|---|---|---|---|---|
| | 상 호 | 광고나라 | 성명 | 최민서 |
| | 사업장<br>소재지 | 서울특별시 구로구 디지털로 217 | | |
| | 업 태 | 서비스 | 종목 | 광고출판물 |

| 작성일자 | 공급대가총액 | 비고 |
|---|---|---|
| 20x1.2.11. | 50,000 | |

| 공 급 내 역 | | | | |
|---|---|---|---|---|
| 월/일 | 품명 | 수량 | 단가 | 금액 |
| 2/11 | 텀블러 | 10 | 5,000 | 50,000 |
| 합 계 | | | | ₩50,000 |
| 위 금액을 **영수(청구)**함 | | | | |

| 자료<br>설명 | 상품 홍보용으로 사용할 텀블러를 제작하고 대금은 현금으로 지급하였다. 회사는 이 거래가 지출증명서류미수취가산세 대상인지를 검토하려고 한다. |
|---|---|
| 평가<br>문제 | 1. 거래자료를 입력하시오.<br>   (단, '광고선전비'로 처리할 것)<br>2. 영수증수취명세서(1)과<br>   (2)서식을 작성하시오. |

3. 증빙에 의한 전표입력

자료 1.

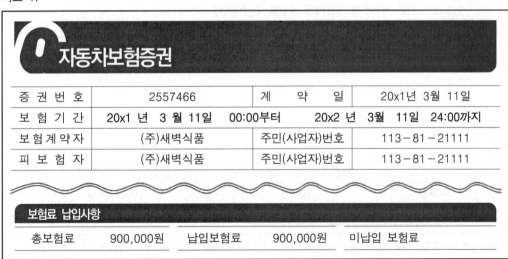

| 자동차보험증권 | | | |
|---|---|---|---|
| 증 권 번 호 | 2557466 | 계 약 일 | 20x1년 3월 11일 |
| 보 험 기 간 | 20x1 년 3 월 11일 00:00부터 | 20x2 년 3월 11일 24:00까지 | |
| 보 험 계 약 자 | (주)새벽식품 | 주민(사업자)번호 | 113-81-21111 |
| 피 보 험 자 | (주)새벽식품 | 주민(사업자)번호 | 113-81-21111 |

**보험료 납입사항**

| 총보험료 900,000원 | 납입보험료 900,000원 | 미납입 보험료 |
|---|---|---|

자료 2. 보통예금(신한은행) 거래내역

| | | 내용 | 찾으신금액 | 맡기신금액 | 잔액 | 거래점 |
|---|---|---|---|---|---|---|
| 번호 | 거래일 | 계좌번호 542314-11-00027 (주)새벽식품 | | | | |
| 1 | 20x1-03-11 | 자동차보험 | 900,000 | | *** | *** |

| 자료설명 | 1. 자료 1은 영업부 업무용 승용차의 자동차보험증권이다.<br>2. 자료 2는 보험료를 신한은행 보통예금 계좌에서 이체하여 지급한 내역이다. |
|---|---|
| 수행과제 | 거래자료를 입력하시오.(단, '자산'으로 회계처리할 것) |

### 4. 약속어음 만기결제

# 전 자 어 음

**(주)새벽식품** 귀하                    00420220115123456789

**금**  육백육십만원정                    **6,600,000원**

위의 금액을 귀하 또는 귀하의 지시인에게 지급하겠습니다.

지급기일  20x1년 3월 15일        발행일  20x1년 1월 15일
지 급 지  국민은행              발행지
지급장소  강남지점              주  소  서울특별시 강남구 강남대로 252
                            발행인  (주)지현유통

| 자료설명 | [3월 15일]<br>(주)지현유통에서 상품 판매 대금으로 받아 보관중인 받을어음의 만기일이 도래하여 어음대금 전액이 국민은행 보통예금 통장에 입금되었다. |
|---|---|
| 수행과제 | 1. 거래자료를 입력하시오.<br>2. 자금관련정보를 입력하여 받을어음 현황에 반영하시오. |

### 5. 통장사본에 의한 거래입력
■ 보통예금(기업은행) 거래내역

|  | 번호 | 거래일 | 내용 | 찾으신금액 | 맡기신금액 | 잔액 | 거래점 |
|---|---|---|---|---|---|---|---|
|  |  |  | 계좌번호 096-24-0094-123  (주)새벽식품 | | | | |
|  | 1 | 20x1-03-21 | 외상대금 결제 | 5,500,000 | | *** | *** |

| 자료설명 | (주)재민세상에 대한 외상매입금을 기업은행 보통예금 계좌에서 이체하여 지급하였다. |
|---|---|
| 수행과제 | 거래자료를 입력하시오. |

## 실무수행3  부가가치세

부가가치세 신고 관련 자료이다. [자료설명]을 참고하여 [수행과제]를 수행하시오.

### 1. 과세매출자료의 전자세금계산서발행

<table>
<tr>
<td colspan="6" align="center">거 래 명 세 서　　(공급자 보관용)</td>
</tr>
<tr>
<td rowspan="6">공<br>급<br>자</td>
<td>등록번호</td>
<td colspan="3" align="center">113-81-21111</td>
<td rowspan="6">공<br>급<br>받<br>는<br>자</td>
<td>등록번호</td>
<td colspan="3" align="center">314-81-17506</td>
</tr>
<tr>
<td>상호</td>
<td colspan="2" align="center">(주)새벽식품</td>
<td>성명</td>
<td>박새벽</td>
<td>상호</td>
<td colspan="2" align="center">(주)다빈머핀</td>
<td>성명</td>
<td>채다빈</td>
</tr>
<tr>
<td>사업장<br>주소</td>
<td colspan="4">서울특별시 서대문구 충정로7길 12<br>(충정로2가)</td>
<td>사업장<br>주소</td>
<td colspan="4">대전광역시 서구 둔산대로117번길<br>12 (만년동)</td>
</tr>
<tr>
<td>업태</td>
<td colspan="2" align="center">도소매업</td>
<td colspan="2">종사업장번호</td>
<td>업태</td>
<td colspan="2" align="center">도소매업</td>
<td colspan="2">종사업장번호</td>
</tr>
<tr>
<td>종목</td>
<td colspan="2" align="center">빵류 및 과자류</td>
<td colspan="2"></td>
<td>종목</td>
<td colspan="4" align="center">빵류</td>
</tr>
</table>

| 거래일자 | 미수금액 | 공급가액 | 세액 | 총 합계금액 |
|---|---|---|---|---|
| 20x1.7.7. | | 5,000,000 | 500,000 | 5,500,000 |

| NO | 월 | 일 | 품목명 | 규격 | 수량 | 단가 | 공급가액 | 세액 | 합계 |
|---|---|---|---|---|---|---|---|---|---|
| 1 | 7 | 7 | 치즈머핀 | | 1,000 | 5,000 | 5,000,000 | 500,000 | |
| | | | | | | | | | |
| | | | | | | | | | |

| 비 고 | 전미수액 | 당일거래총액 | 입금액 | 미수액 | 인수자 |
|---|---|---|---|---|---|
| | | 5,500,000 | 500,000 | 5,000,000 | |

| 자료설명 | 1. 상품을 판매하고 발급한 거래명세서이다.<br>2. 대금 중 500,000원은 6월 20일 계약금으로 받았으며, 잔액은 외상으로 하였다. |
|---|---|
| 수행과제 | 1. 거래명세서에 의해 매입매출자료를 입력하시오.<br>2. 전자세금계산서 발행 및 내역관리 를 통하여 발급 및 전송하시오.<br>　(전자세금계산서 발급 시 결제내역 및 전송일자는 고려하지 말 것) |

## 2. 매입거래

| 전자세금계산서 | | (공급받는자 보관용) | | | 승인번호 | | 2022010355 | |
|---|---|---|---|---|---|---|---|---|

<table>
<tr><td rowspan="6">공급자</td><td colspan="2">등록번호</td><td colspan="4">220 - 28 - 12346</td><td rowspan="6">공급받는자</td><td colspan="2">등록번호</td><td colspan="3">113 - 81 - 21111</td></tr>
<tr><td colspan="2">상호</td><td colspan="2">친절회계사무소</td><td>성명<br>(대표자)</td><td>김유리</td><td colspan="2">상호</td><td>(주)새벽식품</td><td>성명<br>(대표자)</td><td>박새벽</td></tr>
<tr><td colspan="2">사업장<br>주소</td><td colspan="4">서울특별시 강남구 연주로 520</td><td colspan="2">사업장<br>주소</td><td colspan="3">서울특별시 서대문구 충정로7길 12<br>(충정로2가)</td></tr>
<tr><td colspan="2">업태</td><td colspan="2">서비스업</td><td colspan="2">종사업장번호</td><td colspan="2">업태</td><td>도소매업</td><td colspan="2">종사업장번호</td></tr>
<tr><td colspan="2">종목</td><td colspan="4">기장대행, 회계자문</td><td colspan="2">종목</td><td colspan="3">빵류 및 과자류</td></tr>
<tr><td colspan="2">E-Mail</td><td colspan="4">yuree@naver.com</td><td colspan="2">E-Mail</td><td colspan="3">park@bill36524.com</td></tr>
</table>

| 작성일자 | 20x1.7.12. | 공급가액 | 600,000 | 세 액 | 60,000 |
|---|---|---|---|---|---|
| 비고 | | | | | |

| 월 | 일 | 품목명 | 규격 | 수량 | 단가 | 공급가액 | 세액 | 비고 |
|---|---|---|---|---|---|---|---|---|
| 7 | 12 | 회계 자문 수수료 | | | | 600,000 | 60,000 | |

| 합계금액 | 현금 | 수표 | 어음 | 외상미수금 | 이 금액을 | ⊙ 영수 | 함 |
|---|---|---|---|---|---|---|---|
| 660,000 | | | | | | ○ 청구 | |

| 자료설명 | 1. 회계 자문 수수료를 지급하고 발급 받은 전자세금계산서이다.<br>2. 자문 수수료는 국민은행 보통예금 계좌에서 이체하여 지급하였다. |
|---|---|
| 수행과제 | 매입매출전표를 입력하시오. (전자세금계산서 거래는 '전자입력'으로 입력할 것) |

## 3. 매출거래

| 카드매출전표 | | |
|---|---|---|
| 카드종류 : 우리카드<br>회원번호 : 4124 - 5352 - **** - 6**2<br>거래일시 : 20x1.7.28. 14:05:16<br>거래유형 : 신용승인<br>매　　출 : 200,000원<br>부 가 세 :　20,000원<br>합　　계 : 220,000원<br>결제방법 : 일시불<br>가맹점번호 : 414095907<br>은행확인 : 우리은행<br>------------------------------<br>가맹점명 : (주)새벽식품<br>- 이 하 생 략 - | 자료설명 | 상품(마카롱)을 개인(박건우)에게 판매하고 발급한 신용카드 매출전표이다. |
| | 평가문제 | 매입매출자료를 입력하시오.<br>(단, '외상매출금' 계정으로 처리할 것) |

## 4. 매입거래

<table>
<tr><td colspan="6" rowspan="2">전자세금계산서<br>(공급받는자 보관용)</td><td>승인번호</td><td colspan="3">2022010310</td></tr>
<tr></tr>
<tr><td rowspan="6">공급자</td><td colspan="2">등록번호</td><td colspan="3">134 - 81 - 17424</td><td>등록번호</td><td colspan="3">113 - 81 - 21111</td></tr>
<tr><td>상호</td><td>(주)인웅전자</td><td>성명<br>(대표자)</td><td colspan="2">이인웅</td><td>상호</td><td>(주)새벽식품</td><td>성명<br>(대표자)</td><td>박새벽</td></tr>
<tr><td>사업장<br>주소</td><td colspan="4">서울특별시 강남구 양재대로 340</td><td>사업장<br>주소</td><td colspan="3">서울특별시 서대문구 충정로7길 12<br>(충정로2가)</td></tr>
<tr><td>업태</td><td colspan="2">도소매업</td><td colspan="2">종사업장번호</td><td>업태</td><td>도소매업</td><td colspan="2">종사업장번호</td></tr>
<tr><td>종목</td><td colspan="4">전자제품</td><td>종목</td><td colspan="3">빵류 및 과자류</td></tr>
<tr><td>E - Mail</td><td colspan="4">star@naver.com</td><td>E - Mail</td><td colspan="3">park@bill36524.com</td></tr>
<tr><td colspan="2">작성일자</td><td colspan="2">20x1.8.12.</td><td>공급가액</td><td colspan="2">1,400,000</td><td>세 액</td><td colspan="2">140,000</td></tr>
<tr><td colspan="2">비고</td><td colspan="8"></td></tr>
<tr><td>월</td><td>일</td><td colspan="2">품목명</td><td>규격</td><td>수량</td><td>단가</td><td>공급가액</td><td>세액</td><td>비고</td></tr>
<tr><td>8</td><td>12</td><td colspan="2">태블릿</td><td></td><td>1</td><td>1,400,000</td><td>1,400,000</td><td>140,000</td><td></td></tr>
<tr><td colspan="2">합계금액</td><td>현금</td><td>수표</td><td>어음</td><td colspan="2">외상미수금</td><td colspan="2" rowspan="2">이 금액을 ● 영수<br>○ 청구</td><td rowspan="2">함</td></tr>
<tr><td colspan="2">1,540,000</td><td>1,540,000</td><td></td><td></td><td colspan="2"></td></tr>
</table>

| 자료설명 | 매출거래처에 선물할 태블릿을 구입하고, 대금은 전액 현금으로 지급하였다. |
|---|---|
| 수행과제 | 매입매출자료를 입력하시오.(전자세금계산서 거래는 '전자입력'으로 입력할 것) |

## 5. 매입거래

| | |
|---|---|
| **신용카드매출전표**<br><br>가 맹 점 명   (주)유진전자<br>사 업 자 번 호   617 - 81 - 17517<br>대 표 자 명   백유진<br>주        소   서울특별시 금천구 남부순환로112길1(가산동)<br>삼 성 카 드                            신용승인<br>거 래 일 시         20x1 - 09 - 20 오전 10:00:04<br>카 드 번 호            8456 - 1114 - ★★★★ - 35★★<br>유 효 기 간                              ★★/★★<br>가 맹 점 번 호                       186687393<br>매      입      사 : 삼성카드(전자서명전표)<br><br>**부가가치세물품가액**                    1,500,000원<br>**부 가 가 치 세**                       150,000원<br>**합 계 금 액**                        1,650,000원<br><br>‖‖‖‖‖‖‖‖‖‖‖‖‖‖‖‖<br>20220920/10062411/00046160 | **자료설명**: 관리부 업무에 사용할 공기청정기를 구입하고 받은 카드매출전표이다.<br><br>**평가문제**: 매입매출자료를 입력하시오.<br>(단, 고정자산등록은 생략할 것) |

6. 부가가치세신고서에 의한 회계처리

■ 보통예금(국민은행) 거래내역

| 번호 | 거래일 | 내용 | 찾으신금액 | 맡기신금액 | 잔액 | 거래점 |
|---|---|---|---|---|---|---|
| | | 계좌번호 7050030 – 02 – 1117   (주)새벽식품 | | | | |
| 1 | 20x1 – 08 – 16 | 서대문세무서 | | 158,300 | *** | *** |

| 자료설명 | 제1기 부가가치세 확정신고와 관련된 부가가치세 환급세액이 국민은행 보통예금 통장에 입금되었음을 확인하였다. |
|---|---|
| 수행과제 | 6월 30일에 입력된 일반전표를 참고하여 환급세액에 대한 회계처리를 하시오.(단, 저장된 부가가치세신고서를 이용하고 거래처 코드를 입력할 것) |

## 실무수행4  결산

[결산자료]를 참고하여 결산을 수행하시오.(단, 제시된 자료 이외의 자료는 없다고 가정함.)

### 1. 수동결산 및 자동결산

| 자료설명 | 1. 기말 현재 장기차입금의 내역은 다음과 같다. | | | | |
|---|---|---|---|---|---|
| | 항목 | 금액 | 발생일 | 만기일 | 비고 |
| | 농협은행(차입금) | 35,000,000원 | 2020.09.01. | 20x2.09.01. | 만기 일시상환 |
| | 수협은행(차입금) | 10,000,000원 | 2020.06.30. | 20x3.06.30. | 만기 일시상환 |
| | 계 | 45,000,000원 | | | |
| | 2. 기말 상품재고액은 35,000,000원이다. | | | | |
| | 3. 이익잉여금처분계산서 처분 확정(예정)일 - 당기분 : 20x2년 2월 23일 - 전기분 : 20x1년 2월 23일 | | | | |
| 수행과제 | 1. 수동결산 또는 자동결산 메뉴를 이용하여 결산을 완료하시오. 2. 12월 31일을 기준으로 '손익계산서 ➡ 이익잉여금처분계산서 ➡ 재무상태표'를 순서대로 조회 작성하시오. (단, 이익잉여금처분계산서 조회 작성 시 '저장된 데이터 불러오기' ➡ '아니오' 선택 ➡ 상단부의 '전표추가'를 이용하여 '손익대체분개'를 수행할 것) | | | | |

**평가문제** | **실무수행과제 (62점)**

입력자료 및 회계정보를 조회하여 [평가문제]의 답안을 입력하시오.

| 번호 | 평가문제 | 배점 |
|---|---|---|
| 11 | **평가문제 [일/월계표 조회]**<br>1/4분기(1월 ~ 3월) 동안 발생한 '판매관리비'의 현금 지출액은 얼마인가?<br>① 32,529,455원         ② 78,842,820원<br>③ 111,372,275원       ④ 152,694,695원 | 2 |
| 12 | **평가문제 [일/월계표 조회]**<br>7월 한달 동안(7/1 ~ 7/31)의 '외상매출금' 증가한 금액은 얼마인가? | 3 |
| 13 | **평가문제 [일/월계표 조회]**<br>3/4분기(7월 ~ 9월)에 발생한 '상품매출' 금액은 얼마인가? | 4 |
| 14 | **평가문제 [일/월계표 조회]**<br>3/4분기(7월 ~ 9월)에 발생한 '접대비(기업업무추진비)' 금액은 얼마인가? | 3 |
| 15 | **평가문제 [합계잔액시산표 조회]**<br>3월 말 현재 '외상매입금' 잔액은 얼마인가? | 3 |
| 16 | **평가문제 [합계잔액시산표 조회]**<br>7월 말 현재 '선수금' 잔액은 얼마인가? | 3 |
| 17 | **평가문제 [거래처원장 조회]**<br>12월 말 현재 '미지급금' 잔액이 없는 거래처는?<br>① (주)다빈머핀     ② (주)시유제과     ③ 삼성카드     ④ 국민카드 | 4 |
| 18 | **평가문제 [현금출납장 조회]**<br>1월 한달 동안(1/1 ~ 1/31)의 '현금' 출금액은 얼마인가? | 2 |
| 19 | **평가문제 [재무상태표 조회]**<br>12월 말 현재 '선급비용' 잔액은 얼마인가? | 3 |
| 20 | **평가문제 [재무상태표 조회]**<br>12월 말 현재 '비유동부채' 금액은 얼마인가? | 3 |
| 21 | **평가문제 [재무상태표 조회]**<br>12월 말 '이월이익잉여금(미처분이익잉여금)' 잔액은 얼마인가?<br>① 430,146,945원       ② 580,890,780원<br>③ 620,520,300원       ④ 650,700,000원 | 2 |
| 22 | **평가문제 [손익계산서 조회]**<br>1월 ~ 8월 발생한 '판매비와관리비'의 전기(4기) 대비 증감내역이 옳지 않은 것은?<br>① 세금과공과금 3,590,000원 감소     ② 광고선전비 5,527,060원 증가<br>③ 수수료비용    2,000,000원 증가     ④ 보험료        900,000원 증가 | 3 |

| 번호 | 평가문제 | 배점 |
|---|---|---|
| 23 | **평가문제 [손익계산서 조회]**<br>당기에 발생한 '상품매출원가' 금액은 얼마인가? | 3 |
| 24 | **평가문제 [영수증수취명세서 조회]**<br>[영수증수취명세서(1)]에 작성된 3만원 초과 거래분 중 '12.명세서제출 대상' 금액은 얼마인가? | 4 |
| 25 | **평가문제 [부가가치세신고서 조회]**<br>제2기 예정신고기간 부가가치세신고서의 '그밖의공제매입세액명세(14번란)_신용카드매출전표수취/고정(42번란)' 금액(공급가액)은 얼마인가? | 4 |
| 26 | **평가문제 [부가가치세신고서 조회]**<br>제2기 예정신고기간 부가가치세신고서의 납부세액 또는 환급세액은 얼마인가?<br>(단, 환급세액인 경우 '음수(-)'로 입력할 것) | 3 |
| 27 | **평가문제 [세금계산서합계표 조회]**<br>제2기 예정신고기간 매입세금계산서의 '전자(유형)' 매수는? | 4 |
| 28 | **평가문제 [예적금현황 조회]**<br>3월 말 현재 은행별 보통예금 잔액으로 옳은 것은?<br>① 하나은행(보통)  18,500,000원     ② 국민은행(보통)  306,750,000원<br>③ 기업은행(보통)  39,400,000원     ④ 신한은행(보통)  65,700,000원 | 3 |
| 29 | **평가문제 [받을어음현황 조회]**<br>만기일이 1월 1일 ~ 3월 31일에 해당하는 '받을어음'의 보유 금액은 얼마인가? | 3 |
| 30 | **평가문제 [지급어음현황 조회]**<br>3월에 만기일이 도래하는 '지급어음'의 거래처 코드를 입력하시오. | 3 |
| | **총 점** | 62 |

---

**평가문제** | **회계정보분석 (8점)**

회계정보를 조회하여 [회계정보분석]의 답안을 입력하시오.

**31. 재무상태표 조회 (4점)**

부채비율은 타인자본의 의존도를 표시하며, 기업의 건전성 정도를 나타내는 지표이다. (주)새벽식품의 전기 부채비율은 얼마인가?(단, 소숫점 이하는 버림 할 것)

$$부채비율(\%) = \frac{부채총계}{자본총계} \times 100$$

① 34%　　　② 42%　　　③ 158%　　　④ 201%

**32. 재무상태표 조회 (4점)**

유동비율이란 기업의 단기 지급능력을 평가하는 지표이다. 전기 유동비율은 얼마인가?(단, 소숫점 이하는 버림 할 것)

$$유동비율(\%) = \frac{유동자산}{유동부채} \times 100$$

① 370%　　　② 433%　　　③ 473%　　　④ 495%

## ■ 실무이론평가

| 1 | 2 | 3 | 4 | 5 | 6 | 7 | 8 | 9 | 10 |
|---|---|---|---|---|---|---|---|---|---|
| ② | ① | ② | ① | ④ | ② | ① | ④ | ② | ③ |

**01** 목적적합성의 예측가치와 피드백가치에 대한 설명이다.

**02** ① (차) 급여(비용)     XXX     (대) 예수금(유동부채)     XXX
② (차) 선급금(유동자산)     XXX     (대) 현금(유동자산)     XXX
③ (차) 외상매출금(유동자산)     XXX     (대) 상품매출(수익)     XXX
④ (차) 퇴직급여(비용)     XXX     (대) 퇴직급여충당부채(비유동부채)     XXX

**03** **상거래에서 발생한 매출채권에 대한 대손상각비는 판매비와관리비**로 처리하고, **기타채권에 대한 기타의대손상각비는 영업외비용**으로 처리한다.

단기대여금에 대한 기타의대손상각비 = 대손금액(2,000,000) – 대손충당금(800,000) = 1,200,000원

**04** 무형자산은 영업활동에 사용할 목적으로 보유하고 있는 자산으로 **물리적 형체가 없지만 식별가능하고, 기업이 통제하고 있으며, 미래 경제적 효익**이 있는 자산이다.

**05** 주식을 단기매매증권으로 분류하기 위해서는 **시장성과 단기 매매차익 실현 목적**이라는 두 가지 조건을 모두 충족하여야 한다. **단기매매증권의 거래수수료는 당기비용**으로 처리하고, **매도가능증권의 거래수수료는 취득원가에 가산**한다.

**06** 매출원가 = 매출액(5,000,000) – 매출총이익(800,000) = 4,200,000원

| 상 품 | | | |
|---|---|---|---|
| 기초상품 | 500,000 | 매출원가 | 4,200,000 |
| 순매입액 | 4,000,000 | **기말상품** | **300,000** |
| 계 | 4,500,000 | 계 | 4,500,000 |

**07** (차) 현금(자산)     6,000,000원     (대) 자본금(자본)     5,000,000원
    주식발행초과금(자·잉)     1,000,000원

**08** **직수출의 경우 세금계산서를 발급하지 않는다.**

**09** 외상판매 : 재화가 인도되는 때

**10** 상품 운반용 트럭 구입(5,000,000) + 건물의 자본적 지출(4,000,000) = 9,000,000원
**거래처 기업업무추진(접대)와 관련된 매입세액은 불공제 대상**이다.

# ■■■■ 실무수행평가

## 실무수행 1. 기초정보관리의 이해

### 1. 거래처별 초기이월

- 지급어음 정보 입력

| 거래처별초기이월 | | | | | 기능모음(F11) ▼ |
|---|---|---|---|---|---|
| 코드 | 거래처명 | 만기일자 | 어음번호 | 금액 | |
| 02112 | (주)시유제과 | 20×1-03-30 | 00420211230123456789 | 8,000,000 | |

지급어음 상세등록
1. 지급은행 98000 ? 국민은행(당좌)
   역삼 지점
2. 발행일자 20×0-12-30 ?
3. 어음종류 4.전자

### 2. 전기분 손익계산서의 입력수정

- 817.세금과공과금 41,000,000원을 4,100,000원으로 수정
- 998.법인세등 2,600,000원을 추가입력

## 실무수행 2. 거래자료 입력

### 1. 기타 일반거래 [일반전표입력] 1월 28일

(차) 세금과공과금(판)  60,000원  (대) 현금  60,000원

### 2. 3만원초과 거래에 대한 영수증수취명세서 작성

(1) [일반전표입력] 2월 11일
(차) 광고선전비(판)  50,000원  (대) 현금  50,000원
(2) [영수증수취명세서] 작성

### 3. 증빙에 의한 전표입력 [일반전표입력] 3월 11일

(차) 선급비용  900,000원  (대) 보통예금(신한은행(보통))  900,000원

### 4. 약속어음 만기결제 [일반전표입력] 3월 15일

(차) 보통예금(국민은행(보통))  6,600,000원  (대) 받을어음((주)지현유통)  6,600,000원
[받을어음 관리]

| ● 받을어음 관리 | | | | | | | | | | | 삭제(F5) |
|---|---|---|---|---|---|---|---|---|---|---|---|
| 어음상태 | 4 만기 | 어음번호 | 00420220115123456789 | 수취구분 | 1 자수 | 발행일 | 20×1-01-15 | 만기일 | 20×1-03-15 | | |
| 발행인 | 04520 | (주)지현유통 | | 지급은행 | 100 국민은행 | | | 지점 강남 | | | |
| 배서인 | | 할인기관 | | 지점 | | 할인율(%) | | 어음종류 6 전자 | | | |
| 지급거래처 | | | | | | * 수령된 어음을 타거래처에 지급하는 경우에 입력합니다. | | | | | |

5. 통장사본에 의한 거래입력  [일반전표입력] 3월 21일

(차) 외상매입금((주)재민세상)     5,500,000원     (대) 보통예금(기업은행(보통))          5,500,000원

## 실무수행 3. 부가가치세

1. 과세매출자료의 전자세금계산서발행

(1) [매입매출전표입력] 7월 7일

| 거래유형 | 품명 | 공급가액 | 부가세 | 거래처 | 전자세금 |
|---|---|---|---|---|---|
| 11.과세 | 치즈머핀 | 5,000,000 | 500,000 | (주)다빈머핀 | 전자발행 |
| 분개유형 | (차) 선수금 | 500,000원 | (대) 상품매출 | | 5,000,000원 |
| 3.혼합 | 외상매출금 | 5,000,000원 | 부가세예수금 | | 500,000원 |

(2) [전자세금계산서 발행 및 내역관리] 기출문제 77회 참고

2. 매입거래 [매입매출전표입력] 7월 12일

| 거래유형 | 품명 | 공급가액 | 부가세 | 거래처 | 전자세금 |
|---|---|---|---|---|---|
| 51.과세 | 회계 자문 수수료 | 600,000 | 60,000 | 친절회계사무소 | 전자입력 |
| 분개유형 | (차) 수수료비용(판) | 600,000원 | (대) 보통예금 | | 660,000원 |
| 3.혼합 | 부가세대급금 | 60,000원 | (국민은행(보통)) | | |

3. 매출거래 [매입매출전표입력] 7월 28일

| 거래유형 | 품명 | 공급가액 | 부가세 | 거래처 | 전자세금 |
|---|---|---|---|---|---|
| 17.카과 | 마카롱 | 200,000 | 20,000 | 박건우 | 우리카드 |
| 분개유형 | (차) 외상매출금 | 220,000원 | (대) 상품매출 | | 200,000원 |
| 4.카드(외상) | (우리카드) | | 부가세예수금 | | 20,000원 |

4. 매입거래 [매입매출전표입력] 8월 12일

| 거래유형 | 품명 | 공급가액 | 부가세 | 거래처 | 전자세금 |
|---|---|---|---|---|---|
| 54.불공 | 태블릿 | 1,400,000 | 140,000 | (주)인웅전자 | 전자입력 |
| 불공제사유 | 9. 기업업무추진비(접대비) 관련 매입세액 | | | | |
| 분개유형 | (차) 접대비 | 1,540,000원 | (대) 현금 | | 1,540,000원 |
| 1.현금 | (기업업무추진비)(판) | | | | |

5. 매입거래 [매입매출전표입력] 9월 20일

| 거래유형 | 품명 | 공급가액 | 부가세 | 거래처 | 전자세금 |
|---|---|---|---|---|---|
| 57.카과 | 공기청정기 | 1,500,000 | 150,000 | (주)유진전자 | 삼성카드 |
| 분개유형 | (차) 비품 | 1,500,000원 | (대) 미지급금 | | 1,650,000원 |
| 4.카드(혼합) | 부가세대급금 | 150,000원 | (삼성카드) | | |

6. 부가가치세신고서에 의한 회계처리

   [일반전표입력] 8월 16일

     (차) 보통예금(국민은행(보통))    158,300원    (대) 미수금(서대문세무서)    158,300원

  - 6월 30일 조회

     (차) 부가세예수금    5,510,000원    (대) 부가세대급금    5,658,300원

       미수금(서대문세무서)    158,300원       잡이익    10,000원

## 실무수행 4. 결산

1. 수동결산 및 자동결산

(1) 수동결산 및 자동결산

   [일반전표입력] 12월 31일

     (차) 장기차입금(농협은행(차입금)) 35,000,000원    (대) 유동성장기부채    35,000,000원

                                              (농협은행(차입금))

   [결산자료입력] 1월 ~ 12월

    - 기말상품재고액 35,000,000원을 입력한다.

    - 상단부 전표추가(F3) 를 클릭하면 [일반전표입력] 메뉴에 분개가 생성된다.

    (차) 상품매출원가    208,120,000원    (대) 상품    208,120,000원

    [기초재고액 25,000,000원＋당기매입액 218,120,000원－기말재고액 35,000,000원＝208,120,000원]

(2) [재무제표 등 작성]

    - 손익계산서 ➡ 이익잉여금처분계산서(처분일 입력 후 '전표추가' 클릭 ➡ 재무상태표를 조회 작성한다.

## 평가문제. 실무수행과제 (62점)

| 번호 | 평가문제 | 배점 | 답 |
|---|---|---|---|
| 11 | 평가문제 [일/월계표 조회] | 2 | ② |
| 12 | 평가문제 [일/월계표 조회] | 3 | 23,920,000 |
| 13 | 평가문제 [일/월계표 조회] | 4 | 86,220,000 |
| 14 | 평가문제 [일/월계표 조회] | 3 | 3,175,000 |
| 15 | 평가문제 [합계잔액시산표 조회] | 3 | 64,570,000 |
| 16 | 평가문제 [합계잔액시산표 조회] | 3 | 300,000 |
| 17 | 평가문제 [거래처원장 조회] | 4 | ④ |

| 번호 | 평가문제 | 배점 | 답 |
|---|---|---|---|
| 18 | **평가문제 [현금출납장 조회]** | 2 | 19,433,080 |
| 19 | **평가문제 [재무상태표 조회]** | 3 | 170,130 |
| 20 | **평가문제 [재무상태표 조회]** | 3 | 10,000,000 |
| 21 | **평가문제 [재무상태표 조회]** | 2 | ① |
| 22 | **평가문제 [손익계산서 조회]** | 3 | ④ |
| 23 | **평가문제 [손익계산서 조회]** | 3 | 208,120,000 |
| 24 | **평가문제 [영수증수취명세서 조회]** | 4 | 750,000 |
| 25 | **평가문제 [부가가치세신고서 조회]** | 4 | 1,500,000 |
| 26 | **평가문제 [부가가치세신고서 조회])** | 3 | −1,313,000 |
| 27 | **평가문제 [세금계산서합계표 조회]** | 4 | 16 |
| 28 | **평가문제 [예적금현황 조회]** | 3 | ③ |
| 29 | **평가문제 [받을어음현황 조회]** | 3 | 12,100,000 |
| 30 | **평가문제 [지급어음현황 조회]** | 3 | 07117 |
| | 총 점 | 62 | |

## 평가문제. 회계정보분석 (8점)

31. 재무상태표 조회 (4점)

   ② (198,430,000원/463,350,000원)×100≒42%

32. 재무상태표 조회 (4점)

   ① (568,780,000원/153,430,000원)×100≒370%

| 합격율 | 시험년월 |
|---|---|
| 45% | 2022.8 |

## 실무이론평가

**01.** 다음 중 회계정보이용자에 따른 재무회계의 정보제공 목적으로 옳지 <u>않은</u> 것은?

① 경영자의 수탁책임 평가에 필요한 정보 제공

② 고객을 위한 상품별 원가 정보 제공

③ 투자 및 신용 의사결정에 필요한 정보 제공

④ 재무상태, 경영성과, 현금흐름 및 자본변동에 대한 정보 제공

**02.** 다음은 회계정보의 질적 특성에 대한 설명이다. 이 중 옳은 것만 고른 것은?

> 가. 매출채권에 대손충당금을 설정하는 것은 목적적합성을 고려한 것이다.
> 나. 재무제표 정보가 정보이용자의 의사결정에 차이를 가져올 수 있다면 그 정보는 목적적합한 정보이다.
> 다. 회계정보를 미래 재무정보 예측에 활용하려면 신뢰성을 더욱 강조해야 한다.
> 라. 목적적합성이 높은 정보는 신뢰성도 항상 높다.

① 가, 나        ② 나, 다        ③ 다, 라        ④ 나, 라

**03.** 다음 거래에서 매출채권은 얼마인가?

> • 상품 1,000개를 개당 5,000원에 판매하고, 2,000,000원은 약속어음으로 받고, 잔액은 2개월 후에 받기로 하다. 운반비 50,000원은 현금으로 지급하다.

① 2,000,000원                    ② 3,000,000원

③ 5,000,000원                    ④ 5,050,000원

**04.** 다음은 (주)한공의 20x1년도 기말 재무제표에 나타난 계정과목과 금액의 일부이다. 이 자료를 토대로 계산한 손익계산서상 영업이익은 얼마인가?

| | | | |
|---|---|---|---|
| • 매출액 | 1,300,000원 | • 잡이익 | 10,000원 |
| • 매출원가 | 800,000원 | • 퇴직급여 | 80,000원 |
| • 개발비 | 30,000원 | • 법인세비용 | 25,000원 |
| • 복리후생비 | 100,000원 | | |

① 265,000원                                    ② 275,000원
③ 290,000원                                    ④ 320,000원

**05.** 다음 중 자본에 대한 설명으로 옳지 <u>않은</u> 것은?
① 자본은 기업의 자산에서 부채를 차감한 후의 잔여지분을 나타낸다
② 주식을 액면금액 이상으로 발행할 경우 액면금액을 초과하는 금액은 이익잉여금으로 표시한다.
③ 보통주자본금은 액면금액에 발행주식수를 곱한 금액이다.
④ 매도가능증권평가손익은 기타포괄손익누계액으로 표시한다.

**06.** 다음 자료에 의해 (주)한공의 20x1년 12월 31일 결산 시 회계 처리로 옳은 것은?

| |
|---|
| • 20x1년 4월 1일 소모품 1,000,000원을 구입하고 대금은 현금으로 지급하였으며, 구입한 소모품은 전액 비용처리하였다.<br>• 20x1년 12월 31일 소모품 미사용액은 200,000원이다. |

① (차) 소모품     200,000원          (대) 소모품비 200,000원
② (차) 소모품     800,000원          (대) 소모품비 800,000원
③ (차) 소모품비 200,000원          (대) 소모품     200,000원
④ (차) 소모품비 800,000원          (대) 소모품     800,000원

**07.** 다음은 (주)한공의 재무상태표 일부와 비품 취득 관련 자료이다. 이에 대한 설명으로 옳은 것은?

**재 무 상 태 표**
제2(당)기 20x1.12.31. 현재
제1(전)기 20x0.12.31. 현재

㈜한공 (단위 : 원)

| 과    목 | 제2기 | 제1기 |
|---|---|---|
| ⋮ | ⋮ | ⋮ |
| 유 형 자 산 | | |
| 　　비　　　　품 | 4,000,000 | 4,000,000 |
| 　　감 가 상 각 누 계 액 | (1,440,000) | (720,000) |
| ⋮ | ⋮ | ⋮ |

– 20x0년 1월 1일 비품을 4,000,000원에 취득하였다(내용연수 5년).

① 비품의 잔존가치는 400,000원이다.
② 비품의 당기말 장부금액은 4,000,000원이다.
③ 감가상각방법은 정률법을 적용하고 있다.
④ 당기 손익계산서에 계상된 감가상각비는 1,440,000원이다.

**08.** 다음 중 부가가치세 면세 대상 재화 또는 용역에 해당하는 것은?
① 생수의 공급
② 택시에 의한 여객운송용역
③ 유아용 기저귀의 공급
④ 고속철도에 의한 여객운송용역
※ 1차 저작권자의 저작권 침해 소지가 있어 삽화 삽입은 어려우니 양해바랍니다.

**09.** 다음은 (주)한공의 20x1년 제1기 부가가치세 확정신고 자료이다. 확정신고시 납부할 부가가치세액은 얼마인가?

가. 과세표준 : 550,000,000원(영세율 해당액 100,000,000원 포함)
나. 매입세액 : 21,000,000원(토지조성 관련 매입세액 1,000,000원과 기업업무추진비(접대비) 지출에 관련된 매입세액 2,000,000원 포함)

① 22,000,000원　　　　　　　　② 24,000,000원
③ 27,000,000원　　　　　　　　④ 34,000,000원

**10.** 다음 중 부가가치세 신고·납부 및 환급에 대한 설명으로 옳지 <u>않은</u> 것은?

① 법인사업자는 예정신고기간이 끝난 후 25일 이내에 예정신고기간에 대한 과세표준과 납부세액 또는 환급세액을 신고·납부하여야 한다.

② 폐업의 경우 폐업일부터 25일 이내에 신고·납부하여야 한다.

③ 영세율이 적용되는 경우에는 조기환급을 받을 수 있다.

④ 개인사업자는 휴업 또는 사업부진 등으로 인하여 각 예정신고기간의 공급가액 또는 납부세액이 직전 과세기간의 공급가액 또는 납부세액의 1/3에 미달하는 경우 예정신고·납부할 수 있다.

## ■ 실무수행평가

(주)봄날시계(3540)는 시계를 도·소매하는 법인으로 회계기간은 제9기(20x1.1.1.~20x1.12.31.)이다. 제시된 자료와 [자료설명]을 참고하여 [수행과제]를 완료하고 [평가문제]의 물음에 답하시오.

## 실무수행1 | 기초정보관리의 이해

회계관련 기초정보는 입력되어 있다. [자료설명]을 참고하여 [수행과제]를 수행하시오.

1. 사업자등록증에 의한 거래처등록 수정

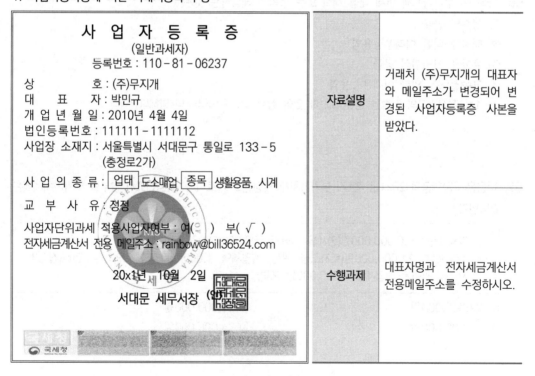

| | |
|---|---|
| 자료설명 | 거래처 (주)무지개의 대표자와 메일주소가 변경되어 변경된 사업자등록증 사본을 받았다. |
| 수행과제 | 대표자명과 전자세금계산서 전용메일주소를 수정하시오. |

## 2. 계정과목및적요등록 수정

| 자료설명 | 회사는 급증하는 선물용 온라인 상품 배송을 위하여 '선물포장재' 계정과목을 새롭게 사용하고자 한다. |
|---|---|
| 수행과제 | '173.일반포장재'를 '선물포장재'로 수정하시오. |

## 실무수행2 | 거래자료 입력

실무프로세스 자료이다. [자료설명]을 참고하여 [수행과제]를 수행하시오.

### 1. 3만원초과 거래에 대한 영수증수취명세서 작성

| NO. | 영 수 증 (공급받는자용) |
|---|---|

(주) 본 낮시계　귀하

| 공급자 | 사업자<br>등록번호 | 211-14-24517 | | |
|---|---|---|---|---|
| | 상 호 | 서산마트 | 성명 | 이영근 |
| | 사업장<br>소재지 | 서울특별시 강남구 강남대로 246 | | |
| | 업 태 | 도소매 | 종목 | 잡화 |

| 작성일자 | 공급대가총액 | 비고 |
|---|---|---|
| 20x1.5.13. | ₩ 100,000 | |

공 급 내 역

| 월/일 | 품명 | 수량 | 단가 | 금액 |
|---|---|---|---|---|
| 5/13 | 음료수 | 4box | 25,000 | 100,000 |
| | | | | |

| 합 계 | ₩ 100,000 |
|---|---|

위 금액을 (영수)(청구)함

| 자료설명 | 업무회의에 필요한 음료수를 구입하고 현금으로 지급하였다. 회사는 이 거래가 지출증명서류미수취가산세 대상인지를 검토하려고 한다. |
|---|---|
| 수행과제 | 1. 거래자료를 입력하시오.<br>(단, '복리후생비'로 처리할 것)<br>2. 영수증수취명세서 (2)와 (1)서식을 작성하시오. |

## 2. 기타 일반거래

### 20x1년 5월분 급여대장

(주)봄날시계 관리부    [귀속 : 20x1년 5월]    [지급일 : 20x1년 5월 20일]

| 기본급여 및 제수당 | | | 공제 및 차인지급액 | | | |
|---|---|---|---|---|---|---|
| 기본급 | 직책수당 | 지급합계 | 소득세 | 지방소득세 | 국민연금 | 건강보험 |
| | | | 84,850원 | 8,480원 | 135,000원 | 104,850원 |
| | | | 고용보험 | 장기요양보험 | 공제합계 | 차인지급액 |
| 2,000,000원 | 1,000,000원 | 3,000,000원 | 24,000원 | 12,860원 | 370,040원 | 2,629,960원 |

| 자료설명 | [5월 20일] 관리부의 5월분 급여를 신한은행 보통예금 계좌에서 이체하여 지급하였다. |
|---|---|
| 수행과제 | 거래자료를 입력하시오. |

## 3. 통장사본에 의한 전표입력

자료 1. 입금전표

### 입 금 전 표

| (주)봄날시계 귀하 | 계좌번호 : 096 – 24 – 0094 – 123 | 거래일자 : 20x1. 6. 2. |
|---|---|---|
| 입금내역 | • 예금 이자 :　　　　450,000원<br>• 법 인 세 :　　　　　63,000원<br>• 법인지방소득세 :　　　6,300원<br>• 차감지급액 :　　　　380,700원 | |

항상 저희은행을 찾아주셔서 감사합니다.
계좌번호 및 거래내역을 확인하시기 바랍니다.
기업은행 서대문지점 (전화 : 02 – 1575 – 1449)　　　　취급자 : 명동건

자료 2. 보통예금(기업은행) 거래내역

| 번호 | 거래일 | 내용 | 찾으신금액 | 맡기신금액 | 잔액 | 거래점 |
|---|---|---|---|---|---|---|
| | | | 계좌번호 096 – 24 – 0094 – 123　(주)봄날시계 | | | |
| 1 | 20x1 – 06 – 02 | 이자입금액 | | 380,700원 | *** | *** |

| 자료설명 | 1. 5월분 예금이자에 대한 입금전표이다.<br>2. 이자수령액은 기업은행 보통예금계좌에 입금되었다. |
|---|---|
| 수행과제 | 거래자료를 입력하시오.(단, 원천징수세액은 '선납세금'으로 처리할 것) |

## 4. 기타 일반거래

| 산재보험료 | | 20x1 년 5 월 | | 영수증(납부자용) |
|---|---|---|---|---|
| 사 업 장 명 | (주)봄날시계 | | | |
| 사 용 자 | 서울특별시 서대문구 충정로7길 29-8 (충정로3가) | | | |
| 납부자번호 | 5700000452 | | 사 업 장 관 리 번 호 | 11086100180 |
| 납 부 할 보 험 료 (ⓐ+ⓑ+ⓒ+ⓓ+ⓔ) | | | | 125,000 원 |
| 납 부 기 한 | | | | 20x1.06.10 까지 |
| 보험료 | 건 강 ⓐ | 원 | 연금 ⓒ | 원 |
| | 장 기 요 양 ⓑ | 원 | 고용 ⓓ | 원 |
| | 소 계 ( ⓐ + ⓑ ) | 원 | 산재 ⓔ | 125,000 원 |
| 납기후금액 | | 원 | 납기후기한 | 까지 |

◉ 납부기한까지 납부하지 않으면 연체금이 부과됩니다.
※ 납부장소 : 전 은행, 우체국, 농·수협(지역조합 포함), 새마을금고, 신협, 증권사, 산림조합중앙회, 인터넷지로(www.giro.or.kr)
※ 2D코드 : GS25, 세븐일레븐, 미니스톱, 바이더웨이, 씨유에서 납부 시 이용.(우리·신한은행 현금카드만 수납가능)

**20x1 년 5 월 31 일**

국민건강보험공단 이 사

수납인

자동이체 신청 납부자번호 :

| 자료설명 | [6월 9일]<br>판매사원에 대한 5월분 산재보험료를 국민은행 보통예금 계좌에서 이체하여 납부하였다. |
|---|---|
| 수행과제 | 거래자료를 입력하시오.(단, '보험료'로 처리할 것) |

## 5. 약속어음의 만기결제

자료 1.

# 전 자 어 음

**(주)수아유통** 귀하                    00420220520123456789

**금** 일천삼백이십만원정                    13,200,000원

위의 금액을 귀하 또는 귀하의 지시인에게 지급하겠습니다.

지급기일 20x1년 7월 20일          발행일 20x1년 5월 20일
지 급 지 국민은행                   발행지 서울특별시 서대문구 충정로7길
지급장소 서대문지점                  주 소 29-8 (충정로3가)
                              발행인 (주)봄날시계

자료 2. 당좌예금(국민은행) 거래내역

| 번호 | 거래일 | 내용 | 찾으신금액 | 맡기신금액 | 잔액 | 거래점 |
|---|---|---|---|---|---|---|
| | | 계좌번호 112-088-123123 (주)봄날시계 | | | | |
| 1 | 20x1-07-20 | 어음만기 | 13,200,000 | | *** | *** |

| 자료설명 | 상품 구매대금으로 발행한 어음의 만기일이 도래하여 국민은행 당좌예금 계좌에서 인출되었다. |
|---|---|
| 수행과제 | 1. 거래자료를 입력하시오.<br>2. 자금관련정보를 입력하여 지급어음현황에 반영하시오. |

# 실무수행3 부가가치세

부가가치세 신고 관련 자료이다. [자료설명]을 참고하여 [수행과제]를 수행하시오.

## 1. 과세매출자료의 전자세금계산서 발행

### 거래명세서 (공급자 보관용)

| 공급자 | 등록번호 | 110-86-10018 | | | 공급받는자 | 등록번호 | 115-81-12317 | | |
|---|---|---|---|---|---|---|---|---|---|
| | 상호 | (주)봄날시계 | 성명 | 김유민 | | 상호 | (주)금빛마트 | 성명 | 김연순 |
| | 사업장주소 | 서울특별시 서대문구 충정로7길 29-8(충정로3가) | | | | 사업장주소 | 서울특별시 서대문구 충정로 30 | | |
| | 업태 | 도소매업 | 종사업장번호 | | | 업태 | 도소매업 | 종사업장번호 | |
| | 종목 | 시계 | | | | 종목 | 생활용품 | | |

| 거래일자 | 미수금액 | 공급가액 | 세액 | 총 합계금액 |
|---|---|---|---|---|
| 20x1.8.2. | | 30,000,000 | 3,000,000 | 33,000,000 |

| NO | 월 | 일 | 품목명 | 규격 | 수량 | 단가 | 공급가액 | 세액 | 합계 |
|---|---|---|---|---|---|---|---|---|---|
| 1 | 8 | 2 | 인테리어시계 | | 50 | 600,000 | 30,000,000 | 3,000,000 | 33,000,000 |
| | | | | | | | | | |
| | | | | | | | | | |

| 자료설명 | 상품을 판매하고 발급한 거래명세서이며, 판매대금은 8월 말에 받기로 하였다. |
|---|---|
| 수행과제 | 1 거래명세서에 의해 매입매출자료를 입력하시오.<br>2. 전자세금계산서 발행 및 내역관리 를 통하여 발급 및 전송하시오.<br>(전자세금계산서 발급 시 결제내역 및 전송일자는 고려하지 말 것) |

2. 매출거래

| 전자계산서 | | | | | (공급자 보관용) | | | 승인번호 | 2022010310 | |
|---|---|---|---|---|---|---|---|---|---|---|

| 공급자 | 등록번호 | 110-86-10018 | | | | 공급받는자 | 등록번호 | 314-81-11803 | | |
|---|---|---|---|---|---|---|---|---|---|---|
| | 상호 | (주)봄날시계 | 성명 | 김유민 | | | 상호 | (주)겨울유통 | 성명<br>(대표자) | 김우진 |
| | 사업장<br>주소 | 서울특별시 서대문구 충정로7길<br>29-8(충정로3가) | | | | | 사업장<br>주소 | 대전광역시 서구 둔산대로 100 | | |
| | 업태 | 도소매업 | | 종사업장번호 | | | 업태 | 도소매업 | | 종사업장번호 |
| | 종목 | 시계 | | | | | 종목 | 생활용품 | | |
| | E-Mail | spring@bill36524.com | | | | | E-Mail | winter@naver.com | | |

| 작성일자 | 20x1.8.10. | 공급가액 | 2,400,000 | 비고 | |
|---|---|---|---|---|---|
| 비고 | | | | | |

| 월 | 일 | 품목명 | 규격 | 수량 | 단가 | 공급가액 | 비고 |
|---|---|---|---|---|---|---|---|
| 8 | 10 | 잡지 | | 300 | 8,000 | 2,400,000 | |
| | | | | | | | |
| | | | | | | | |
| | | | | | | | |
| | | | | | | | |

| 합계금액 | 현금 | 수표 | 어음 | 외상미수금 | 이 금액을 | ○ 영수<br>● 청구 | 함 |
|---|---|---|---|---|---|---|---|
| 2,400,000 | | | | 2,400,000 | | | |

| 자료설명 | 1. 면세 상품인 잡지를 공급하고 발급한 전자계산서이다.(단, 본 문제에 한하여 과세사업과<br>면세사업을 겸영하는 것으로 함.)<br>2. 대금은 전액 외상으로 하였다. |
|---|---|
| 수행과제 | 매입매출자료를 입력하시오. (전자계산서 거래는 '전자입력'으로 입력할 것) |

## 3. 매입거래

| 전자세금계산서 | | | | (공급받는자 보관용) | | 승인번호 | | 2022010319 | |
|---|---|---|---|---|---|---|---|---|---|

| 공급자 | 등록번호 | 110-37-12342 | | | 공급받는자 | 등록번호 | 110-86-10018 | | |
|---|---|---|---|---|---|---|---|---|---|
| | 상호 | 가을정비 | 성명<br>(대표자) | 윤심덕 | | 상호 | (주)봄날시계 | 성명<br>(대표자) | 김유민 |
| | 사업장<br>주소 | 서울특별시 서대문구 통일로 131 | | | | 사업장<br>주소 | 서울특별시 서대문구 충정로7길<br>29-8(충정로3가) | | |
| | 업태 | 서비스업 | | 종사업장번호 | | 업태 | 도소매업 | | 종사업장번호 |
| | 종목 | 자동차수리 외 | | | | 종목 | 시계 | | |
| | E-Mail | love@bill36524.com | | | | E-Mail | spring@bill36524.com | | |

| 작성일자 | 20x1.8.19. | 공급가액 | 420,000 | 세 액 | 42,000 |
|---|---|---|---|---|---|
| 비고 | | | | | |

| 월 | 일 | 품목명 | 규격 | 수량 | 단가 | 공급가액 | 세액 | 비고 |
|---|---|---|---|---|---|---|---|---|
| 8 | 19 | 유리교체 | | | | 420,000 | 42,000 | |
| | | | | | | | | |

| 합계금액 | 현금 | 수표 | 어음 | 외상미수금 | 이 금액을 | ● 영수<br>○ 청구 | 함 |
|---|---|---|---|---|---|---|---|
| 462,000 | 462,000 | | | | | | |

| 자료설명 | 1. 업무용 승용차(2,000cc, 5인승)의 유리를 교체하고 발급받은 전자세금계산서이다.<br>2. 대금은 전액 현금으로 지급하였으며, 회사는 '차량유지비'로 회계처리 하고 있다. |
|---|---|
| 수행과제 | 매입매출자료를 입력하시오. (전자세금계산서 거래는 '전자입력'으로 입력할 것) |

## 4. 매입거래

| 전자계산서 | | | | (공급받는자 보관용) | | 승인번호 | | 2022010313 | |
|---|---|---|---|---|---|---|---|---|---|

| 공급자 | 등록번호 | 211-96-78907 | | | 공급받는자 | 등록번호 | 110-86-10018 | | |
|---|---|---|---|---|---|---|---|---|---|
| | 상호 | 언택트교육원 | 성명<br>(대표자) | 이수빈 | | 상호 | (주)봄날시계 | 성명<br>(대표자) | 김유민 |
| | 사업장<br>주소 | 서울특별시 강남구 논현로 406<br>(역삼동, 다영빌딩) | | | | 사업장<br>주소 | 서울특별시 서대문구 충정로7길<br>29-8(충정로3가) | | |
| | 업태 | 서비스업 | | 종사업장번호 | | 업태 | 도소매업 | | 종사업장번호 |
| | 종목 | 학원 | | | | 종목 | 시계 | | |
| | E-Mail | soo@hanmail.net | | | | E-Mail | spring@bill36524.com | | |

| 작성일자 | 20x1.8.22. | 공급가액 | 500,000 | 비고 | |
|---|---|---|---|---|---|

| 월 | 일 | 품목명 | 규격 | 수량 | 단가 | 공급가액 | 비고 |
|---|---|---|---|---|---|---|---|
| 8 | 22 | AT 온라인 교육 | | | | 500,000 | |
| | | | | | | | |

| 합계금액 | 현금 | 수표 | 어음 | 외상 | 이 금액을 | ● 영수<br>○ 청구 | 함 |
|---|---|---|---|---|---|---|---|
| 500,000 | 500,000 | | | | | | |

| 자료설명 | 당사 회계팀의 AT 온라인교육을 위탁하고 전자계산서를 발급받았다. |
|---|---|
| 수행과제 | 매입매출자료를 입력하시오. (전자계산서 거래는 '전자입력'으로 입력할 것) |

## 5. 매입거래

| 20x1년 8월 청구서 | |
|---|---|
| 작성일자 : 20x1.09.05. 납부기한 : 20x1.09.15. | |
| 금  액 | 110,220원 |
| 고객명 | (주)봄날시계 |
| 이용번호 | 02 - 355 - 1919 |
| 명세서번호 | 25328 |
| 이용기간 | 8월 1일 ~ 8월 31일 |
| 8월 이용요금 | 110,220원 |
| 공급자등록번호 | 135 - 81 - 92483 |
| 공급받는자 등록번호 | 110 - 86 - 10018 |
| 공급가액 | 100,200원 |
| 부가가치세(VAT) | 10,020원 |
| 10원미만 할인요금 | 0원 |
| 입금전용계좌 | 농협 |
| | 100 - 211 - 101155 |

이 청구서는 부가가치세법 시행령 53조 제4항에 따라 발행하는 전자세금계산서입니다.

㈜케이티서대문

| 자료설명 | 영업부의 8월분 전화요금청구서이다. 회사는 작성일자로 미지급을 계상하고, 납부기한일에 자동이체하여 지급처리하고 있다. |
|---|---|
| 평가문제 | 작성일자를 기준으로 매입매출자료를 입력하시오. ('51.과세매입'으로 처리하고, '전자입력'으로 입력할 것) |

## 6. 부가가치세신고서에 의한 회계처리

■ 보통예금(기업은행) 거래내역

| 번호 | 거래일 | 내용 | 찾으신금액 | 맡기신금액 | 잔액 | 거래점 |
|---|---|---|---|---|---|---|
| | | 계좌번호 096 - 24 - 0094 - 123   (주)봄날시계 | | | | |
| 1 | 20x1 - 07 - 25 | 부가세납부 | 3,051,700 | | *** | *** |

| 자료설명 | 제1기 부가가치세 확정신고에 대한 납부세액을 기업은행 보통예금에서 이체하여 납부하였다. |
|---|---|
| 수행과제 | 6월 30일 일반전표를 참고하여 납부세액에 대한 회계처리를 하시오. (단, 저장된 부가가치세신고서를 이용하고 거래처코드를 입력할 것) |

## 실무수행4  결산

[결산자료]를 참고하여 결산을 수행하시오.(단, 제시된 자료 이외의 자료는 없다고 가정함.)

### 1. 수동결산 및 자동결산

| 자료설명 | 1. 결산일 현재 장기차입금에 대한 기간경과분 미지급이자 500,000원을 계상하다.<br>2. 기말상품재고액은 41,000,000원이다.<br>3. 이익잉여금처분계산서 처분 확정(예정)일<br>    - 당기분 : 20x2년 2월 23일<br>    - 전기분 : 20x1년 2월 23일 |
|---|---|
| 수행과제 | 1. 수동결산 또는 자동결산 메뉴를 이용하여 결산을 완료하시오.<br>2. 12월 31일을 기준으로 '손익계산서 → 이익잉여금처분계산서 → 재무상태표'를 순서대로 조회 작성하시오.<br>   (단, 이익잉여금처분계산서 조회 작성 시 '저장된 데이터 불러오기' → '아니오' 선택 → 상단부의 '전표추가'를 이용하여 '손익대체분개'를 수행할 것) |

## 평가문제  실무수행평가 (62점)

입력자료 및 회계정보를 조회하여 [평가문제]의 답안을 입력하시오.

| 번호 | 평가문제 | 배점 |
|---|---|---|
| 11 | **평가문제 [거래처등록 조회]**<br>(주)봄날시계의 [거래처등록] 관련 내용으로 옳지 않은 것은?<br>① 카드거래처의 매입 관련 거래처는 1개이다.<br>② 일반거래처 '(주)무지개'의 대표자는 박민규이다.<br>③ 금융거래처 중 3.예금의 종류가 '차입금'인 거래처는 3개이다.<br>④ 일반거래처 '(주)무지개'의 담당자메일주소는 rainbow@bill36524.com이다. | 4 |
| 12 | **평가문제 [계정과목및적요등록 조회]**<br>'173.선물포장재'의 선택가능한 적요에 해당하지 않는 것은?<br>① 포장재 구입대금 현금지급      ② 포장재 구입대금 미지급<br>③ 포장재 구입대금 카드결제      ④ 포장재 구입대금 보통예금지급 | 4 |

| 번호 | 평가문제 | 배점 |
|---|---|---|
| 13 | **평가문제 [일/월계표 조회]**<br>5월에 발생한 '판매비와관리비' 중 지출금액이 올바르게 연결된 것은?<br>① 여비교통비 : 1,083,600원　　② 차량유지비 :　　250,000원<br>③ 복리후생비 : 1,278,600원　　④ 급여 :　　30,000,000원 | 3 |
| 14 | **평가문제 [일/월계표 조회]**<br>6월에 발생한 '보험료' 금액은 얼마인가? | 2 |
| 15 | **평가문제 [일/월계표 조회]**<br>7월 ~ 9월에 현금으로 지출한 '판매관리비'는 얼마인가? | 3 |
| 16 | **평가문제 [합계잔액시산표 조회]**<br>8월 말 '미지급세금' 잔액으로 옳은 것은?<br>① 0원　　　② 2,273,000원　　③ 3,051,700원　　④ 5,324,700원 | 3 |
| 17 | **평가문제 [합계잔액시산표 조회]**<br>8월 말 '선납세금'의 잔액은 얼마인가? | 3 |
| 18 | **평가문제 [거래처원장 조회]**<br>8월 말 (주)겨울유통(코드 : 02334)의 '외상매출금' 잔액은 얼마인가? | 3 |
| 19 | **평가문제 [거래처원장 조회]**<br>9월 말 '미지급금' 잔액이 가장 적은 거래처의 코드번호를 입력하시오. | 3 |
| 20 | **평가문제 [재무상태표 조회]**<br>12월 말 '당좌예금' 잔액은 얼마인가? | 3 |
| 21 | **평가문제 [재무상태표 조회]**<br>12월 말 '예수금' 잔액은 얼마인가? | 2 |
| 22 | **평가문제 [재무상태표 조회]**<br>12월 말 '이월이익잉여금(미처분이익잉여금)' 잔액은 얼마인가?<br>① 250,127,500원　　　　② 478,514,070원<br>③ 491,616,070원　　　　④ 520,338,200원 | 2 |
| 23 | **평가문제 [손익계산서 조회]**<br>당기에 발생한 '영업외비용' 금액은 얼마인가? | 3 |
| 24 | **평가문제 [영수증수취명세서 조회]**<br>[영수증수취명세서(1)]에 작성된 12.명세서제출 대상 금액은 얼마인가? | 3 |
| 25 | **평가문제 [예적금현황 조회]**<br>6월 말 은행별 예금 잔액으로 옳은 것은?<br>① 국민은행(당좌)　50,800,000원　　② 국민은행(보통)　407,730,000원<br>③ 기업은행(보통)　33,800,000원　　④ 신한은행(보통)　96,936,600원 | 3 |
| 26 | **평가문제 [지급어음현황 조회]**<br>8월 말 '지급어음' 미결제액은 얼마인가? | 3 |

| 번호 | 평가문제 | 배점 |
|---|---|---|
| 27 | **평가문제 [부가가치세신고서 조회]**<br>제2기 예정 신고기간 부가가치세신고서의 '공제받지못할매입세액(16란)'의 세액은 얼마인가? | 3 |
| 28 | **평가문제 [세금계산서합계표 조회]**<br>제2기 예정 신고기간의 매출 전자세금계산서 공급가액은 얼마인가? | 4 |
| 29 | **평가문제 [세금계산서합계표 조회]**<br>제2기 예정 신고기간에 전자로 수취한 매입세금계산서 매수는? | 4 |
| 30 | **평가문제 [계산서합계표 조회]**<br>제2기 예정 신고기간의 매입계산서 합계 금액은 얼마인가? | 4 |
| | **총 점** | 62 |

## 평가문제 | 회계정보분석 (8점)

회계정보를 조회하여 [회계정보분석]의 답안을 입력하시오.

31. 재무상태표 조회 (4점)

유동비율이란 기업의 단기 지급능력을 평가하는 지표이다. (주)봄날시계의 전기 유동비율을 계산하면? (단, 소숫점 이하는 버림 할 것)

$$유동비율 = \frac{유동자산}{유동부채} \times 100$$

① 330%　　　② 474%　　　③ 549%　　　④ 643%

32. 손익계산서 조회 (4점)

영업이익률은 기업경영활동 성과를 총괄적으로 보여주는 대표적인 지표이다. (주)봄날시계의 전기 영업이익률을 계산하면 얼마인가?(단, 소숫점 이하는 버림 할 것)

$$영업이익률 = \frac{영업이익}{매출액} \times 100$$

① 12%　　　② 15%　　　③ 17%　　　④ 21%

---

## 실무이론평가

| 1 | 2 | 3 | 4 | 5 | 6 | 7 | 8 | 9 | 10 |
|---|---|---|---|---|---|---|---|---|----|
| ② | ① | ③ | ④ | ② | ① | ① | ③ | ③ | ② |

---

**01** **상품별 원가 정보는 관리회계(원가회계)를 통해 기업 내부이해관계자에게 제공**된다.

**02** 미래 재무정보를 예측하는데 활용되고, 이용자의 의사결정에 차이를 가져오는 회계정보의 질적 특성은 목적적합성이고, **목적적합성과 신뢰성은 서로 상충**될 수 있다.

**03** 받을어음(2,000,000원)과 외상매출금(3,000,000원)의 합계인 매출채권은 5,000,000원이다.

| (차) 받을어음 | 2,000,000원 | (대) 상품매출 | 5,000,000원 |
|---|---|---|---|
| 외상매출금 | 3,000,000원 | 현금 | 50,000원 |
| 운반비 | 50,000원 | | |

**04** 영업이익 = 매출액(1,300,000) − 매출원가(800,000) − 복리후생비(100,000) − 퇴직급여(80,000)
= 320,000원

**05** 주식을 액면금액 이상으로 발행할 경우 **액면금액을 초과하는 금액은 자본잉여금으로 표시**한다.

**06** 기말 소모품 처리액 = 구입액(1,000,000) − 사용액(800,000) = 200,000원

| (차) 소모품 | 200,000원 | (대) 소모품비 | 200,000원 |
|---|---|---|---|

**07** 감가상각비(2기) = 2기 감가상각누계액(1,440,000) − 1기 감가상각누계액(720,000) = 720,000원
[취득원가(4,000,000) − 잔존가치(??)] / 내용연수(5년) = 720,000원
따라서, 잔존가치 = 400,000원
당기말 순장부금액 = 취득가액(4,000,000) − 감가상각누계액(1,440,000) = 2,560,000원
**1기 감가상각비 = 2기 감가상각비임으로 감가상각방법은 정액법**이다.

**08** 여객운송용역 중 **항공기, 우등고속버스, 전세버스, 택시, 특수자동차, 특종선박 또는 고속철도에 의한 여객운송 용역은 과세**한다. 수돗물은 면세이나 **생수는 과세**이다.

**09** 매출세액 = 450,000,000원 × 10% + 100,000,000원 × 0% = 45,000,000원
매입세액 = 총매입세액(21,000,000) − 불공제매입세액(3,000,000) = 18,000,000원
납부세액 = 매출세액(45,000,000) − 매입세액(18,000,000) = 27,000,000원

**10** **폐업의 경우 폐업일이 속하는 날의 다음 달 25일까지 신고**하여야 한다.

██████ **실무수행평가**

## 실무수행 1. 기초정보관리의 이해

1. 사업자등록증에 의한 거래처등록 수정
    - 대표자성명 : 박민규로 수정
    - 메일주소 : rainbow@bill36524.com으로 수정

2. 계정과목및적요등록 수정
    - '173.일반포장재'를 '173.선물포장재'로 수정

## 실무수행 2. 거래자료 입력

1. 3만원초과 거래에 대한 영수증수취명세서 작성
(1) [일반전표입력] 5월 13일

| (차) 복리후생비(판) | 100,000원 | (대) 현금 | 100,000원 |
|---|---|---|---|

(2) [영수증수취명세서] 작성

2. 기타 일반거래 [일반전표입력] 5월 20일

| (차) 급여(판) | 3,000,000원 | (대) 예수금 | 370,040원 |
|---|---|---|---|
| | | 보통예금(신한은행(보통)) | 2,629,960원 |

3. 통장사본에 의한 전표입력 [일반전표입력] 6월 2일

| (차) 선납세금 | 69,300원 | (대) 이자수익 | 450,000원 |
|---|---|---|---|
| 보통예금(기업은행(보통)) | 380,700원 | | |

4. 기타 일반거래 [일반전표입력] 6월 9일

| (차) 보험료(판) | 125,000원 | (대) 보통예금(국민은행(보통)) | 125,000원 |
|---|---|---|---|

5. 약속어음의 만기결제 [일반전표입력] 7월 20일

| (차) 지급어음((주)수아유통) | 13,200,000원 | (대) 당좌예금(국민은행(당좌)) | 13,200,000원 |
|---|---|---|---|

[지급어음관리]

| 지급어음 관리 | | | | | | | | | 삭제(F5) |
|---|---|---|---|---|---|---|---|---|---|
| 어음상태 | 3 결제 | 어음번호 | 00420220520123456789 | | 어음종류 | 4 전자 | 발행일 | 20x1 05-20 | |
| 만기일 | 20x1-07-20 | 지급은행 | 98000 국민은행(당좌) | | 지점 | 서대문 | | | |

## 실무수행 3. 부가가치세

### 1. 과세매출자료의 전자세금계산서 발행

(1) [매입매출전표입력] 8월 2일

| 거래유형 | 품명 | 공급가액 | 부가세 | 거래처 | 전자세금 |
|---|---|---|---|---|---|
| 11.과세 | 인테리어시계 | 30,000,000 | 3,000,000 | (주)금빛마트 | 전자발행 |
| 분개유형 | (차) 외상매출금 | 33,000,000원 | (대) 상품매출 | | 30,000,000원 |
| 2.외상 | | | 부가세예수금 | | 3,000,000원 |

(2) [전자세금계산서 발행 및 내역관리] 기출문제 77회 참고

### 2. 매출거래 [매입매출전표입력] 8월 10일

| 거래유형 | 품명 | 공급가액 | 부가세 | 거래처 | 전자세금 |
|---|---|---|---|---|---|
| 13.면세 | 잡지 | 2,400,000 | | (주)겨울유통 | 전자입력 |
| 분개유형 | (차) 외상매출금 | 2,400,000원 | (대) 상품매출 | | 2,400,000원 |
| 2.외상 | | | | | |

### 3. 매입거래 [매입매출전표입력] 8월 19일

| 거래유형 | 품명 | 공급가액 | 부가세 | 거래처 | 전자세금 |
|---|---|---|---|---|---|
| 54.불공 | 유리교체 | 420,000 | 42,000 | 가을정비 | 전자입력 |
| 불공제사유 | 3. 비영업용 소형승용차 구입 및 유지 | | | | |
| 분개유형 | (차) 차량유지비(판) | 462,000원 | (대) 현금 | | 462,000원 |
| 1.현금 | | | | | |

### 4. 매입거래 [매입매출전표입력] 8월 22일

| 거래유형 | 품명 | 공급가액 | 부가세 | 거래처 | 전자세금 |
|---|---|---|---|---|---|
| 53.면세 | AT 온라인 교육 | 500,000 | | 언택트교육원 | 전자입력 |
| 분개유형 | (차) 교육훈련비 | 500,000원 | (대) 현금 | | 500,000원 |
| 1.현금 | | | | | |

### 5. 매입거래 [매입매출전표입력] 9월 5일

| 거래유형 | 품명 | 공급가액 | 부가세 | 거래처 | 전자세금 |
|---|---|---|---|---|---|
| 51.과세 | 전화요금 | 100,200 | 10,020 | (주)케이티서대문 | 전자입력 |
| 분개유형 | (차) 통신비(판) | 100,200원 | (대) 미지급금 | | 110,220원 |
| 3.혼합 | 부가세대급금 | 10,020원 | | | |

6. 부가가치세신고서에 의한 회계처리

　[일반전표입력] 7월 25일

　　(차) 미지급세금(서대문세무서)　　3,051,700원　　(대) 보통예금(기업은행(보통))　　3,051,700원

　* [일반전표입력] 6월 30일 조회

　　(차) 부가세예수금　　9,510,000원　　(대) 부가세대급금　　6,458,300원

　　　　　　　　　　　　　　　　　　　　　미지급세금(서대문세무서)　　3,051,700원

## 실무수행 4. 결산

1. 수동결산 및 자동결산

(1) 수동결산 및 자동결산

　[일반전표입력] 12월 31일

　　(차) 이자비용　　500,000원　　(대) 미지급비용　　500,000원

　[결산자료입력] 1월 ~ 12월

　　- 기말상품재고액 41,000,000원을 입력한다.

　　- 상단부 　전표추가(F3)　를 클릭하면 [일반전표입력] 메뉴에 분개가 생성된다.

　　(차) 상품매출원가　　255,620,000원　　(대) 상품　　255,620,000원

　　[기초재고액 70,000,000원＋당기매입액 226,620,000원－기말재고액 41,000,000원＝255,620,000원]

(2) [재무제표 등 작성]

　　- 손익계산서 ➔ 이익잉여금처분계산서(처분일 입력 후 '전표추가' 클릭 ➔ 재무상태표를 조회 작성한다.

## 평가문제. 실무수행평가 (62점)

| 번호 | 평가문제 | 배점 | 답 |
|---|---|---|---|
| 11 | 평가문제 [거래처등록 조회] | 4 | ① |
| 12 | 평가문제 [계정과목및적요등록 조회] | 4 | ④ |
| 13 | 평가문제 [일/월계표 조회] | 3 | ③ |
| 14 | 평가문제 [일/월계표 조회] | 2 | 195,000 |
| 15 | 평가문제 [일/월계표 조회] | 3 | 7,978,320 |
| 16 | 평가문제 [합계잔액시산표 조회] | 3 | ① |
| 17 | 평가문제 [합계잔액시산표 조회] | 3 | 769,300 |
| 18 | 평가문제 [거래처원장 조회] | 3 | 106,900,000 |

| 번호 | 평가문제 | 배점 | 답 |
|---|---|---|---|
| 19 | 평가문제 [거래처원장 조회] | 3 | 01500 |
| 20 | 평가문제 [재무상태표 조회] | 3 | 40,600,000 |
| 21 | 평가문제 [재무상태표 조회] | 2 | 1,117,170 |
| 22 | 평가문제 [재무상태표 조회] | 2 | ② |
| 23 | 평가문제 [손익계산서 조회] | 3 | 10,161,000 |
| 24 | 평가문제 [영수증수취명세서 조회] | 3 | 258,000 |
| 25 | 평가문제 [예적금현황 조회] | 3 | ② |
| 26 | 평가문제 [지급어음현황 조회] | 3 | 10,000,000 |
| 27 | 평가문제 [부가가치세신고서 조회] | 3 | 821,380 |
| 28 | 평가문제 [세금계산서합계표 조회] | 4 | 215,020,000 |
| 29 | 평가문제 [세금계산서합계표 조회] | 4 | 14 |
| 30 | 평가문제 [계산서합계표 조회] | 4 | 750,000 |
| 총 점 | | 62 | |

## 평가문제. 회계정보분석 (8점)

31. 재무상태표 조회 (4점)

④ (476,330,000원/74,000,000원)×100≒643%

32. 손익계산서 조회 (4점)

② (39,600,000원/254,890,000원)×100≒15%

## 저지약력

■ **김영철** 세무사

· 고려대학교 공과대학 산업공학과

· 한국방송통신대학 경영대학원 회계세무전공

· (전)POSCO 광양제철소 생산관리부

· (전)삼성 SDI 천안(사) 경리/관리과장

· (전)강원랜드 회계팀장

· (전)코스닥상장법인CFO(ERP. ISO추진팀장)

· (전)농업진흥청/농어촌공사/소상공인지원센타 세법·회계강사

# 2025 로그인 FAT 1급 기출문제집
## 회계정보처리(Financial Accounting Technician)

6 판 발 행 : 2025년 1월 23일

저      자 : 김 영 철

발  행  인 : 허 병 관

발  행  처 : 도서출판 어울림

주      소 : 서울시 영등포구 양산로 57-5, 1301호 (양평동3가)

전      화 : 02-2232-8607, 8602

팩      스 : 02-2232-8608

등      록 : 제2-4071호

Homepage : http://www.aubook.co.kr

저자와의
협의하에
인지생략

ISBN    978—89—6239—956—1    13320

정 가 : 17,000원

도서출판 어울림 발행도서는 정확하고 권위 있는 해설 및 정보의 제공을 목적으로 하고 있습니다. 그러나 항상 그 완전성이 보장되는 것은 아니기 때문에 적용결과에 대하여 당사가 책임지지 아니합니다. 따라서 실제 적용할 경우에는 충분히 검토하시고 저자 또는 전문가와 상의하시기 바랍니다.

본서의 무단전재 및 복제행위는 저작권법에 의거, 5년 이하의 징역 또는 5,000만원 이하의 벌금에 처하거나 이를 병과할 수 있습니다.

파본은 구입하신 서점이나 출판사에서 교환해 드립니다.